dtv

Stimmen aus Israel: Geschichten, Gedichte, Fragmente von modernen Klassikern wie Amichai, Ida Fink, Jehoschua, Oz und Yishar, von Schriftstellern der »Zweiten Generation« wie David Grossman und Savyon Liebrecht, aber auch Erzählungen jüngerer Autoren wie Etgar Keret und solche, die erstmals auf deutsch erscheinen wie von Lea Aini, Orly Castel-Bloom, Judith Katzir, Mira Magen, Ronit Matalon, Gadi Taub und Uzi Weill. Ein literarisches Lesebuch, das den Blick ins Innere eines Landes öffnet, dessen politische Zerrissenheit, ethnische Vielfalt und historische Last allgegenwärtig scheinen und von dem wir jenseits von Tagesnachrichten und Katastrophenmeldungen doch wenig wissen.

Patricia Reimann, 1955 geboren, Studium der Philosophie und Geschichte. Seit 1987 Lektorin, zunächst in München, dann in Frankfurt. Lebt seit 1996 wieder in München. Seither in verschiedenen publizistischen Bereichen tätig, u. a. auch als Übersetzerin.

Israel

Ein Lesebuch

Herausgegeben
und mit einem Nachwort
von Patricia Reimann

Deutscher Taschenbuch Verlag

Originalausgabe
März 1998
Deutscher Taschenbuch Verlag GmbH & Co. KG,
München
Alle Rechte vorbehalten
(Siehe auch Quellenhinweise S. 327 ff.)
Die Veröffentlichung dieser Anthologie wurde
ermöglicht durch die freundliche Unterstützung
des Institute for the Translation of Hebrew Literature
Umschlagkonzept: Balk & Brumshagen
Umschlagfoto: © Neil Folberg, Jerusalem
Satz: Fotosatz Amann, Aichstetten
Gesetzt aus der Garamond 10/12ʼ (QuarkXPress 3.31)
Druck und Bindung: C. H. Beck'sche Buchdruckerei,
Nördlingen
Gedruckt auf säurefreiem, chlorfrei gebleichtem Papier
Printed in Germany · ISBN 3-423-08441-3

Inhalt

Die Zukunft hat begonnen

Zwischenwelten

Eroberung der Moderne

Die Zukunft hat begonnen

JUDITH KATZIR

Schlafstunde

Einst, als die großen Ferien den ganzen Sommer lang dauerten, den Geschmack von Sand und den Geruch von Weintrauben hatten und eine rotgoldene Sonne die Gesichter mit
Sommersprossen zeichnete, als nach dem Laubhüttenfest der
Wind durch die Wolkenhaufen pfiff und wir im Gewitter
durch das Wadi nach Hause galoppierten, der Regen Minze
und Kiefer auf der Zunge prickeln ließ und die Hunde in der
Nachbarschaft um die Wette bellten wie hustende alte Onkel
in der Pause eines Winterkonzerts, da fiel plötzlich der Frühling ein mit Katzengeschrei und Zitronenblüte, kam der
Chamsin wieder, und die Luft stand im Autobus, wir aber
standen nur für Frau Bella Blum von der Post auf, die eine gefährliche Kindsräuberin war und in der Nacht, mit dem
wilden grauen Haar einer gefährlichen Kindsräuberin und
einer schmalen Brille auf der Nase, angespitzt wie der rote
Bleistift einer gefährlichen Kindsräuberin, zu uns ans Bett
kam und vertrocknete Eisesfinger nach uns ausstreckte, und
vor der wir uns nur irgendwie retten konnten, wenn wir ihr
alle dreieckigen Briefmarken gaben oder wenn wir zu Gott
beteten, der sich als Clown im Ungarischen Zirkus verkleidet
hatte und im Balanceakt auf einem Seil wippte, das sich unter
der blauen Tuchbahn des Zeltes spannte, mit riesigen Schuhen und weiten, rotweiß karierten Hosen, sich danach als
Elefant verkleidete, uns sein faltiges Hinterteil zudrehte und
zum Abendessen ging.
  Einst, als die Welt ganz golden schien durch die kühl glän-
zende Vase auf dem Wohnzimmerbüffet, die möglicherweise
mitsamt den restlichen Möbeln in dem Augenblick ver-

schwand, in dem wir aus dem Zimmer gingen, und wir durchs Schlüsselloch spähten, um zu überprüfen, ob sie noch da waren, sie jedoch vielleicht merkten, daß wir hineinspähten, und ganz schnell zurückkamen, da verbarg sich in der Garage unter dem Supermarkt eine schreckliche Verbrecherbande, die nur Emil und du entlarven konntet, denn es war klar, du würdest ein wichtiger Detektiv werden, über den man Bücher schriebe, und ich deine rechte Hand, und wir machten Experimente mit Geheimtinte aus Zwiebeln und erwärmten den Zettel über einer Kerze, damit die Schrift aufschien, und dann übten wir uns im Verschlucken, damit er nicht in Feindeshand fiele, und trainierten noch andere Dinge wie Selbstverteidigung und Geheimnisse bewahren, sogar unter Folter, wenn man ans Bett gefesselt war und einem brennende Streichhölzer an die Zehen gehalten wurden, und wir mischten Gifte aus Erde und Blättern und zerquetschten Schnecken und bewahrten sie in Joghurtgläsern auf, auf die wir Totenschädel mit zwei gekreuzten Knochen malten und die wir zusammen mit all unseren anderen Schätzen versteckten.

Als die großen Ferien den ganzen Sommer lang dauerten und die Welt ganz golden und alles möglich war und alles geschehen konnte, als Onkel Alfred noch am Leben war und zum Nachmittagstee kam, als Großvater und Großmutter zwischen zwei und vier schlafen gingen und uns endlose Zeit ließen, da stahlen wir uns die knarzenden Holztreppen hinterm Haus zu unserem Kämmerchen unterm Dach hinauf, das das Hauptquartier war, standen am Fenster, von dem aus das ganze Meer jenseits des Friedhofs zu sehen war, und du hast mich mit den Fingerspitzen im Gesicht berührt und gesagt, daß du mich liebst.

Nun sind wir hier versammelt, wie traurige Verwandte beim Abschied am Flughafen, neben der schwarzen Anzeigetafel am Eingang, auf der mit weißer Kreide geschrieben steht, zwei null null, Aharon Grün, Begräbnis, und ich betrachte die Frau, die auf der Steinbank neben dir sitzt, ein violetter Strohhut beschattet ihre Augen und läßt ihren Mund zur Traube reifen, und die Sonne poliert zwei Lichtklingen ihre gebräunten Waden entlang, und dann trete ich auf euch zu, nehme die Sonnenbrille ab und sage ruhig, Schalom, und du stehst auf und sagst hastig, darf ich vorstellen, meine Frau. Meine Cousine. Und ich registriere das Aufblitzen des Rings und die weißen Zähne zwischen den Schatten, berühre die weiche Hand mit den überlangen Fingern und sage noch einmal, Schalom. Und da sind schon die Totengräber, wie emsige Engel in ihren weißen Hemdsärmeln, mit ihren bärtigen, verschwitzten Gesichtern, tragen auf einer Bahre unter dem dunklen, staubigen Tuch den eingeschrumpften Körper, der Kopf berührt beinah das fette schwarze Hinterteil des ersten Engels, die Füße baumeln vor dem offenen Hosenschlitz des zweiten, und ein eisiger Hauch durchfährt mich, wie damals, und ich suche die Erinnerung in deinem Blick, aber du schlägst die Augen nieder, zu ihr, ergreifst ihren Arm und hilfst ihr aufzustehen, und mein spionierender Blick erstarrt auf ihrem gerundeten Bauch unter dem geblümten Kleid und sieht in ihrem Inneren all deine Kinder, die du im Wäldchen hinterm Haus vergraben hast, in den großen Ferien zwischen der siebten und der achten Klasse, als Großvater, wie jedes Jahr, am ersten Morgen kam, um mich mit seinem alten schwarzen Automobil von zu Hause abzuholen, zusammen mit Mischa, dem Bürochauffeur, der sich mir zu Ehren mit einer weißen Schirmmütze und einem riesengroßen Lächeln mit Goldzahn ausstaffiert hatte. Mischa legte meinen roten Koffer in den Kofferraum und öffnete mir die hintere Wagentür, salutierte augenzwinkernd, und wir fuhren los, um dich vom Bahnhof beim Hafen abzuholen. Unterwegs schob ich meinen Kopf zwischen Großvater und Mischa nach vorne und bat ihn, mir wieder die Geschichte zu erzählen, wie er vor dem König von Jugoslawien gespielt hatte, und Mischa seufzte und sagte, das ist lange her, aber ich erinnere mich daran, als wär's gestern gewesen. Ich war ein kleiner Junge damals, vielleicht neun oder zehn, doch ich war der beste Trompetenspieler der ganzen Schule, und eines Tages brachten sie mir einen blauen Anzug mit Goldknöpfen und Krawatte, knielange Strümpfe und eine Schirmmütze und sagten, zieh das an, und sie stellten mich neben die Fahne und sagten, spiel, und ich spielte ganz wunderschön und laut, und dann kam König Pavel, und die Fahne stieg hinauf bis zur Spitze des Mastes, die Trompete funkelte nur so in der Sonne, genau wie die Goldknöpfe, wer hätte das je geglaubt, Herzchen, so ein kleiner Judenbub spielt Trompete vor dem König, und er kam zu mir, strich mir über den Kopf und fragte, wie heißt du, und ich sagte zu ihm, Mischa, und meine Mutter stand da und weinte so sehr, daß man sie stützen mußte, und mein Vater sagte zu ihr, jetzt bin ich froh, daß wir ihn haben, denn am Anfang wollte er mich gar nicht, sie waren nur zur Erholung nach Österreich gefahren, und als sie zurückkamen, sagte meine Mutter, ich bin schwanger, und mein Vater sagte zu ihr, fünf sind genug, laß es abtreiben, aber meine Mutter war sehr dickköpfig, wie die Mutter von Albert Einstein, auch ihn wollte sein Vater nicht, und später war er schrecklich schlecht in der Schule, und die Lehrer bestellten seinen Vater zu sich, und der Vater sagte zu ihm, Albert, du bist jetzt schon siebzehn, kein Kind mehr, was soll nur aus dir werden, aber mit sechsundzwanzig traf er Lenin und Churchill und zeigte ihnen die Relativitätstheorie, es gab eine Menge Diskussionen, und er wurde in der ganzen Welt berühmt, wenn ich also was von Abtreibungen höre, sage ich, wer weiß, was aus diesem Kind hätte werden können, wozu denn einen Menschen töten. Mischa seufzte wieder und zündete sich eine Zigarette an. Von weitem konnte man schon die große Uhr über dem Bahnhof sehen. Um fünf vor neun kamen wir an. Großvater und ich gingen auf den Bahnsteig, Mischa wartete im Auto.

Zwei Gepäckträger mit grauen Dienstmützen lehnten an ihren rostigen Karren, warfen sich hin und wieder mit halb geschlossenen Augen einen Blick zu und rauchten stinkende Zigaretten aus gelben Packungen mit schwarzen Pferden darauf. Vor lauter Aufregung mußte ich Pipi machen und hüpfte von einem Bein aufs andere. Punkt neun Uhr erklang der lange, fröhliche Pfiff der Lokomotive, die fünf ratternde Waggons im Schlepptau hatte. Die Gepäckträger wachten auf, traten mit riesigem Schuh ihre Zigaretten aus und begannen den Bahnsteig auf und ab zu rennen und zu schreien, Koffer, Koffer. Angstvoll suchte ich zwischen den Hunderten von Gesichtern, die sich erschreckend gegen die Fensterscheiben preßten, nach deinem Gesicht. Und dann öffneten sich zischend die Türen, und du stiegst aus, als erster von allen, in kurzen Jeans, wie sie alle Kinder anhatten, einem grünen Hemd mit Emblemen auf den Taschen, wie sie nur wenige hatten, und mit einer karierten Detektivmütze, die sie dir einmal aus England mitgebracht hatten und die kein einziges anderes Kind hatte, und so bist du dagestanden, neben dem schwarzen Koffer deines Vaters, hast dich umgesehen, die Augen zu zwei grünen Schlitzen unter den wilden blonden Locken zusammengekniffen, und ich spürte wieder diesen Schmerz zwischen Hals und Bauch, der meinen Atem jedesmal umklammerte, wenn ich dich sah oder auch nur an dich dachte, und ich schrie, hier Uli, hier Uli, und rannte auf dich zu, und dann hast du mich gesehen und gelächelt, und wir umarmten uns ganz fest, und Großvater kam auch, klopfte dir auf die Schulter und sagte, wie groß du geworden bist, Scha'ul, und er nahm dir deinen Koffer nicht ab, denn du warst schon dreizehneinhalb und stärker als er, du legtest ihn selbst in den Kofferraum neben meinen roten. Und Mischa fuhr uns in die Herzlstraße zu Großvaters Büro, dessen Wände mit großen glänzenden Bildern, mit viel Blau bedeckt waren, Bilder, von den schönsten Plätzen Israels, vom See Genezareth und vom Toten Meer, von Rosch Hanikra und Eilat, wo es Erholungsheime gab, und der Staat bezahlte Großvater dafür, die Überlebenden des Holocaust dort hinzuschicken, und ich malte mir immer aus, wie sie mit dem Zug dort ankommen, mit komischen Mänteln und Hüten, darunter die traurigen gelben Gesichter wie auf den Bildern, die man uns am Holocaust- und Heldengedenktag in der Klasse zeigte, und wie sie sich dort mit all ihren mit Stricken zusammengebundenen Koffern in einer langen Schlange aufstellen, und jeder tritt der Reihe nach vor, legt Hut und Mantel ab und erhält statt dessen bunte Badebekleidung und ein orangefarbenes Idiotenkäppi, und sie sitzen in Liegestühlen in der Sonne und baden im Meer, essen viel und genesen, und nach einer Woche sind sie dick und braun und lächeln wie die Leute auf den Reklameplakaten, und dann werden sie heimgeschickt, weil neue Überlebende mit dem Zug angekommen sind und schon in der Schlange warten. Bis wir einmal, am Schabbat, mit den Großeltern und Mischa eines dieser Erholungsheime besuchten, das sich Rosch-Hanikra-Erholungsdorf nannte, und am Eingang war gar keine Schlange von Überlebenden, man konnte nicht einmal sagen, wer ein Holocaust-Überlebender und wer einfach nur so da war, denn sie hatten alle fette Hängebäuche, und niemand sah besonders traurig aus, alle schwammen im Swimmingpool herum, verdrückten Sandwiches und Frucht-Quelle, redeten laut und spielten Bingo. Und da erfanden wir eine Methode, um herauszubringen, wer wirklich ein Überlebender war, aber mir fehlte der Mut, ich schaute bloß von weitem zu, wie du zwischen den Liegestühlen auf dem Rasen neben dem Swimmingpool umhergingst und jedem ins Ohr flüstertest, Hitler, und ich sah, daß die meisten Leute gar nichts machten, nur die Augen mit einem merkwürdigen Blick aufschlugen, als wären sie aus irgendeinem Traum erwacht und könnten sich noch nicht erinnern, wo sie sich befanden, sie dann gleich wieder schlossen und weiterschliefen, und nur ein großer fetter Mann mit vielen schwarzen Haaren auf Brust und Rücken wie ein riesiger Gorilla, stand auf und verfolgte dich über den ganzen Rasen, schnaufend und keuchend wie eine Dampflokomotive, die Augen rot und riesig wie Scheinwerfer, und am Ende erwischte er dich, gab dir eine Ohrfeige, beutelte dich heftig an den Schultern und bellte, *Pazkuzwe choleyra, Pazkuzwe choleyra*, und du kamst mit roten Ohren zu mir zurück, aber du hast nicht geweint, du hast gesagt, es tut überhaupt nicht weh, aber seit damals stellte ich mir jedesmal, wenn Hitler erwähnt wurde, in der Schule oder im Fernsehen, statt des echten Hitler mit dem kleinen Schnurrbart und dem Seitenscheitel den Gorilla aus dem Erholungsheim vor.

Am Mittag gingen wir, wie immer am ersten Ferientag, in den Balfour-Keller zum Essen, und der dünne, hochgewachsene Ober, der wie ein Professor aussah – Großvater hatte uns erzählt, daß er vor vielen Jahren tatsächlich Professor in Berlin gewesen war – mit Silberrandbrille, gleichfarbigem Bart und schwarzer Fliege, machte eine kleine Verbeugung, denn er kannte uns bereits, und vor allem Großvater, der Stammgast war, rückte an den Stühlen, damit wir uns setzen konnten, legte uns eilfertig die Speisekarten vor und sagte, was darf es für Sie sein, Herr Grün, obwohl Großvater immer das gleiche bestellte, Braten mit Kartoffelpüree und Sauerkraut und als Nachspeise blaue Weintrauben, und die Stammgäste an den Tischen ringsherum kannten uns auch schon, lächelten und winkten uns mit ihren weißen Servietten zu, und während ich aß, betrachtete ich die zwei Köche aus Holz, die an der Wand hingen, mit ihren hohen Kochmützen, langen Schürzen und schwarzen, nach oben gezwirbelten Schnurrbärten, wie ein verdoppeltes Lächeln über ihren Mündern, und sie erwiderten meinen Blick, an ein halbes Holzfaß gelehnt, das aus der Wand herausragte und, da war ich mir sicher, voll mit ungemein schmackhaftem Sauerkraut war, so wie das, das auf meinem Teller lag. Und einmal hast du mir erzählt, es gäbe unter dem Restaurant, direkt unter uns, einen Geheimkeller, weswegen es Balfour-Keller hieß, und in dem Keller gäbe es noch massenhaft solche Fässer, alle voll mit Sauerkraut, das für den Fall, daß wieder ein Holocaust käme, lange reichen könnte, und dann kam der hinkende Zeitungsverkäufer in einem schmutziggrauen, schweißgetränkten Unterhemd herein und rief, *Ma'ariv I'diot, Ma'ariv I'diot*, zumindest klang *Yediot* bei ihm immer wie *Idiot*, wer will die Abendzeitung, bis der ganze Raum des Lokals von seinem säuerlichen Atemdunst erfüllt war, und Großvater machte ihm ein Zeichen, und er kam an unseren Tisch, reichte ihm die Zeitung mit schwarzer Hand, und Großvater bezahlte ihm zwanzig Groschen, obwohl gleich neben dem Restaurant ein sauberer Kiosk war, wo es ebenfalls Zeitungen und Soda und Eis am Stiel gab. Dann fuhren wir nach Hause, über die steile Straße, die an der goldenen Bahaikuppel vorbeiführt, die ganze Bucht konnte man überblicken, und unterwegs tobten wir auf dem Rücksitz herum, spielten Zwicken-und-Stoßen, boxten und schrien und bewarfen uns mit Schimpfnamen, und Großvater drehte sich plötzlich um und sagte ruhig und ernst, nicht streiten, Kinder, die Menschen müssen sich lieben und Erbarmen miteinander haben, denn am Ende sterben wir alle. Wir verstanden nicht, was er meinte, aber wir hörten auf, und Mischa zwinkerte uns im Spiegel zu und erzählte von Louis Armstrong, der der größte Trompeter mit den tiefsten Lungen war, und als Betty Grable, die die schönsten Beine von Hollywood hatte, an Krebs erkrankte, kam er mit seinem ganzen Orchester und spielte ihr auf dem Krankenhausrasen unter ihrem Fenster etwas vor. Dann kamen wir daheim an, und Großmutter mit ihrer straffen Frisur, den Zopf um ihren Kopf gewickelt, piekste uns beide in die Wange und sagte, jetzt ist *Schlafstunde*, was für mich immer wie der Name eines Kuchens klang, wie

Schwarzwälder Kirschtorte oder Sachertorte oder Apfelstru-
del, die sie buk, weil sie sie an ihr Zuhause im Ausland erinnerten und an die dampfigen, duftenden Kaffeehäuser, wenn
es draußen kalt war und schneite, aber Dr. Schmidt erlaubte
ihr nicht, sie zu essen, denn sie hatte hohen Blutzucker, der
sehr gefährlich für das Herz ist. Deshalb tischte sie nur für
uns, Onkel Alfred und Großvater auf, der immer höflich nein
danke sagte und sich weigerte, auch nur einen Bissen zu pro-
bieren, obwohl er völlig gesund war. Aber manchmal, wenn
er Onkel Alfred zum Tor begleitete, schnitt sich Großmutter
ein kleines Stück ab und aß es, über ihren Teller gebeugt, mit
schnellen Bissen, und Großvater kam zurück, stand in der
Tür, betrachtete mit mildem Blick ihren Rücken und wartete,
bis sie fertig war, und erst dann betrat er das Wohnzimmer,
ließ sich mit der Zeitung nieder und tat so, als hätte er nichts
gesehen. Und sie gingen in ihr Zimmer, und wir gingen ins
Wäldchen hinterm Haus, spannten ein starkes Seil zwischen
zwei Kiefern und versuchten, darauf zu balancieren wie dieser Clown, den wir einmal gesehen hatten, als wir klein waren
und Großvater uns in den Ungarischen Zirkus am Paris-Platz
mitgenommen hatte, wo es Vollblutpferde, gelbäugige Leo-
parden und dressierte Elefanten gab und eine wunderschöne
Akrobatin mit Engelsgesicht und langem blondem Haar, die
auch auf dem Seil tanzte, einen goldenen Sonnenschirm in
ihrer Hand, und wir beschlossen, durchzubrennen und zu
diesem Zirkus zu gehen, wenn wir trainiert wären, aber bis
jetzt schafften wir es nur im Robben, was zu können, wie du
mir erklärt hast, wichtig war für den Fall, daß man übers Wasser mußte. Danach kletterten wir in unser Spionagehaupt-
quartier unterm Dach, das bisweilen auch das Versteck von
Anne Frank war, wo wir uns zitternd unterm Tisch aneinan-
derdrängten, an Kartoffelschalen nagten und einander Anne
und Peter nannten, draußen die Stimmen deutscher Soldaten
hörten und uns auf das grüne Samtsofa plumpsen ließen, das

Großmutter mitgebracht hatte, als sie mit dem Schiff nach Israel kam, und als eine der zwei hölzernen Seitenlehnen auseinanderfiel, kauften sie ein neues Sofa fürs Wohnzimmer und brachten das alte hierher, denn ein gutes Möbelstück ist zu schade zum Wegwerfen, und plötzlich hast du mit nachdenklicher Stimme gesagt, es würde mich interessieren, was man fühlt, wenn man tot ist, und ich sagte, wenn man tot ist, fühlt man gar nichts mehr, und wir versuchten, die Augen ganz fest zuzumachen und die Ohren zu verschließen und den Atem anzuhalten, um uns tot zu fühlen, aber es gelang uns nicht, denn auch mit geschlossenen Augen konnte man Farben sehen, und du hast gesagt, vielleicht haben sie, bis wir alt sind, schon ein Mittel gegen den Tod erfunden, und ich sagte, vielleicht wirst du ein Wissenschaftler und erfindest es selbst und wirst so berühmt wie Albert Einstein. Dann spielten wir Worte mit dem Finger auf den Rücken des anderen schreiben und erraten. Am Anfang schrieben wir Blumennamen, Narzisse, Anemone und Veilchen, und Tiernamen, Panther und Nilpferd, und Namen von Leuten, die wir kannten, aber nach einiger Zeit hast du gesagt, das sei langweilig, und das Raten sei schwierig wegen der Hemden, also zog ich das Hemd aus und legte mich aufs Sofa, mein Gesicht im Geruch von Staub, Parfüm und Zigarettenrauch, der dem Polster noch immer entströmte, und ich spürte, wie dein angenehmer Finger langsam Wörter schrieb, die wir nie zu sagen wagten, zuerst A-r-s-c-h, dann T-i-t-t-e-n und schließlich N-u-t-t-e, und während ich die Worte mit gepreßter Stimme in die Sofakissen flüsterte, spürte ich, wie mein Gesicht brannte und sich meine Brustwarzen, die gerade zu sprießen begonnen hatten, gegen den Samtbezug versteiften. Am Nachmittag kamen Großvater und Großmutter mit rosigen Wangen aus dem Schlafzimmer, zwanzig Jahre jünger, und Punkt fünf traf Onkel Alfred ein, von dem wir nie genau begriffen, wie er mit uns verwandt war, vielleicht war er ein entfernter Cousin von

Großmutter, deren Mund sich jedesmal, wenn sein Name fiel, zu einem Fadenstrich zusammenpreßte, und auch Großvater knurrte aufgebracht, Faulpelz, und wir wußten nicht, weshalb sie ihn nicht mochten, weil er arm war oder weil er sich einmal als Opernsänger in Paris versucht hatte, oder aus irgendeinem anderen Grund, den wir nicht erraten konnten, und warum sie ihn trotzdem freundlich empfingen und Großmutter ihm Tee und Kuchen servierte. Und er aß und trank alles, schmatzte mit seinen dicken roten Lippen und erzählte wieder, mit sehnsuchtsschmelzendem Blick, wie er als Student am Konservatorium in Paris in einer Zwergenmansarde ohne Dusche und ohne Klo am Place de la République wohnte und ein halbes Baguette mit Butter am Tag aß, aber um sieben Uhr abends zog er seinen einzigen guten Anzug an, band die Fliege um, bespritzte seine Wangen mit Eau de Cologne und ging in die Oper, wo er unter den geschmückten, hellerleuchteten Arkaden stand und verstohlen einzelne Töne erhaschte, die durch die Luken entwichen und die Musenstatuen und die Simse der Engel streichelten, und in der Pause mischte er sich einfach unters Publikum und kam hinein, denn da kontrollierte niemand mehr die Karten, und er fand einen freien Sitzplatz auf einer Galerie, und so, mit schluchzendem Herzen, durchfeuchtet wie ein zerknautschtes Taschentuch, sah er die letzten Akte der berühmtesten Opern der Welt. Und hier stand er normalerweise auf, schwankend wie ein Stehaufmännchen, umklammerte mit seinen dicklichen Fingern die Sessellehne und stimmte eine Arie aus ›Rigoletto‹, ›La Traviata‹ oder ›Die Hochzeit des Figaro‹ an, und seine Stimme war dunkel, aromatisch und süß wie der Tee, den er zuvor getrunken hatte, und erst am Schluß zersprang sie kreischend wie Glas, und Großmutters magere Hände schlugen in trockenem Applaus aufeinander, und Großvater senkte seinen Blick auf die Teppichfliesen und murmelte, bravo, bravo, und wir wußten nicht, weshalb Onkel Alfred eines Tages aus dem Konservatorium geworfen und kein großer Sänger an der Pariser Oper geworden war, und Großmutter wollte es uns nicht verraten, preßte ihren Mund nur noch fester zusammen, als würde ein riesiger Frosch herausspringen, wenn sie ihn öffnete. Und Onkel Alfred setzte sich wieder hin und seufzte, putzte sich die erdbeerrote Nase mit einem zerknüllten Taschentuch, das er aus der linken Tasche seines Jacketts zog, und streckte seine Arme aus, die Einladung für uns, auf den zwei Sessellehnen zu reiten, legte sie um unsere Hüften und erzählte von den Cafés am Montparnasse und Montmartre, die ein Treffpunkt für Schriftsteller, Künstler und Studenten waren, und von seinen Lippen flossen seltsame Namen mit wunderbarem Klang, die ich nirgends zuvor gehört hatte, wie Sartre und Simone de Beauvoir, Cocteau und Satie und Picasso, und dann streichelte er dir übers Haar und sagte, auch du wirst einmal ein Maler, strich dir über den Rücken und sagte, oder ein Schriftsteller, stützte seine kleine weiße Hand auf dein Bein in den kurzen Jeans und sagte, oder ein Musiker, und fuhr fort, mit seinen Fingern auf deinem nackten glatten Oberschenkel zu spielen, als spielte er auf einem Klavier, und zu mir sagte er gar nichts. Er hat nicht wissen können, daß wir einmal, an einem schwül flimmernden Mittag im Hochsommer auf dem alten Friedhof am Carmel-Strand stehen würden, unsere beschämten Rükken seinem Grabstein zugewandt, auf dem in Goldlettern auf seinen Wunsch hin die Worte des chinesischen Dichters aus dem ›Lied der Erde‹ von Mahler eingraviert standen –

> Wenn der Kummer naht,
> liegen wüst die Gärten der Seele,
> welkt hin und stirbt die Freude, der Gesang.
> Dunkel ist das Leben, ist der Tod
> … jetzt ist es Zeit, Genossen,
> leert eure goldnen Becher zu Grund!

– unsere Gesichter auf Großvater gerichtet, der es, eingehüllt in das Laken, eilig hat, in seine ewige Schlafstunde an Großmutters Seite zu gleiten, die im Winter vor vielen Jahren starb – sie nahmen uns damals nicht zum Begräbnis mit, damit wir uns nicht erkälteten und den Unterricht nicht versäumten –, und auf den Kantor, dessen geschlossene Augen himmelwärts schauen, während seine Stimme tremoliert, *el male rachamim schochen bameromim*, und auf deinen völlig ergrauten Vater, der murmelt, *yitgadal v'yitkadasch sch'me raba*, und auf meine Mutter, die ihr Gesicht in den Händen birgt, ihre Bluse zerreißt, und auf die Alten, die antworten, Amen, deren vertraute Gesichter mich unter den runzeligen Masken irreführen, für einen Moment winken sie mir zu und lächeln an den Tischen des Balfour-Kellers, der nicht mehr existiert, und für einen Augenblick dösen sie in den Liegestühlen des Erholungsheims, das schon vor Jahren geschlossen wurde, und da ist auch Mischa, der kaum gealtert ist, aber die Schirmmütze und das Goldzahnlächeln abgelegt hat, eine schwarze Kippa trägt und sich geräuschvoll schneuzt, und mein Blick verfängt sich an dem eingeschrumpften spitzen Gesicht einer kleinen gebeugten Greisin, das sich mir besonders eingeprägt hat, als hätte es mich meine ganze Kindheit hindurch begleitet, doch kann ich mich nicht erinnern, woher, und ich richte meinen Blick auf dich und forsche in deinen Augen, die mich nicht direkt ansehen, in deinem verblichenen Gesicht, in den weißen Fäden in deinem Haar, verlange nach dem Schmerz in mir, scharf und wild wie der Pfiff des Zuges, der jetzt die Küste entlangdonnert auf seinem Weg zur neuen Bahnstation Bat-Galim, aber nur Fetzen der Erinnerung lassen sich aus mir herausfischen, an den Zipfeln miteinander verknüpft wie die bunten Taschentücher aus der Tasche des Zauberers im Ungarischen Zirkus, dem du dich ungefähr eine Woche nach Ferienbeginn nicht mehr anschließen wolltest, du wolltest nicht mehr üben, auf dem Seil zwischen den Kiefern zu balancieren, und du wolltest auch nicht mehr Anne und Peter oder Emil und die Detektive spielen, du wolltest überhaupt nichts mehr mit mir spielen, du bist bloß unter der großen Kiefer gesessen, hast den ganzen Tag kleine Bücher in zerknitterten Umschlägen gelesen und bekümmert und traurig und voll geheimer Gedanken unter der karierten Mütze dreingesehen. Am Anfang bemühte ich mich, dich nicht zu stören, obwohl ich ziemlich beleidigt war, aber am dritten Tag hatte ich genug. Ich wartete bis nach dem Mittagessen, und als sich Großvater und Großmutter ihre Schlafstunde gönnten, schlich ich mich hinter deinen Rücken, schnappte dir das Buch weg, das den Titel ›Die Beichte der Geliebten des Kommandanten‹ trug und auf dessen Einband ein Soldat in brauner Uniform und schwarzen, kniehohen Stiefeln abgebildet war, der einen riesigen Revolver auf eine Blondine richtete, die im Schnee hingestreckt zwischen seinen Beinen lag, nur mit Unterhose und Büstenhalter bekleidet. Ich versteckte das Buch und sagte, ich würde es dir nicht zurückgeben, bis du mir sagtest, was los sei. Du hast mich mit einem seltsamen Blick durch deine langen blonden Wimpern angesehen und gesagt, schwör mir beim schwarzen Grab von Hitler, daß du es niemandem auf der Welt jemals verrätst. Ich schwöre, flüsterte ich feierlich, und innerlich stellte ich mir ein tiefes schwarzes Loch vor, in dem der große behaarte Hitler aus dem Erholungsheim stand. Und dann hast du mir erzählt, daß er dir in der letzten Zeit, seit du angefangen hast, diese Bücher zu lesen, in der Hose schwillt und so hart wird, daß du ihn mit der Hand reiben mußt, bis so eine weiße Flüssigkeit herausspritzt, und das sei das herrlichste Gefühl, das du je im Leben hattest, wie eine himmlische Sternenexplosion, aber danach seist du beunruhigt, denn in der Schule haben sie euch erklärt, daß Frauen davon schwanger werden, und wenn du dir die Hände wäschst, fließt das zusammen mit dem Wasser in die Abwasserrohre und ergießt sich ins Meer, und im

Meer baden viele Frauen, und es könnte unter die Badeanzüge in sie eindringen, und nicht alles geht ins Waschbecken, denn von den Millionen kleiner Samen bleiben dir ganz bestimmt so zwanzig oder dreißig an der Hand kleben, und manchmal mußt du nachher mit dem Bus zum Basketball oder zu den Pfadfindern fahren, und dann wird es auf das Geld, das du dem Fahrer zahlst, übertragen und über die Hände des Fahrers auf die Fahrkarten, die er an Mädchen und Frauen jeden Alters ausgibt, die dann nach Hause zurückkehren, aufs Klo gehen, Papier abreißen und sich damit abwischen, und schon ist es in ihnen drinnen, und sie wissen es nicht einmal, und jetzt laufen auf der Straße Tausende von Frauen mit Babys von dir in ihrem geschwollenen Bauch herum, und nicht nur hier in Israel, denn die Samen können mit der Meeresströmung fortgetragen werden und sogar bis nach Europa gelangen. Ein verschämter Funke von Stolz glomm für einen Moment in deinen Augen auf und verlosch. Ich saß eine Weile still da und dachte nach, kaute an trockenen Kiefernnadeln. Das war wirklich ein ernsthaftes Problem. Währenddessen hast du Kiefernzapfen geworfen und versucht, den Baumstamm gegenüber zu treffen, peng peng peng. Plötzlich kam mir eine Idee. Ich stand auf und rannte in die Küche, zog die Schublade neben dem Spülbecken auf, in der alles mögliche drin war, was man im Haus so brauchte, Zündhölzer, Pflaster und Gummis, und holte ein paar Plastiktüten für die Sandwiches heraus, die uns Großmutter als Wegzehrung einpackte, wenn wir samstags eines der Erholungsheime besuchten, und ich rannte zurück, gab sie dir und sagte, nimm, mach's da rein, und vergrab sie in der Erde. Von dem Tag an waren die Besorgnis und der Stolz aus deinem Gesicht verschwunden, wir waren wieder Freunde und spielten all die alten Spiele, und nur manchmal hast du plötzlich innegehalten und mir einen langen, nachdenklichen Blick zugeworfen, und ich schlich mich nachts in die Küche und zählte die Tüten, um zu wissen, wie viele fehlten, ging barfuß in das dunkel duftende, schwarzwipflige Wäldchen, in die Finsternis der Baumkronen, wimmelnd von Gezirp und Gewinsel und mysteriösem Geraschel, und ich entdeckte die Stellen, an denen trockene Kiefernnadelhäufchen über der darunter gelockerten Erde aufgeschichtet waren, und ich grub mit Händen fiebrig vor Neugier und Grausen, holte die Plastiktüten aus ihren Gräbern herauf und betrachtete die wundersame Flüssigkeit lange Zeit im Mondlicht. Und eines Tages hast du die zerknitterten Büchlein unserem Schatz hinzugefügt und gesagt, ich brauche diesen Schund nicht mehr, ich kann selber viel bessere Geschichten erfinden, und ich sagte, du wirst bestimmt mal ein Schriftsteller, und dabei fiel mir ein, daß Onkel Alfred das schon vor mir gesagt hatte. Und sofort rissen wir die Seiten aus den Büchern, setzten uns hin und schnitten Wörter heraus, besonders die ganz häßlichen, und klebten damit fürchterliche anonyme Drohbriefe an die Verbrecherbande unterm Supermarkt und an Frau Bella Blum von der Post zusammen, vertilgten die Schokolade, die du zuvor aus Großmutters Versteck gestohlen hattest, wo sie sie zum Kuchenbacken aufbewahrte, und die leicht nach Klebstoff schmeckte, und plötzlich hast du mit den Fingerspitzen mein Gesicht berührt, wie um einen Schokoladebart wegzuwischen, bist hinter mich getreten und hast langsam, Wort für Wort auf meinen Rücken geschrieben, ich-liebe-dich-schrecklich, und hast mich ganz fest umarmt. Du legtest dich aufs Sofa, und ich legte mich auf dich drauf, mein Gesicht im sanften Schatten der Grube zwischen deiner Schulter und deinem Hals, Geruch nach Klebstoff und Wäschestärke von deinem grünen Hemd, und deine feuchten Finger streichelten lange Zeit zitternd meinen Nacken, zuckten in meinem Haar. Aneinandergeklebt, ohne uns zu bewegen, fast ohne zu atmen, nur die Herzen rasend wie Pferde im wahnsinnigen Galopp, streichle ich langsam über dein Gesicht, als modellierte ich es von neuem, über die blonden Locken, die glatte Stirn und die Augenlider, hinter denen eine ganze Welt lebt, über die kleine Nase, auf der der Finger wie auf Skiern bis zu den Lippen gleitet, die warme Luft auf meine kalten Finger blasen, und du ziehst mein Hemd hinauf, deine kühle Hand auf meinem Rücken, von unten nach oben und von oben nach unten, bis zu dieser angenehmen Stelle, wo uns ein Schwanz wachsen würde, wenn wir Katzen wären, und ich lege meinen Mund auf deinen, schmecke die gestohlene Schokolade von vorher, unsere Zungen berühren sich, umkreisen einander und stoßen hastig, blindwütig wie zwei erschrockene Ringer aufeinander, und ich schiebe die Hemden zwischen deiner glatten Brust und meinen Brüsten weg, um meine Brustwarzen, steif vor Kälte, an die weiche, warme Haut deines atmenden Bauches zu pressen, und spüre eine Süße zwischen meinen Beinen, als sei dort drinnen Honig ausgegossen worden und ein wenig davon in die Unterhose getropft, und es zwingt mich, sie zu spreizen und auf deinem Oberschenkel vor und zurückzuschaukeln, und du umarmst mich ganz fest, lutschst meine Lippen wie ein Bonbon, drückst meine Hand auf die harte Erhebung unter deinen kurzen Hosen, und dein Gesicht wird ernst und so zerbrechlich, daß ich darin sehen kann, was noch niemand vor mir entdeckt hat, und ich atme ganz schnell und kurz wie ein kleines Tier ohne Erinnerungen, mein schmelzender Bauch klebt an deinem, die Süße in der Unterhose noch und noch bis es schmerzt bis ich nicht mehr kann und plötzlich diese Eruptionen in mir ganz heftig und scharf und lang die erste und dann kurze und schnelle wie Zuckungen ich muß mich beherrschen nicht zu schreien damit sie nicht aufwachen und ich will daß es nie mehr aufhört, aber am Ende hörte es auf, und ich fiel auf dich, atemlos mit fliegendem Puls wie nach einem Sechzig-Meter-Spurt, und ich sah, daß auch du halb ohnmächtig warst, mit glühendem Gesicht angestrengt nach Luft schnapptest, und ich rollte von dir runter und legte mich neben dich, entdeckte einen großen Fleck auf deiner Hose und atmete erregt den animalischen Geruch ein, der uns beiden gemeinsam entströmte, ein unvergleichlicher Geruch.

Danach warfst du mir aus grünblanken Augen einen Blick zu, hast gelächelt und mich auf die Wange geküßt, ungestüm die Haare weggeschoben, die auf deiner Stirn klebten, und dich aufgesetzt, mit einer Bewegung dein Hemd ausgezogen und gesagt, zieh deins auch aus. Du hast deinen Kopf auf meinen Bauch gelegt, und so ruhten wir eine Weile, meine Hand zauste in deinem feuchten Haar, und die Finger der Sonne drangen durch die Ritzen des Fensterladens ein und spannten einen goldenen Fächer über die Wände. Dann streichelte ich deinen Rücken und sagte, deine Haut ist zart wie Samt, und du hast gesagt, meine sei glatt wie Wasser, und du hast meinen Bauch geküßt, seltsame Formen mit den Lippen darauf gemalt und gesagt, wenn du auf dem Rücken liegst, ist deine Brust so flach wie meine, hast an meinen Brustwarzen geleckt, und deine Zunge war ein bißchen rauh, wie bei einer Katze, und du hast geleckt und geleckt, bis sie hart wie Kirschkerne wurden und es sich wieder süß und glatt zwischen den Beinen anfühlte und ich weitermachen wollte wie vorher, aber Großmutters Stimme stieg von unten herauf, durchdringend und forschend wie das Periskop eines U-Boots, Kinder, wo seid ihr, es gibt Fünf-Uhr-Tee und Kuchen. Wir zogen schnell unsere Hemden an und stiegen hinunter, du gingst die Hose wechseln, und ich spähte in den vergoldeten Spiegel in der Diele. Meine Augen blitzten wie fliegende Untertassen, und die ganze Welt, die Wohnzimmermöbel, Großvater und Großmutter und Onkel Alfred erschienen weit weg und unwirklich, aber klar und gestochen wie auf einer Theaterbühne.

In jener Nacht konnte ich vor lauter Sehnsucht nach dir nicht einschlafen, du schliefst ruhig in dem Zimmer am Ende des Korridors, vielleicht träumte dein Körper von mir. Ich wäre so gerne im Dunkeln zu dir gekommen, um dich zu umarmen und deinen Atem zu hören, aber Großmutter achtete immer streng darauf, daß du in dem alten Zimmer deines Vaters schliefst und ich in Mutters Zimmer, das an ihres angrenzte, also beherrschte ich mich und dachte an morgen, an die Zeremonie, die wir bis in alle Einzelheiten geplant hatten, nach dem Abendessen, als Onkel Alfred gegangen war und Großvater und Großmutter im Wohnzimmer saßen und sich im Fernsehen die Wochenschau ansahen, und während wir in der Küche miteinander flüsterten, konnten wir Menachem Begin, den neuen Ministerpräsidenten hören, wie er eine Rede über Auschwitz und die sechs Millionen hielt und danach verkündete, daß er bereit sei, sich in Jerusalem mit Präsident Sadat zu treffen, und Großvater sagte, endlich ist bei diesem Kerl auch mal was Gutes rausgekommen, und Großmutter rief nach uns und sagte, ihr solltet euch das anschauen, es gibt wichtige Neuigkeiten, aber wir wußten, daß die morgige Zeremonie viel wichtiger war, und vor allem was danach kommen würde, und ich konnte den Film einfach nicht stoppen, der immer wieder auf der Leinwand vor mir im Dunkeln ablief, der Film, dessen Helden wir waren. Und plötzlich hörte ich, aus ihrem Zimmer, Großmutter im Flüsterton rufen, Aharon, Aharon, und Großvater wurde wach und sagte sanft, ja Minna, und Großmutter sagte, sie könne nicht schlafen und erzählte ihm leise, aber ich konnte jedes Wort hören, daß sie am Morgen, als sie mit dem Einkaufswagen im Supermarkt herumgegangen war, um Lebensmittel für Schabbat einzukaufen, plötzlich gespürt hatte, daß ihre Mutter neben ihr stand, in dem schwarzen Pelzmantel, den sie vor Jahren angehabt hatte, als sie sich am Bahnhof trennten, und auch ihr Gesicht war bleich und bang wie damals, und sie sagte etwas zu ihr, aber Großmutter hörte nicht zu, denn sie sagte sich, jetzt ist doch Sommer, warum hat Mutter einen

Pelzmantel an, doch bevor es ihr gelang zu begreifen, war ihre Mutter nicht mehr da. Seitdem habe ich keine Ruhe mehr, fuhr Großmutter in rauhem Flüsterton fort, ich bin sicher, es ist etwas sehr Schlimmes. Ihrem Gesicht nach weiß ich, daß etwas Schreckliches passieren wird. Großvater sagte nichts, sang ihr nur ganz ganz leise etwas vor, eine sehnsüchtige Melodie ohne Worte, die er ohne Ende wiederholte, bis sie mich völlig ausfüllte, bis ich einschlief.

Am nächsten Tag war Schabbat. Großvater und Großmutter weckten uns früh, um mit ihnen in das Erholungsheim in Tiberias zu fahren, und wunderten sich ein wenig, als wir unter den Decken hervormurmelten, wir seien müde und wollten zu Hause bleiben, aber sie beließen es dabei. Mir fiel ein, was ich in der Nacht aus ihrem Zimmer gehört hatte, und ich dachte bei mir, wie kann es sein, daß in unserem Supermarkt Geister herumwandern, und warum hat Großvater sie nicht beruhigt, daß das alles nur ihre Einbildung sei und nichts Schlimmes passieren würde, und plötzlich dachte ich, vielleicht hat es die ganze Unterhaltung überhaupt nicht gegeben und ich habe sie nur geträumt, und ich beschloß, es niemandem, nicht einmal dir zu erzählen. Großmutter richtete Harte-Eier-Sandwiches für uns zu Mittag her und für sich Proviant für unterwegs, und mein Herz begann heftig zu pochen, als ich hörte, wie die Schublade neben dem Spülbecken geöffnet wurde und Großmutter vor sich hinmurmelte, merkwürdig, ich erinnere mich, daß eine ganze Packung da war. Am Ende wickelte sie alles in Butterbrotpapier ein, denn Mischa hupte draußen schon nach ihnen, kniff uns beide in die Wange, sagte, wir kommen am Abend um halb acht zurück, seid brav, und los fuhren sie. In dem Augenblick, in dem das Knattern des Motors hinter der Biegung verschwand, schossen wir aus den Betten, begegneten uns auf dem Korridor und begannen, alles genau nach dem Plan zu machen, den wir uns am Abend in allen Einzelheiten ausgedacht hatten.

Zuerst nahm jeder ein langes gründliches Bad mit Haarewaschen und Ohrenputzen. Danach wickelten wir die Bettlaken, die wir wie eine griechische Toga an der Schulter verknoteten, um uns herum, und ich parfümierte mich aus allen Fläschchen, die ich auf Großmutters Kosmetiktisch fand, bestrich Lippen und Wangen mit viel Rouge und die Augen mit Blau. Dann schnitten wir die Blüten der Rosen ab, die Großmutter für den Schabbat gekauft hatte und die in der goldfarbenen Vase auf dem Büffet standen, und flochten uns zwei Haarkränze. Dann gingen wir in die Küche, wir aßen nichts zum Frühstück, denn wir brachten nichts hinunter, aber wir stibitzten Kerzen aus Großmutters Versteck, das sich neben dem geheimen Aufbewahrungsort für die Schokolade befand, sechs Seelenkerzen, von denen sie immer einen großen Vorrat hortete, denn es gab häufig einen Jahrestag von einem ihrer Verwandten, die dort geblieben waren, und aus der Nähschachtel mit dem geblümten Stoffüberzug holten wir die Schere und aus Großvaters Wäscheschublade ein weißes Taschentuch, aus dem Büffet ein Weinglas und aus der Bibliothek eine kleine Bibel, die dein Vater einst zu seiner Bar-Mizwa von seiner Schule als Geschenk erhalten hatte, und barfuß stiegen wir mit den ganzen Dingen zu unserem Zimmer unterm Dach hinauf. Dann schlossen wir den Fensterladen über dem Meer und dem Friedhof, so daß es völlig finster wurde, zündeten die Seelenkerzen an und verteilten sie im Zimmer, das sich mit Schatten erschreckender Dämonen füllte, die an der Decke und an den Wänden tanzten, und eine Kerze ließen wir auf dem Tisch und legten die Bibel daneben, und du hast gefragt, bist du bereit, und ich flüsterte, ja, und mein Herz klopfte heftig, und wir standen einander gegenüber, legten eine Hand auf das Buch und hoben die zweite, Daumen und kleiner Finger zusammen wie beim Pfadfinderschwur, und ich blickte dir in die Augen, in denen die Kerzenflammen brannten, und sprach dir langsam und feierlich die Worte nach:

Ich schwöre bei Gott und bei Hitlers schwarzem Grab
Ich schwöre bei Gott und bei Hitlers schwarzem Grab
daß ich niemals eine andere Frau heiraten werde
daß ich niemals einen anderen Mann heiraten werde
und nur dich auf ewig lieben werde
und nur dich auf ewig lieben werde.

Danach umarmten wir uns und konnten kaum atmen, denn wir wußten, dieser Schwur war stark wie der Tod, und um ihn noch stärker zu machen, schnitten wir die Wörter aus der Bibel aus und klebten sie im Kerzenlicht auf ein Blatt Papier. Zweimal »Gott« fanden wir gleich bei der Erschaffung der Welt, »Frau« fanden wir bei Adam und Eva und »Grab« in der Geschichte von der Machpela-Höhle. Dann fanden wir auch »Mann« und »schwöre«, »ich« und »beim« und »einen anderen«, auch in weiblicher Form, »dich« und »ich werde lieben«, »niemals« und »nur«. »Schwarzem« fanden wir nicht, nur »schwarzes«, in den Psalmen, also schnitten wir es aus und überklebten das s. Die restlichen Wörter, »Hitler«, »ich werde heiraten« und »auf ewig« konnten wir nicht finden, es dauerte auch zu lange, und so klebten wir sie aus einzelnen Buchstaben zusammen. Als alles fertig war, hast du das Glas in das Taschentuch gewickelt, es auf den Boden gelegt und bist mit dem nackten Fuß kräftig draufgetreten. Das Glas zerbrach, und ein großer Blutfleck breitete sich auf dem Stoff aus. Du hast den Finger hineingetaucht und deinen Namen unter den Schwur gesetzt. Jetzt du, hast du gesagt. Ich atmete tief durch, nahm eine Glasscherbe und ritzte fest den großen Zeh, von unten, damit niemand den Schnitt sehen würde, preßte einen Tropfen Blut auf den Finger und unterschrieb mit zittriger Schrift neben deinem Namen. Dann schrieben wir das Datum dazu, das hebräische und das andere, und die genaue Adresse, Präsidentenallee, Har Hacarmel, Haifa, Israel, Naher Osten, asiatischer Kontinent, Erdball, Sonnensystem,

Galaxis, Universum. Jetzt zerreißen wir den Schwur in der Mitte und jeder soll die Hälfte mit der Unterschrift des anderen bei sich aufbewahren, sagte ich entsprechend dem, was wir zu tun geplant hatten, und du hast einen Augenblick geschwiegen und plötzlich gesagt, nein, wir wickeln es gut ein und vergraben es unter der großen Kiefer, an einer Stelle, die wir immer finden können. Ich dachte bei mir, daß wir den Plan nicht ändern durften, aber ich sagte nichts. Wir falteten das Blatt Papier in das Silberpapier der gestrigen Schokolade, steckten es in eine leere Zündholzschachtel, die wir in noch mehr Papier einwickelten und in eine Plastiktüte, die dir von denen übriggeblieben war, die du aus der Schublade entwendet hattest, und gingen hinunter. Wir gruben mit den Händen ein tiefes Loch neben dem Stamm und versenkten unser Paket, das wichtiger als alles auf der Welt war, aber als wir es mit Erde bedeckten, sie mit den Füßen festtraten und Kiefernnadeln darüberhäuften, wurde ich plötzlich sehr traurig und wußte nicht, warum.

Als wir ins Zimmer zurückkamen, brannten die Kerzen noch, und die Dämonen trieben weiter ihr Unwesen an den Wänden. Ich wußte, was gleich passieren würde, doch ich hatte keine Angst. Ich dachte an Anne Frank und daran, wie die Deutschen sie erwischt hatten, bevor sie dazu kam, ihren Peter richtig zu lieben, als sie genau in meinem Alter war, und ich sagte mir, ich werde es schaffen. Wir legten die Kränze und die griechischen Togen ab, breiteten ein Laken auf dem Sofa unter uns aus, legten uns hin und deckten uns mit dem zweiten zu, und ich streichelte deinen warmen, schwer atmenden Körper überall, ließ meine Lippen über Hügel von Licht und zarten Schatten wandern, entlang Pfaden von Seife und Schweiß unter dem Laken, und plötzlich warst du auf allen vieren über mir, hast mich mit gelb funkelnden Augen und einem raubgierigen Lächeln angeschaut, und ich wollte, daß es endlich passiert, und flüsterte, komm, und du hast gefragt, tut es weh, und ich sagte, nein, und ich konnte dein Herz in stetem Takt gegen meine Brüste trommeln hören ich-liebe-dich-ich-liebe-dich, und gewaltiger Stolz erfüllte mich.

Und dann knarrten plötzlich schwere Schritte auf der Treppe, und ich flüsterte, die Deutschen, und begann zu zittern, und wir hielten uns eng umschlungen und drückten uns an die Wand, und die Tür ging auf, und in der Öffnung, inmitten eines Lichtscheins, stand Onkel Alfred, dem sie offenbar zu sagen vergessen hatten, daß sie wegfuhren und er heute nicht zum Tee kommen sollte. Mit einem Blick überflog er unsere schweißüberströmten Körper, das blutbefleckte Taschentuch, die Rosen, die auf dem Fußboden verstreut lagen, und die Seelenkerzen und zog verlegen an seiner erdbeerroten Nase, und dann verfing sich sein Blick an irgendeinem Punkt auf deinem Bauch, vielleicht in deinem Nabel, während er stammelte, was ist denn das, Kinder, Kinder … das ist verboten … in eurem Alter … man darf doch nicht … oiwawoi, wenn Großmutter das erfährt … Wir bedeckten unsere Körper mit dem Bettlaken und betrachteten ihn still und vorsichtig wie Katzen. Er senkte den Blick auf die glänzenden Schuhspitzen und fuhr fort, ich muß es ihr natürlich sagen … wer hätte das gedacht … Kinder … Cousin und Cousine … am Ende kommt dabei noch, Gott bewahre, ein Baby mit sechs Fingern an jeder Hand heraus … oder mit zwei Köpfen … oder einem Schweineschwänzchen … das ist sehr gefährlich … wer hätte das gedacht … und schüttelte seinen Kopf von der rechten zur linken Schuhspitze, als veranstaltete er einen Schuhglanzwettbewerb. Dann sah er dich wieder an und sagte, nun ohne Stottern, er sei bereit, es niemandem zu erzählen, unter der Bedingung, daß du dich hier mit ihm treffen würdest, morgen nachmittag, damit er sich mit dir unterhalten und dir erklären könne, wie schwerwiegend das war, was wir gemacht hatten. Warum nur er, platzte ich heraus, um dir zu Hilfe zu kommen, und Onkel Alfred sagte, daß er dich als den Verantwortlichen ansehe und so etwas, bei deinem Verstand und deinem Talent, nicht von dir erwartet hätte. Einverstanden, hast du ruhig gesagt, und er ging hinaus. In dem Augenblick, in dem sich die Tür hinter ihm schloß, sprangen wir vom Sofa auf, stellten uns wieder am Tisch auf, die eine Hand auf der Bibel und die zweite in der Luft, Daumen und kleiner Finger zusammen, und ich sprach dir die Fortsetzung des Schwurs nach, die du aus dem Stegreif verfaßt hast:

> Und auch wenn wir ein Kind kriegen
> mit sechs Fingern an jeder Hand
> oder zwei Köpfen
> oder einem Schweineschwänzchen
> werden wir es lieben
> als wär's ein ganz normales Kind
> mit fünf Fingern und einem Kopf
> und überhaupt keinem Schwanz.

Danach zogen wir uns an und räumten noch schnell alles auf, bevor Großvater und Großmutter nach Hause kamen. Nur den dunkelroten Fleck, der auf dem grünen Samt prangte, ließen wir als Andenken zurück. Bevor ich einschlief, konnte ich Großmutter in die goldfarbene Vase auf dem Büffet flüstern hören, merkwürdig, ich erinnere mich doch, daß ich Blumen für Schabbat gekauft habe, und Großvater, der sie in sanftem Ton tröstete, nu, auch mein Gedächtnis ist nicht mehr das, was es einmal war, wie konnte ich vergessen, Alfred anzurufen, daß er heute nicht zum Tee kommen soll.

Mitten in der Nacht fühlte ich einen schrecklichen Brechreiz. Ich rannte aufs Klo und steckte einen Finger in den Hals, und plötzlich spürte ich, daß ich Sand erbrach, ungeheure Mengen von nassem Sand, die meinen Mund füllten und zwischen meinen Zähnen knirschten, ich erstickte beinahe, spuckte und würgte, würgte und spuckte, und dann erbrach ich noch etwas mit dem Sand, und ich spähte in die Kloschüssel. Ein winziger schwarzer Hund trieb dort steif auf der Seite, mit gespreizten Beinen, die Lefzen zu einem grausigen Lächeln hochgezogen, und blickte mich mit einem offenen, toten Auge an. Entsetzt knallte ich den Deckel zu. Draußen begann es schon hell zu werden.

Die Hände in den Taschen wanderte ich zwischen den Bäumen herum, trat nach Kiefernzapfen. Seit einer halben Stunde wart ihr schon da oben, im Zimmer eingeschlossen. Was hatte er dir so lange zu sagen? Ich konnte mich nicht mehr beherrschen. Ich stieg ganz leise hinauf, öffnete die Tür einen winzigen Spalt und spähte hinein. Ihr saßt auf dem Sofa. Onkel Alfred erklärte dir mit großartigen Operngesten etwas, das ich nicht hören konnte, und legte hin und wieder seine wattige Hand auf dein Bein. Dann umfaßte er deine Schulter und näherte sein Gesicht, röter denn je, fast violett, dem deinen, das aschgrau vor Blässe war. Plötzlich hob er den Blick und sah mich. Ein Schatten glitt über seine Augen. Ich floh nach unten. Ich legte mich unter die große Kiefer, genau über den Schwur, den wir gestern hier vergraben hatten, und betrachtete die glänzend grünen Nadeln, die in die heute zu einer riesigen weißen Hand geformten Wolken stachen. Ich wartete. Es verging eine Weile und noch eine, und noch viel länger, eine Menge Zeit verging, doch ihr kamt nicht herunter. Mir fiel der Traum ein, den ich in der Nacht gehabt hatte, und mich schauderte vor Kälte. Endlich öffnete sich die Türe, und Onkel Alfred trat heraus, atmete schwer und wankte die Treppe hinunter. Er knöpfte sein Jackett zu und klingelte an der Eingangstüre. Großmutter machte auf und sagte, Schalom, Alfred, und er ging ins Haus hinein. Dann kamst du herausgerannt, hast dich neben mich gelegt, dein Gesicht in meinen Bauch vergraben und schmerzhafte Schluchzer darin erstickt. Du hast am ganzen Körper gezittert. Ich nahm dich fest in die

Arme. Was ist passiert, was hat er zu dir gesagt, flüsterte ich. Wir müssen ihn umbringen, hast du geschluchzt. Deine warmen Tränen tränkten mein Hemd. Noch nie hatte ich dich so weinen sehen. Aber was ist passiert, was hat er getan, fragte ich wieder. Wir müssen ihn umbringen, wir müssen ihn umbringen, hast du geheult, mit den Füßen auf den Boden getrampelt. Aber was hat er getan, hat er dich geschlagen, sag mir, was er getan hat, flehte ich. Du hast dein glühendes, nasses Gesicht erhoben, über das Rotz und Tränen strömten, ohne daß es dich kümmerte, und hast ruhig gesagt, heute bringe ich ihn um. Ich blickte in deine roten Augen, in denen zwei schwarze Abgründe gähnten, und ich wußte, heute würde Onkel Alfred sterben.

In Minutenschnelle hatten wir eine mörderische Giftpaste zur Hand, hergestellt aus zermahlenen Schneckenhäuschen und zwei zerquetschten Ameisen, einem zerstoßenen Kiefernzapfen und gelber Hundekacke. Wir vermischten das Ganze mit Kiefernharz, damit die Zutaten zusammenklebten. Meine Aufgabe war es, Großmutter anzubieten, daß heute ich den Tee zubereiten würde, und das Gift in Onkel Alfreds Tasse zu schütten. Ich wählte die große schwarze Tasse für ihn, um nichts durcheinanderzubringen, und auch, weil ich dachte, daß es in dieser schwarzen Tasse besser wirken würde. Ich fügte fünf Löffel Zucker hinzu und rührte gründlich um, während ich zu erlauschen versuchte, worüber sie im Wohnzimmer sprachen, um sicherzugehen, daß er uns nicht trotzdem verpetzte. Sie redeten ganz leise, nur Wortfetzen drangen an mein Ohr, Dr. Schmidt, Lungen, Röntgenaufnahme, Diagnose und wieder Dr. Schmidt. Sie sprachen über Krankheiten, ich war beruhigt. Auf den Teewagen stellte ich auch die spezielle zweistöckige Schwarzwälder Kirschtorte, die Großmutter gebacken hatte, wobei ich nicht verstanden hatte, wem oder was zu Ehren, vielleicht hatte er heute Geburtstag. In dem Moment, in dem ich mit dem Wägelchen hereinkam, verstummten sie sofort. Onkel Alfred sagte, danke, und ein trauriges Lächeln umwölkte sein Gesicht. Dann bist auch du hereingekommen, deine Augen wieder trocken, und wir zwängten uns gemeinsam in den Sessel und warteten schrecklich gespannt darauf zu sehen, wie er trank und auf der Stelle tot umfallen würde. Erst einmal verschlang er mit gewaltigem Appetit drei Stück Kuchen. Dann nahm er geräuschvolle Schlucke, schmatzte mit den Lippen, stellte sich uns gegenüber hinter seinem Sessel auf, umschleimte dich mit einem feuchten Blick und verkündete, jetzt werde ich euch das erste Lied aus Mahlers ›Lied der Erde‹ vorsingen. Er räusperte sich zweimal, verschränkte seine Hände überm Bauch und begann auf deutsch zu singen, was wir nicht verstanden. Seine Stimme brach feierlich und kräftig wie ein Trompetenstoß aus seiner Brust hervor, erklomm gefährliche Höhen, kühn und schwankend wie ein Seiltänzer, stürzte plötzlich ab und tauchte in dunkle Abgründe, wo sie mit dem Schicksal kämpfte, flehte und um Hilfe betete, hohl wie ein Echo schrie, heulte und bettelte, sein Gesicht war das eines Ertrinkenden, Tränen flossen aus seinen Augen, und auch aus Großmutters Augen, die die Worte verstand, sogar Großvater schniefte ein paarmal, und wir blickten einander an und wußten, das Gift, das wir zusammengemischt hatten, war auch ein Zaubertrank, und wir hielten den Atem an, um zu sehen, wie er mitten im Lied auf dem Teppich zusammenbrechen würde, aber Onkel Alfred beendete es mit einem langgezogenen, endlosen Schrei aus der Tiefe, schwenkte die Arme zur Seite, stieß an das Büffet, und die goldfarbene Vase wackelte einen Moment überrascht, glitt dann zu Boden und zerbarst, und die Welt explodierte in Milliarden glitzernder Splitter. Onkel Alfred setzte sich keuchend und flüsterte, Verzeihung, doch Großmutter sagte, macht nichts, trat auf ihn zu und küßte ihn auf die Wange, und Großvater blickte nicht die Teppichquadrate an und murmelte auch nicht, bravo, sondern drückte ihm die Hand, sah ihm in die Augen und sagte, wundervoll, großartig, und Onkel Alfred nahm noch einen Schluck von dem vergifteten Tee und erhob sich, um zu gehen, sagte auf Wiedersehen zu uns und streichelte dich mit seinem Blick, doch wir antworteten nicht, sahen ihn nur feindselig an, und sie begleiteten ihn zur Tür, wünschten ihm Glück und alles Gute, und Großvater klopfte ihm auf die Schulter und sagte, sei stark, Alfred, und Onkel Alfred sagte zögernd, ja, und die Tür schloß sich hinter ihm, und Großvater und Großmutter sahen einander einen Moment lang an, und Großmutter schüttelte den Kopf und holte Schaufel und Besen, um die Scherben zusammenzukehren.

In der Nacht erwachte ich von Hustengeräuschen und einem schrecklich kreischenden Lachen, und ich hörte, wie Großmutter in der Küche zu Großvater sagte, jetzt weiß ich, was sie gesagt hat, jetzt weiß ich, was sie mir damals sagen wollte. Und wieder erklang das entsetzliche Lachen, als lachte nicht Großmutter, sondern irgendein Dämon in ihr. Ich stand auf und lugte durch die Türe, und ich sah sie am Tisch sitzen, mit wirrem langem Haar, im Nachthemd, den Mund mit Kirschsaft und Schokolade beschmiert, die Faust um ein Messer geballt über der Ruine von Alfreds zweistöckigem Kuchen, und Großvater, im Pyjama, hielt sie am Handgelenk fest und flehte, genug, nu, genug jetzt, du hast schon viel zuviel gegessen, und Großmutter kämpfte, um ihre Hand zu befreien, und die kreischende Stimme des Dämons brach aus ihr heraus, nur noch ein kleines Stück, nur noch eins und dann ist's genug, doch Großvater hielt sie gewaltsam fest und weinte, laß mich nicht allein zurück, Minna, bitte laß mich nicht allein, ich schaffe es nicht alleine. Ich flüchtete mich in dein Zimmer. Deine Atemzüge waren schwer, abgerissen. Ich kroch zu dir unter die Decke, umarmte dich und legte meinen Kopf neben deinen auf das Kissen. Das Kissen war völlig durchnäßt.

Am nächsten Tag fuhren wir weg, mit Mischa, Großvater und Großmutter, die vorne saß und deren Zopf wieder straff um ihren Kopf lag. Mischa setzte die Großeltern am Rambam-Krankenhaus ab, und uns nahm er an den Strand von Bat-Galim mit, wo wir uns auszogen und nur die Badesachen anbehielten, und Mischa sah mit seiner Schirmmütze und seiner breiten Brust wie ein Rettungsschwimmer aus, es fehlte nur noch die Trillerpfeife. Er setzte sich in einen Liegestuhl an die Wasserkante, und du bist in einem bunten Spritzschauer hineingerannt und in die Wellen getaucht, und ich rannte dir hinterher und tauchte ebenfalls unter, denn ich wollte genau dasselbe fühlen wie du, und mir brannten die Augen und ich schluckte ein bißchen Salzwasser, und als ich an den Strand zurückkam, bist du schon dagestanden und hast deine Locken geschüttelt, und wir setzten uns neben Mischa, an seine starken Beine gelehnt, in den Sand, sahen aufs Meer hinaus und schwiegen, denn keiner von uns hatte etwas zu sagen, und dann bat ich Mischa, er solle uns wieder erzählen, wie er vor dem König von Jugoslawien gespielt hatte, denn ich wußte, wie gern er erzählte, und ich dachte, vielleicht würde das die Situation retten. Er schwieg einen Augenblick, und plötzlich sagte er still, ich habe nicht vor dem König gespielt, es war ein anderer Junge, auch er hieß Mischa, aber er spielte besser als ich, also haben sie ihn ausgewählt, um ihm die Uniform mit den Goldknöpfen anzuziehen, und die Trompete hat in der Sonne gefunkelt, und die Fahne stieg bis zur Spitze des Mastes hinauf, es war so schön, nie werde ich es vergessen, und König Pavel ist gekommen und strich ihm über den Kopf, und seine Mutter hat so geweint, daß man sie stützen mußte, und ich stand da, in einer Reihe mit den ganzen Kindern, und habe auch geweint. Er zog die Nase hoch und fuhr dann fort, als spräche er zu sich selbst, aber jener Mischa ist nicht mehr da, Hitler hat ihn geholt, alle, alle, auch meine Eltern und alle meine Geschwister, nur ich bin noch da, das sechste Kind, das sie gar nicht wollten, denn mein Vater und meine Mutter haben sehr jung geheiratet, sie waren Cousin und Cousine, und die Familie beschloß, sie mit dreizehn zu verheiraten, so war das zu jener Zeit, und sie bekamen jedes Jahr ein Kind, jedes Jahr ein Baby, bis mein Vater sagte, genug. Aber dann fuhren sie zur Erholung nach Österreich und als sie zurückkamen, war Mutter wieder schwanger. So ist das. Er verstummte und zündete sich eine Zigarette an. Und dann sagte er plötzlich, ohne irgendeinen Zusammenhang, euer Großvater ist ein großartiger Mensch, es gibt nicht viele Menschen wie ihn. Wir sahen still einem Jungen zu, dem es gelang, auf Händen zu gehen, einem Mann, der einen Stock ins Wasser warf, und seinem großen Hund, der sich mit Gebell auf das Meer stürzte, blitzschnell lospaddelte und in seinem Maul den Stock anbrachte, und der Mann streichelte ihm über den Kopf. Ich nahm den Eisstiel und malte ein Haus und einen Baum und eine Sonne in die nasse Sandfläche, die Wellen kamen und löschten mein Bild. Und das Meer färbte sich langsam golden, es wurde ein wenig kühl, und wir zogen uns an und fuhren Großvater und Großmutter abholen, die mit grauen Gesichtern am Krankenhaustor auf uns warteten und plötzlich uralt aussahen.

Ein paar Tage später teilte uns Großmutter mit, daß Onkel Alfred im Krankenhaus gestorben war, sie wischte sich die Tränen ab und sagte, er habe eine schlimme Krankheit in der Lunge gehabt, und die Operation sei nicht erfolgreich verlaufen, aber wir kannten den wahren Grund und wagten nicht einander anzusehen, als wir mit Großmutter, die um Alfred und mehr noch um sich selbst weinte, und mit Großvater, der um Großmutter weinte, mit unseren Eltern und noch drei Leuten, die wir nicht kannten, den Totengräbern folgten, wie emsige Engel in ihren weißen Hemdsärmeln, mit ihren bärtigen, verschwitzten Gesichtern, die die Bahre trugen, unter dem dunklen, staubigen Tuch der Körper, der plötzlich geschrumpft schien, der Kopf berührte beinah das fette schwarze Hinterteil des ersten Engels, die Füße baumelten vor dem offenen Hosenschlitz des zweiten, und ich dachte, es könnte jeder sein unter dem Tuch, vielleicht ist es gar nicht er, aber als wir das offene Grab erreichten, sagte der Kantor seinen Namen, und ein verzweifeltes Weinen brach aus mir heraus, denn ich wußte, die Zeit ließ sich nicht zurückdrehen, und du standest schweigend auf der anderen Seite des schwarzen Grabes, und ich wußte, Onkel Alfred würde immer zwischen uns stehen, und nach dem Begräbnis würde dich dein Vater mit nach Hause nehmen, lange vor dem Ende der großen Ferien, denn Großmutter fühlte sich schon nicht mehr so gut, und in ein paar Monaten, im Winter, würde auch sie sterben, und Großvater würde sein Büro in der Herzlstraße zusperren und ins Altersheim ziehen, und all die Jahre würde er mit ihr reden, als wäre sie noch an seiner Seite, und nie mehr würden wir in unserem Kämmerchen unterm Dach zusammensein, und nur manchmal, vor dem Einschlafen, würdest du auf allen vieren über mir knien und mich mit gelben Pupillen anblicken, und ich würde dir zuflüstern, komm, und dein Herz gegen meine Brüste trommeln spüren, bis zum Verebben des letzten Flatterns. Ich trockne meine Tränen und trete zusammen mit den ganzen alten Leuten ans Grab, um einen kleinen Stein darauf zu legen, und alle wenden sich schon zum Gehen, aber ich verweile noch einen Augenblick an Onkel Alfreds goldgraviertem Marmorstein, ich weiß, du stehst neben mir. Von nahem kannst du sehen, daß auch ich schon Falten um die Mundwinkel und ziemlich viele graue Haare habe, und wir beide lesen im Herzen die Zeilen aus dem ersten Lied von Mahlers ›Lied der Erde‹, dessen Worte wir damals nicht verstanden, und ich lege einen kleinen Stein darunter, und du legst einen kleinen Stein dazu, und dann legst du deine Hand auf meine Schulter und sagst, gehen wir. Vor uns schreiten meine Mutter und dein Vater und flüstern miteinander über den Plan der Stadtverwaltung, das alte Haus abzureißen und das Wäldchen zu planieren, um statt dessen einen luxuriösen Wohnturm hinzubauen, und ich sehe die Erde vor mir, die all das, was wir in ihr versenkt haben, nicht mehr behalten kann, sie bebt und bricht auf, und der Turm spaltet sich und stürzt in sich zusammen. Und Mischa kommt uns hinterher, seufzt und sagt, wenn man das Leben nur zurückholen könnte, nur für einen einzigen Augenblick, und ich weiß genau, zu welchem Augenblick er zurückkehren möchte. Und am Tor steht die gebeugte Greisin, deren eingeschrumpftes Gesicht so altvertraut ist, greift mit zitternder Hand nach meinem Ärmel und sagt mit kreischender Stimme, du erinnerst dich vielleicht nicht mehr an mich, aber ich habe deinen Großvater sehr gut gekannt, er war Stammkunde bei uns in der alten Post. Sie sind Frau Bella Blum von der Post, flüstere ich und erblasse innerlich, denn für den Bruchteil einer Sekunde sehe ich die Brille auf der scharfen Nasenspitze, das graue Haar, die Eisesfinger, die sich begehrlich nach Kinderhälsen und dreieckigen Briefmarken ausstrecken, und mir fallen die anonymen Drohbriefe ein, und ich schiele zu dir hinüber, aber du betrachtest deine staubbedeckten Schuhe und sagst, wir müssen weiter, ich muß rechtzeitig bei der Versammlung in der Fabrik sein, und wieder berühre ich die weiche Hand unter dem violetten Strohhut. Und plötzlich kommt ein starker Wind vom Meer, reißt ihr den Hut vom Kopf und rollt ihn den Weg entlang, und sie rennt ihm zwischen den Grabsteinen nach, in ihrem flatternden Blümchenkleid, mit ihrem gerundeten Bauch, ihren kastanienfarben züngelnden Haarkringeln, streckt ihre vollen Arme aus, um ihn zu erhaschen, aber der Hut verspottet sie, fliegt hoch und höher in den Himmel hinauf wie ein violetter Schmetterling und wird sich gleich auf der spitzen Krone der Pinie niederlassen, doch auf einmal ändert er seine Meinung, überschlägt sich zweimal und landet auf dem Grabstein von

Abba Chuschi, einst Bürgermeister von Haifa, und du und Mischa und all die anderen Männer erbieten sich, ihn für sie aufzuheben, und springen zwischen den Gräbern herum, aber der Hut ist schon wieder fort, zerdrückt und verschämt zwischen Chanoch Ben Mosche Gavrieli, gebürtig in Lodz, und Zilla Frumkin, mustergültige Ehefrau und Mutter und Wohltäterin, die dichtgedrängt beieinander liegen, und ihr seid alle schon rot, verschwitzt und außer Atem, aber der Hut entkommt mit einem hinreißenden Salto, schwingt sich empor, und ihr verfolgt ihn, mit aufwärts gerichteten Blicken und wedelnden Händen wie Überlebende auf einer einsamen Insel angesichts eines Flugzeugs, und plötzlich verliert er sein Gleichgewicht, wirbelt wie eine Tänzerin in einem Strudel violetter Bänder um sich selbst und landet mit einem Aufprall außerhalb des Tores, liegt auf der Seite und lacht mit seinem runden Mund, und sie rennt auf ihn zu, schwerfällig und keuchend, bückt sich und hebt ihn auf, schwenkt ihn hoch in die Luft und jubelt euch mit glänzenden Augen zu, ich hab ihn, ich hab ihn.

Micha

Um elf Uhr bin ich draußen, draußen, draußen. Ich gucke zur Sonne und weine. Sie brennt mir in die Augen, und ich bin froh und weine.

Sowie ich nach draußen gestürmt bin, halte ich jäh wie der Blitz. Die Reibung der Sohlen meiner verhaßten orthopädischen Schuhe auf der Erde entzündet ein Feuer, ich schwöre es, oder läßt zumindest Funken stieben. Wie ein Trottel bleibe ich mitten auf der Straße stehen, Messerklingen des Glücks zerschneiden mir die Brust, und im Hals steigt etwas hoch, so daß ich schlucken muß und huste.

So stehe ich da, die dünnen Arme vom jähen Halten noch angewinkelt, und hecke Pläne aus. Meine Augen brennen, als wüßte ich nicht, was weiter. Keine Minute vergeht, schon fliege ich zu dem Gujavenbaum. Umkreise ihn mit eingeknickten Beinen, verrückt vor Glück. Nehme die Runden rasant, jedesmal schneller. Von weitem, unter den Staub- und Sandwolken, höre ich die Nachbarin, Frau Sarah: »Laß den Baum, Verrückter! Du wirst ihn noch ausreißen!« Das ist komisch. Seine Wurzeln sind eh draußen, können es kaum abwarten, aus der Erde hervorzubrechen und mit mir im Kreis des Windes zu fliegen. Meine Hand brennt von der Umklammerung der rauhen Baumrinde, aber wir beide genießen es. Das weiß ich.

Ganz langsam höre ich auf und stehe da wie Tobi, der Kleine von Frau Levy. Wippe hin und her, strecke ein Bein vor und fürchte mich. Beim Landen – ein Brei aus Farben und Klängen, Übelkeit und Schwindelgefühl, der mich aufwühlt; – was für ein gelungener Flug heute, obwohl ich erst um elf

Uhr draußen war. Dann hebe ich den Kopf, und das ist mein Gruß an die alte Frau Lisa, weil ich mich schäme, ihr einfach so guten Morgen oder guten Tag zu sagen. Frau Lisa wohnt im Stockwerk über uns, und das ist überhaupt nicht fair, wegen ihres Alters und wegen der Treppen. Und ich habe meinem Vater schon gesagt, daß wir mit ihr die Wohnung tauschen sollten. Er hat gesagt: »Dummkopf! Was bildest du dir ein, daß es um ein Kartenspiel geht? Sie hat zwei Zimmer und wir zweieinhalb. So ein Quatsch, tauschen ...«

Also sitzt Frau Lisa, die eigentlich fast nie die Treppen benutzt, die ganze Zeit in dem hohen Korbstuhl auf dem Balkon, auf ihrem weißen Nachthemd flattern rosa Schmetterlinge, und darüber ist ein Netz gegen Insekten gebreitet, die ihre weiche und glatte Haut stechen. Immer erinnert sie mich so an die luftige Torte in Ednas Kindergarten, von einer Plastikhaube vor den Kindern geschützt, die sie mit ihren süßen Blicken zwickten. Frau Lisa huscht mit ihrer kleinen Zunge über ihre Lippen und sagt: »Mein armer Micha, erst jetzt bist du raus an die Luft gekommen. Sei vorsichtig, Liebling, spiele im Schatten.« Und damit meint sie, glaube ich, nicht, daß ich gerade erst geboren wurde. Sondern daß ich erst jetzt, um elf Uhr, nach draußen komme. Sie weiß, warum, und ihre Tränen sind für mich so kostbar, daß sich alles in mir zusammenzieht, ich ihr zunicke und abhaue. Wenn die ersten großen Aufregungen abgeklungen sind, werde ich zurückkehren, und sie wird mir von oben in einem Taschentuch, mit dem ich den Schweiß abwische, zwei Groschen für Limonade herunterwerfen. Sie wird es mir mit einer nachlässigen Handbewegung zuwerfen, so als sähe sie mich nicht und ich sie nicht. Ich habe die alte Frau Lisa lieb. Ich schulde ihr schon etwa hundert wunderschöne Taschentücher aus Spitze und Seide, und sie sagt kein Wort. Bestimmt hat sie früher Taschentücher gesammelt, und jetzt verschwendet sie die ganze Sammlung an mich. Ich, ich gebe Mutter all die nassen Taschentücher, damit sie sie wäscht, und im Wäschekorb türmt sich schon ein ganzer Berg von Taschentüchern, aber meine Mutter tut so, als wären sie nicht da. Und wenn ich drängele, dann schreit sie mich an, daß ihr das Waschpulver ausgegangen ist und daß ich sie in Ruhe lassen soll.

Genug jetzt, es reicht mir. Besser, von hier zu verschwinden. Vielleicht kommt Mutter raus und trägt mir eine Besorgung oder irgendeine dringende Arbeit im Haus auf – und ins Haus gehe ich nicht wieder, wo ich doch erst um elf Uhr rausgegangen bin. Wie immer wissen meine schwarzen, genagelten Schuhe den Weg alleine. Nicht besser als ein Straßenköter, sagt meine Mutter, aber mir ist das egal. Ich gehe Klara besuchen, die Mutter von Gideon. Ihren Sohn mag ich nicht so gern. Er ist verwöhnt und schwächlich, und jedesmal, wenn ich ihn sehe, dann nagen Gewissensbisse an mir. Aber seine Mutter habe ich gern. Als ich zum ersten Mal bei ihnen war – damals habe ich wirklich Gideon besucht – und seine Mutter gesehen habe, da wollte ich mich totlachen. Wenn man ihr nicht ins Gesicht guckt, dann sieht man nichts Ungewöhnliches – sie ist sauberer als meine Mutter, ein bißchen rundlich und netter als sie –, aber in ihrem Gesicht ist etwas ganz Auffälliges. Wir alle haben eine Nase mit zwei Nasenlöchern, doch Klara, Gideons Mutter, hat auf der linken Seite ein drittes Nasenloch. Also habe ich mir, als ich sie zum ersten Mal sah, gesagt: wow! sie hat so oft in der Nase gebohrt, daß ihr das passiert ist … Doch dann habe ich mir gesagt, daß sie ein Mädchen ist und Gideons Mutter und also bestimmt nicht in der Nase bohrt. Außerdem war sie schrecklich nett zu mir und hat mir sofort vorgeschlagen, mit ihnen ein prima Mittagessen zu essen, frisch und heiß, so daß mein Gelächter mir auf der Visage zerschmolzen ist, und ich habe es sogar geschafft, mit der Hand wegzuwischen, was davon übriggeblieben war, und es in den Augen auszudrehen, bevor es jemand gesehen hat. Seither besuche ich sie immer in den Ferien. Sie lädt mich ein zu kommen, wenn Gideon aus den Ferien bei seiner Großmutter zurück ist, und bis dahin – gehört sie nur mir. Sie macht mir ein riesiges Sandwich mit Ei und Wurst und einer blutigen Tomatenscheibe, und nach dieser Verwöhnung muß sie nur ein ganz kleines bißchen hartnäckig sein, damit ich auch ein Glas Karottensaft trinke, für meine blauen Augen.

Wüßte Klara, was ich ihrem Gideon angetan habe, ich glaube nicht, daß sie mich dann noch so empfangen würde. Aber ich werde es ihr nie erzählen. Sie würde es bedauern und vielleicht anfangen zu weinen, und wo sollte ich mich dann vergraben vor Scham. Denn einmal, ich glaube, es war in den Ferien vor zwei Jahren, einmal kehrte dieser Gideon, von dem ich schon gesagt habe, daß er so ein Pflänzchen ist, zart wie eine Knospe, und auf seinen Schläfen zeichnen sich hellblaue, dünne Adern ab, seine Augen sind weich wie ungekochtes Eiweiß, und weil sein Körper nicht dicker als ein Grashalm ist, fällt es ihm schwer, sich aufzurichten, als betete er andauernd darum, in Stücke zu zerfallen und endlich ausruhen zu dürfen – dieser Gideon also, der ein guter Schüler ist, wie die Lehrerinnen sagen, fleißig und still, kam mit seinem Vater vom Arzt. Sie gehen immer zum Arzt. Sein Vater, über den ich eigentlich keine Meinung habe, hielt in der einen Hand eine Tüte mit dem Apothekenzeichen, und ich nehme an, daß unzählige Medikamente und Krankheiten darin waren, mit der anderen jedoch umfaßte er fest seinen Sohn, als stützte er ihn, damit er nicht hinfiele. Da war so viel Liebe drin – ganz selbstverständlich, ohne Gefälligkeit oder Anstrengung –, daß der Neid mich fast umbrachte. Ich habe nicht nachgedacht, ich habe mich einfach schlecht gefühlt und schlecht bin ich auch geworden. Ich habe einen kleinen, spitzen Stein aufgehoben und geworfen. Was für ein Glück ich an diesem Tag hatte! Nie treffe ich ein Ziel, ich verfehle es immer. Und gerade damals traf ich genau – das Zentrum der blauen, zarten Landkarte Gideons, seine rechte Schläfe. Sofort gerieten die Linien in Unordnung und ein Strom Blut trat aus. Sein Vater war so überrascht, daß er versäumte zu gucken, wer geworfen hatte, aber er hätte es ohnehin nicht erfahren, denn sein Sohn wurde ohnmächtig, und von mir war schon keine Spur mehr zu sehen. Ich erinnere mich, daß ich mit einem verrückten Herz davonrannte, das klopfte und immer weiter an die Tür meines Körpers klopfte, aber nicht wie bei dem betrunkenen Albert, der um vier Uhr morgens gegen die Tür seiner Frau klopft und sie anfleht, hereinkommen zu dürfen, denn mein Herz wollte heraus, heraus- und vor mir davonlaufen. Danach heulte ich wochenlang. Ich ging sogar zu Moschon, dem Schatzmeister der sephardischen Synagoge in der Menasse-ben-Israel-Straße, in der mein Großvater gebetet hat, und gab ihm mein ganzes Erspartes als Spende.

Das ist lange her, aber ich schäme mich noch jetzt, und bei jedem Bissen des Sandwichs von Gideons Mutter, den ich in ihrer kleinen, blitzblanken Küche hinunterschlucke, stechen mich die Tränen. Klara glaubt, das kommt von meinen großen Bissen und sagt mit ihrer angenehmen Stimme zu mir: »Langsam, langsam, Micha«, sie klopft mir leicht auf den Rücken und sieht mich voller Wärme an, bis ich wirklich anfange zu husten. Schrecklich eingeschüchtert schaue ich sie an und denke, daß ich ihr gerne eine Blume anstecken würde, in ihr drittes, überflüssiges Nasenloch, damit sie auf der Straße nicht ausgelacht wird, und vielleicht würde ich es auch küssen, ebenso wie die lächelnden Lippen, doch statt dessen tue ich so, als machte ich alles bloß ihr zuliebe, trinke den Karottensaft, verschlucke ein unhöfliches Danke mit zusammengerollter Zunge und haue ab. »Komm und besuche Gideon«, sagt sie, als ich schon auf der Treppe bin, »in einer Woche ist er zurück.« Ich sage »ja« und weiß, daß sie mich nicht hört, weil ich nur im stillen geantwortet habe.

Von dort mache ich mich auf den Weg zum Spielplatz. In

der Mittagszeit sind alle Kinder zu Hause, verstecken sich unter Mutters Schürze vor der Sonne, deswegen ist es kein Wunder, daß alle Schaukeln mir zur Verfügung stehen. Wild schwinge ich mich auf eine davon und fange mit aller Kraft an, vor- und zurückzuschaukeln. Jedesmal trifft mein orthopädischer Schuh eine andere Wolke. Allmählich werde ich müde und langsamer, und wegen der brennenden Sonne und meiner Augen, die noch vom Weinen gereizt sind, schlafe ich ein bißchen ein. Meine Augen haben diese seltsame Neigung, sich ein wenig zu schließen, und ich glaube, das liegt daran, daß ich ziemlich viel weine. Keines von den Kindern weiß es, aber weinen, weinen tue ich viel. Heute zum Beispiel habe ich schon um sieben Uhr angefangen zu weinen. Ich wollte hinaus. Ich bin zu Mutters Bett gegangen und habe versucht, sie aufzuwecken, aber das hat überhaupt nicht geklappt. Wie ein Löwe im Käfig bin ich durch die Wohnung gelaufen, von rechts nach links, habe Möbel verschoben, auf Töpfen in der Küche getrommelt und Sachen heruntergeschmissen. Als das alles nicht geholfen hat, habe ich wirklich angefangen zu weinen. Plötzlich brachen solche Töne aus mir heraus, die sich einfach nicht kontrollieren ließen, und meine Augen waren tränenblind. Von oben hörte ich, wie die alte Frau Lisa sich ruhelos in ihrem ächzenden Korbstuhl hin- und herbewegte und mich mit ihrem großen Herzen bemitleidete – doch Mutter wachte nicht auf. Einmal ja, ein bißchen. Auf einmal sah ich einen schmalen braunen Streifen, der sich zu einem schläfrigen Schlitz öffnete. Schnell ging ich hin, ich wollte ihr mit meinen nassen Fingern helfen und sie öffnen, doch sie murmelte bloß, »Micha, sei still«, und begrub ihr aufgedunsenes Gesicht in der anderen Seite des Kissens.

Das ganze Haus ist dunkel verschlossen, stickiger Geruch in den Zimmern. Allein kann ich die Jalousien nicht aufmachen, und ich weine. Die Schlüssel haben sie versteckt. Dann fand ich ein wenig kalte Milch und trank durstig, und weil ich mir das vom Weinen gerötete Gesicht waschen mußte, putzte ich auch die Zähne und zog sogar wieder die dreckigen Kleider von gestern an, um nicht noch mehr Wäsche zu machen. Dann kämmte ich mit aller Kraft meine kurzen Haare, die immer Knoten bilden und zu komischen Klümpchen zusammenkleben. Und so sehr ich es hasse, mich zu kämmen – ich habe mich gekämmt und geweint, und Mutter wachte nicht auf. Zum Schluß, als es zehn Uhr war, begann ich gegen die Tür zu treten. Am Anfang schwach und dann immer stärker. Als ich dachte, daß ich gleich explodiere, schlug ich mit den Fäusten furchtbar gegen die Tür und machte entsetzliche Geräusche, bis ich hörte, wie die Nachbarin, Frau Sarah, mir zu Hilfe kam und schrie: »Genug, es reicht! Frau Moreno, lassen Sie Ihren verrückten Micha endlich raus, das ist ja unerträglich so ...«, und ich trete und schreie immer weiter, um sie noch mehr aufzubringen. Endlich kommt Mutter, schwebt schlaftrunken hinter mir herein. Über ihrem Nylon-Nachthemd trägt sie den alten, häßlichen Morgenrock, dessen Knöpfe verwelken wie Herbstlaub. Mit müder Hand, noch betäubt vom Schlaf, packt sie mich am Hals und zerrt mich auf die Seite. Der Ohrfeige kann ich ausweichen, und meine Mutter, die glaubt, sie hätte mich erwischt, läßt mich plötzlich los und tastet sich zur Toilette. Ihrem langen, langen Pinkeln morgens höre ich so gerne zu wie einem Lied. Endlich fängt der Tag für mich an, und bald kann ich hinaus. Als sie rauskommt, macht sie sich nicht die Mühe, Hände zu waschen oder Zähne zu putzen. Sie fragt bloß mich, ob ich mich gewaschen hätte. Ob ich etwas gegessen habe, vergißt sie zu fragen, und mir ist es schon gleich, Hauptsache, sie macht mir die Tür auf. Erst dann greift sie mit ihrem gelben Finger in ihren Büstenhalter und zieht den Schlüssel hervor. In diesem Moment hasse ich sie. Wie kann sie mein Leben öffnen und verschließen, wo sie doch vor Schlaf stinkt und sich ein Streifen trockener Spucke in ihrem Mundwinkel abzeichnet, wo ihre

Augen doch so stumpf und leer sind. Plötzlich, in dem Moment, in dem ich sie am meisten hasse, atmet sie mir ins Gesicht, haucht mir eine Art Streicheln zu und sagt mit schläfriger, ergebener Stimme: »Na, komm du Nervensäge, geh schon. Nur sei auf der Straße vorsichtig.« Und »Straße« verzerrt sie mit ihrem Gähnen.

So bin ich um elf Uhr draußen, endlich draußen. Als ich mich daran erinnere, fällt die Müdigkeit von mir ab und ich bin wieder voller Leben. Springe auf die Schaukel und schaukele im Stehen. Tue der Sonne mit dem vibrierenden Metall weh. Dann gehe ich weiter zum Eisenpferd, trete es in die glühenden Rippen und galoppiere los. Alle Autos der Welt hole ich ein, alle Wolkenflugzeuge und sogar den Wind. Mein Kopf fällt nach hinten und der Bauch steht vor und ich stoße alle möglichen Cowboy-Schreie aus, von denen ich nur die wildesten gelten lasse. In dem Moment, in dem ich das verschlafene, aber gefährliche Städtchen erreiche, steige ich mutig von dem erschöpften Pferd und gehe los, den fetten Benzi ärgern.

Auf dem Weg muß ich zu Hause vorbeigehen. Mutter sieht mich aus dem Küchenfenster, und die Zigarette, die ihr die Lippen versengt, hindert sie nicht daran zu schreien: »Idiot, wo warst du«, und ohne Antwort abzuwarten, »bring Brot und Milch von Gruschke, aber schnell.« Ich höre es und haue wirklich schnell ab, bevor ihr noch etwas einfällt oder ich womöglich ins Haus muß. Nach Geld frage ich nicht, ich weiß, daß von Pump die Rede ist. Doch unter dem Balkon über uns drossele ich das Tempo ein wenig, und dann fliegt wie von Zauberhand ein federleichtes Taschentuch zu mir herunter und darin zwei blanke Groschen für Limonade. Wenn ich trotzdem den Kopf ein bißchen hebe, dann sehe ich die weißen Locken der alten Frau Lisa erschreckt wie silberne Fische im Netz hin- und herhüpfen und sich vor mir wie Engel verstecken. Mein Dankeschön erstickt sowieso in mir, deswegen renne ich weg, und damit hat es sich.

Neben Gruschkes Laden, der jetzt leer ist, stoße ich auf den fetten Benzi, der in der Nase bohrt und grüne Juwelen findet, die er auf den trockenen Holzstiel eines Lutscheises klebt. Sein Gesicht ist mit Schokolade verschmiert, und die rote Gesundheit seiner Backen geht mir auf die Nerven. Sowie er mich sieht, singe ich: »Der fette Benzi hat Babies im Bauch, Babies im Bauch ...« Sein Vater, Gruschke, hat sich drinnen unter den großen Ventilator geflüchtet und hört nichts. Er konzentriert sich voll und ganz auf die ausführlichen Zwei-Uhr-Nachrichten, die heiser aus dem kleinen Transistor klingen, der die letzten Kräfte aus den Batterien saugt, die mit einem Gummiband daran befestigt sind. Gruschke ist solch ein Geizkragen, daß er sie nicht austauscht, obwohl er Dutzende von neuen Batterien hat – bis der Transistor den Geist aufgibt. Einstweilen haut er hin und wieder mit dem Messer für Schafskäse drauf, der in seinem kreidigen Saft liegt, und wenn auch das nicht hilft, dann schlägt er ihn gegen die Steintheke.

Inzwischen zwicke ich Benzi überall ins fette Fleisch und vor allem in den Wanst. Benzi versucht, sich mit seinen schlappen Händen zu verteidigen, und liefert mir dabei seinen Bauch ganz aus. Das ist schrecklich komisch. Er stößt seltsame Jauler aus, wie der Transistor seines Vaters. Was für ein Spaß. »Dein Busen ist größer als der von deiner Mutter«, sage ich zu ihm, und er beginnt zu weinen. Das ärgert mich noch mehr, und ich beschließe, mit meinen furchterregenden Schuhen, die eine Bedrohung für alle Kinder der Nachbarschaft sind, auf seine Füße zu springen. Benzi schreit leise: »Papa, Papa«, und ich bin in meinem Element. »Eine fette Pfeife schluckte sehr viel Seife!« zischele ich ihm in süßer Gemeinheit zu. »Wie viele Eis am Stiel hast du denn heute gegessen?« frage ich ein bißchen neidisch. »Wie viele, hm?« wiederhole ich und ziehe ihn am Ohr. Einen Moment lasse ich von ihm ab, weil es mir stinkt, daß er sich nicht wehrt. Und mit einem Mal hört er auf zu wimmern, seine kleinen Tränen trocknen, als hätte es sie nie gegeben, und das Schokoladenlächeln breitet sich auf seinem Gesicht aus und läßt sich von einer Mücke nicht aus der Ruhe bringen. Plötzlich guckt er mich mit weinerlichem Mut an und flüstert voller Anklage: »Micha, Schmicha, Micha, Schmicha«, und dann: »Um wieviel Uhr durftest du denn heute raus, hm? Wann ist deine Mutter denn heute aufgewacht, um zwei Uhr?« Und dann steht er in einer Art ängstlichem Wahnsinn auf und weicht zurück. Schweiß tropft von seiner Stirn, doch der Mut klebt ihm an den Kleidern. »Michale, Michale, komm doch raus, komm raus ...«, verhöhnt er mich, »Mami und Papi kaufen dir ein Eis ...«, und wieder »Micha, Schmicha, Micha, Schmicha.« Er treibt mich zum Wahnsinn. Auf einmal beißen mich Tränen in den Augen. Es stimmt, daß Benzi dumm ist, aber dieses »Micha, Schmicha« verletzt mich. Was geht es diesen Fettwanst an, wann ich rausgegangen bin oder wann meine Mutter aufgewacht ist. Ich greife mir einen großen Stein und werfe ihn. Er trifft ihn am Knie, und er heult vor Schmerz auf. Anders als bei Gideon bin ich mit dem Ergebnis zufrieden und drohe ihm mit einem weiteren Stein, der noch größer ist. Bevor ich den Laden betrete, singe ich noch einmal: »Der fette Benzi hat Babies im Bauch«, aber er wankt schon davon und greint wie ein Baby.

Gruschke merkt nicht, daß ich hereingekommen bin. Hinters Ohr hat er einen Bleistift geklemmt, aber rechnen tut er ohne ihn, mit lauter, bohrender Stimme. Ein Kranz Fliegen krönt seinen Kopf, und eine kleine durchsichtige Eidechse verbirgt mit ihrem Körper das Wort »Gurken«, das Schwanzende liegt auf »Saure«. Gruschke ist überrascht, als er plötzlich etwas vor sich sieht. Sein roter Nacken wird noch röter, seine Glatze wird feucht, und zornig murmelt er etwas, vielleicht einen Fluch, als er sieht, daß nur ich es bin. Ich bitte leise um Brot und Milch, und murrend gibt er es mir. Die Limonade zahle ich. Sobald ich die Lebensmittel in der Hand habe, haue ich ab, doch Gruschke schafft es noch, mir hinterherzulaufen und wütend nachzurufen: »He! Sag deiner Mutter, wenn sie aufgewacht ist, daß sie mir schon mehr als fünfzig Lira schuldet! Hörst du mich, du Bastard?« Ich drehe mich nicht um, um den schreienden, rot angelaufenen Gruschke zu sehen, wie er sich von seiner weißen Plastikschürze abhebt, die seine haarigen Knie bedeckt und am Kragen in den schwitzenden Nacken schneidet.

Ich suche mir im Kopf alle möglichen Dinge, an die ich denken kann, und schnell. Übelkeit steigt mir im Hals hoch – und keine angenehme Übelkeit, wie nach meinem Flug um den Gujavenbaum. Doch dann fällt mir die kalte Limonade ein. Ich öffne den Verschluß und leere sie in einem Zug, so wie mein Vater es macht. Das Sprudeln der Kohlensäure kitzelt mir in der Nase, aber ich setze nicht ab, ehe ich fertig bin. Ich zerschmettere die Flasche und gehe weiter, nicht einmal eine Katze ist auf der Straße. Die Sonne brennt auf die Blechzäune und läßt die Ziegel noch röter glühen. Man könnte denken, nur die eitlen Rosen, die Herr Toledano in Blechtonnen gepflanzt hat, genießen die entsetzliche Hitze, und wie offene Wunden drehen sie sich süchtig der Sonne zu.

Ich klaue die Blumen aus Herrn Toledanos Blechgarten nicht mehr, und auch von seinem Pflaumenbaum bin ich geheilt, seit er mich beim letzten Mal erwischt und mit einem nägelbeschlagenen Brett verprügelt hat. Was konnte ich schon sagen? Daß ich Gideons Mutter Blumen mitbringen wollte, die Pflaumen gegessen habe, weil Klara am Morgen desselben Tages wegen Gideon zu einem Spezialisten in die Stadt gefahren war, einen Umschlag mit schwarzen, beängstigenden Bildern, die sie mir am Tag vorher gezeigt hatte, von Gideon, der doch im allgemeinen so durchsichtig ist, unter den Arm geklemmt. An diesem Tag, erinnere ich mich, mußte ich bis zum Abend warten, um etwas zu essen, doch ich schwor Herrn

Toledano, daß ich nie mehr seine Pflaumen pflücken würde, die eh sauer sind, und ich ließ ihn schwören, daß er es bei den abgeschälten Hautstreifen meines Pos bewenden ließ und meinem Vater nichts erzählte.

Als ich an diesem Tag nach Hause kam, blubberte kein Topf in der Küche. Meine Mutter saß im Sessel neben dem Radio, bewegte ihre Füße auf dem staubigen Teppich und rauchte ihre Zigarette, als tanzte sie mit ihr Tango. Ich schlich in mein Zimmer und wartete bis fünf Uhr, bis mein Vater von der Arbeit zurückkäme und es endlich etwas zu essen geben würde, denn für meinen Vater richtet sie wenigstens irgendwas. Vor fünf Uhr stand sie auf und ging ins Bad. Ich hörte, wie sie mit Flaschen hantierte, und dachte, daß es zwei Möglichkeiten gibt: entweder rasiert sie ihre Beine oder sie schluckt irgendwelche Pillen. Ich schlug ein Cowboy-Komikheft auf und bedeckte meinen Kopf damit, wartete darauf, daß all die bunten Figuren in meinen Kopf wandern, in mir ihre Geschichte anfangen und mich vielleicht sogar mitmachen lassen würden. Meinen knurrenden Magen benutzen, um die Indianer zu erschrecken. Ich hörte meinen Vater nicht hereinkommen, aber plötzlich begriff ich, daß er in der Zimmertür stand und einfach so mich und das Zimmer anschaute. Ich nahm das Heft herunter und schaute mit. Das Zimmer war unordentlich und das Bett zerwühlt. Dutzende Socken lagen auf dem Boden, verwaist, ohne Füße, alle möglichen Kleider ohne Körper, aber was kann ich dafür, daß ich nur einer bin, und Mutter macht eh so gut wie nie die Wäsche. Schließlich kehrte sein Blick zu mir zurück, und seine Augen waren mutlos und traurig. Ich sagte: »Schalom, Papa«, doch er brummte nur etwas und ging.

Sowie er da ist, laufe ich ihm wie ein Hündchen hinterher. Warte, daß er aus der Dusche kommt, höre und horte all die kleinen Geräusche von dort. Wenn er herauskommt, wundert er sich nicht im mindesten, mich dort zu finden. Ich weiß, daß er jetzt ins Wohnzimmer geht, in den Sessel sinkt und sich in der Abendzeitung vergräbt. Ich sitze hinter ihm und nage weiter mit meinen scharfen Zähnen an dem zerrissenen Wollbezug. Mutter, die irgendwann endlich den Weg in die Küche findet, ruft ihn von dort – um zu reden. Dabei sieht sie mein Kopfende hinter dem Sessel hervorgucken und ruft mir zu: »Hör auf zu nagen wie eine Maus! Du hast schon den ganzen Bezug gefressen, blöd wie du bist! Was für ein Loch du da gemacht hast! Meinst du, wir hätten das Geld, die Möbel zu ersetzen?« Und immer weiter so, lauter sinnloses Zeug. Ich versuche, mich besser hinter dem Wollrücken zu verstecken, mit offenem Mund, die Zunge am Stoff und dann für eine Minute aufzuhören.

Auch an diesem Tag passierte alles genau, wie ich es vorausgesehen hatte. Sie rief ihn wirklich, und nach fünf Minuten begann das Geschrei. Meine Mutter wacht nur dann wirklich auf, wenn sie mit meinem Vater streitet. Plötzlich sind ihre Augen lebendig, und zum ersten Mal seit dem Mittag richtet sie ihren Körper auf, gestikuliert mit den Händen, haut auf den Tisch und stampft mit den Füßen auf den verdreckten Boden. Vater sitzt da und hört wie tot zu. Verdreht die grauen Augen, und sein Mund ist schmal und trocken. Von Zeit zu Zeit stößt er donnernd ein paar Worte hervor und fällt wieder in seine krankhafte Ruhe zurück. Mutter schreit etwas von Geld, von Schulden, von einer anderen Frau, von Langeweile, von schwacher Gesundheit und von mir, von ihm, und vor allem davon, daß sie es satt hat. Nie weiß ich, in welcher der Anschuldigungen sich wirklich die Wahrheit verbirgt, vielleicht in allen, vielleicht in keiner. Meine Mutter ist eine große Lügnerin, das weiß ich. Sie erfindet Dinge, vielleicht aus Langeweile, und darüber spricht sie ja manchmal. An eben diesem Tag tobte der Streit und kochte über. Schließlich verließ mein Vater die Küche und murmelte etwas, »Verrückt, völlig übergeschnappt«, in dem üblichen, gleichgültigen Ton, und vergrub seinen Kopf wieder in der Zeitung. Ich lugte hinter dem Sessel hervor und guckte mir alles an, kaute schnell die Wollfäden und zerriß Stück um Stück das Muster aus verschwommenen Blumen. Aus der Küche schrillten Geräusche. Die Jalousien zum Balkon wurden wieder heruntergelassen, das Fenster mit einem Schlag geschlossen und die Tür zugeknallt. Nur die Ofentür öffnete sich heimlich, mit einem seltsamen Quietschen, das nach Aufmerksamkeit heischte. Mein Vater sagte: »O nein, nicht schon wieder!«, und wir beide wußten, daß aus dem Ofen kein Abendessen kommen würde. Nur meine Mutter steckt mit diesem erschrockenen Entschluß ihren Kopf hinein, und ihre Hände tasten blind an den Schaltern darüber.

Langsam verbreitete sich der Gasgeruch bis zu uns, und mein Vater rief: »Du schaffst das nie, wenn der Rest der Wohnung offensteht ...« Ich lächelte ein bißchen. Wenn mein Vater zu Hause ist, dann steht wenigstens etwas offen. So leicht gab Mutter nicht auf, doch keiner von uns beiden erschrak, obwohl der Gasgeruch allmählich den gewohnten, säuerlichen Geruch im Haus verdrängte. Ich dachte an Klaras Gideon und daß es bei ihnen nach Kuchen und Gemüsesuppe oder nach Huhn riecht, und wie vom Fußboden gebohnerte Kühle aufsteigt, und die Blumen steuern ihre Süße eines Kompotts bei. Plötzlich kam Mutter wie eine Geisteskranke herausgestürzt. Ein weiterer Riß war in dem ausgebleichten Morgenrock, der wieder an dem zerbrochenen Griff des Ofens hängengeblieben war, ihr Haar zerrauft und die Augen rot und verschwitzt wie ein beschlagenes Fenster, und sie atmete übertrieben schwer, ihre Brust hob und senkte sich wie eine Wippe. Ich dachte, wenn ich jetzt meinen Trick mit den Streichhölzern mache, nur zwei Meter von ihr entfernt – dann geht sie in Flammen auf, gut wird sie brennen, und eine blaue, eine große, wundervolle Stichflamme wird aus ihr herausspringen. So schaute sie uns ein paar Minuten an, doch mein Vater machte sich nicht die Mühe, auch nur einmal die Augen von seiner Zeitung zu heben. Ich schaute nur heimlich hin, begoß die Stoffblume mit meinem Speichel und sabberte unaufhörlich, wie Tobi, Frau Levys Kleiner, bevor er zu weinen anfängt, wenn man ihm mit Gewalt den Schnuller wegnimmt, ohne daß seine Mutter es sieht.

Plötzlich wandte Mutter sich voller Abscheu ab, ging ins Schlafzimmer und knallte die lächerliche Glastüre hinter sich zu. Wir hörten, wie sie ein paar Pillen aus ihrer ewigen Packung vom Nachttisch zerknackte, sie mit dem Geräusch eines fast zerbrechenden Glases und unter schrillen Schluchzern schluckte. »Teufel«, reagierte Vater endlich mit müder Stimme, »geh doch einfach schlafen. Sterben wirst du allenfalls im Traum!« Mein Vater hatte anscheinend schon unterwegs gegessen, sonst hätte er darauf bestanden, etwas zwischen die Zähne zu bekommen. Ich bat um Erlaubnis, im Kühlschrank zu stöbern, aber außer einem stinkenden Ei und zerflossener Margarine fand ich nicht viel. Die Apfelkiste war leer. Ich nahm mir einen Brocken trockenen Schwarzbrots und kehrte wieder an meinen Platz hinter Vater zurück, bis er schlafen ging.

Das war an dem Tag, an dem Gideons Mutter schon am Morgen zu dem Spezialisten-Arzt fuhr. Jetzt werde ich die Lebensmittel durchs Fenster auf den Küchentisch legen und schnell abhauen, bevor Mutter mich sieht. Unterwegs, bevor ich in den Hof trete, hebe ich den Kopf, aber ich weiß, daß die alte Frau Lisa schlafen gegangen ist, und mit ihr all die rosa Schmetterlinge. Meine Mutter ist wirklich nicht in der Küche. Sie sitzt, wie ich mir gedacht habe, mit Vaters Abendzeitung von gestern auf dem Klo. Ich werfe die Sachen auf den Tisch und verziehe mich.

Ich beschließe, zum Schrottplatz zu gehen, dort wartet auf mich das rote Auto, das in der Sonne glänzt und früher dem ältesten Sohn der Aroetti-Familie gehört hat, der jetzt Soldat ist und sicher einen Panzer fährt. Die Türen sind rausgerissen, ebenso die Scheinwerfer und der ganze hintere Sitz, aber das Lenkrad ist noch da. Dieser wundervolle Rennwagen gehört mir allein, das wissen alle Kinder. Ich vertreibe eine schläfrige Katze von dem verdreckten Fahrersitz und setze mich. Werfe zum Schein die Tür zu, starte mit meinem Fingerschlüssel, trete in meinem orthopädischen Schuh das Pedal durch und fange an, wie rasend zu fahren. Bin überhaupt nicht vorsichtig auf den Straßen, fahre an allen Kisten, Fässern und dem Müll in scharfen Kurven vorbei. Mich kann keiner einholen. Die Sonne blendet mich ein bißchen, denn plötzlich weine ich wieder. Aber die Hauptsache ist, daß ich weit weg fahre, so weit wie möglich. Allen davonfahre. Ich hupe mit meiner Nase und überhole mit übertriebener Geschwindigkeit einen verrosteten Kinderwagen. Das amüsiert mich ein bißchen und läßt meine Tränen trocknen.

Als das Schwein geschlachtet werden sollte

Mein Vater war nicht damit einverstanden, mir eine Bart-Simpson-Puppe zu kaufen. Meine Mutter hätte schon gewollt, aber mein Vater war nicht einverstanden, er sagte, ich sei verwöhnt. »Warum sollten wir eine kaufen, hä?« sagte er zu meiner Mutter. »Warum sollten wir ihm eine kaufen? Er braucht nur einen Pieps zu machen, und schon stehst du stramm.« Mein Vater sagte, ich könne nicht mit Geld umgehen, und wenn ich das nicht lernte, solange ich klein sei, wann solle ich es dann lernen? Kinder, denen man einfach so Bart-Simpson-Puppen kaufe, würden nämlich schnell jugendliche Straßengangster, die Kioske beklauten, weil sie es gewohnt seien, alles, was sie nur haben wollten, auch sofort zu kriegen. Anstatt einer Bart-Simpson-Puppe kaufte er mir also ein häßliches Porzellanschwein mit einem Schlitz im Rücken, und jetzt wachse ich ordentlich auf, jetzt wird kein Gangster mehr aus mir.

In der Früh muß ich jetzt immer eine Tasse Kakao trinken, obwohl ich Kakao hasse. Kakao mit Haut bringt einen Schekel, ohne Haut einen halben Schekel, und wenn ich gleich danach kotze, gibt's überhaupt nichts. Die Münzen stecke ich dem Schwein in den Rücken, und wenn man es dann schüttelt, klimpert es. Wenn im Schwein einmal so viele Geldstücke sind, daß es kein Geräusch mehr macht, wenn man es schüttelt, dann bekomme ich eine Bart-Simpson-Puppe auf einem Skateboard. Mein Vater sagt, so sei es pädagogisch. Das Schwein ist eigentlich ganz nett, seine Nase ist kalt, wenn man sie berührt; es lächelt, wenn man ihm einen Schekel in den Rücken steckt, und es lächelt, wenn man ihm nur einen halben hineinsteckt, am schönsten aber ist, daß es auch lächelt, wenn man gar nichts hineinsteckt. Inzwischen habe ich ihm auch einen Namen gegeben, ich nenne es Pessachson, nach einem Mann, der einmal mit auf unserem Briefkasten gewohnt hat und dessen Namensaufkleber abzukratzen meinem Vater nie gelungen ist. Pessachson ist nicht wie meine anderen Spielsachen, er ist viel ruhiger, hat keine Lichter, Sprungfedern oder auslaufende Batterien im Bauch. Man muß nur auf ihn aufpassen, daß er nicht vom Tisch springt. »Pessachson, sei vorsichtig! Du bist aus Porzellan«, sage ich zu ihm, wenn ich mitkriege, wie er sich ein bißchen vornüberbeugt und auf den Boden hinunterschaut, und er lächelt mich an und wartet geduldig, bis ich ihn hinunterhebe. Ich bin verrückt nach ihm, wenn er lächelt, ganz allein seinetwegen trinke ich jeden Morgen den Kakao mit der Haut, damit ich ihm den Schekel in den Rücken stecken und sehen kann, daß sich sein Lächeln nicht die Spur ändert. »Ich liebe dich, Pessachson«, sage ich dann immer zu ihm, »echt wahr, ich liebe dich mehr als Mama und Papa. Und ich werde dich auch immer lieben, egal, was ist, sogar wenn du einen Kiosk ausräumst. Aber wehe dir, wenn du vom Tisch runterspringst!«

Gestern kam mein Vater, nahm Pessachson vom Tisch und fing an, ihn verkehrt herum wild zu schütteln. »Vorsichtig, Papa«, sagte ich zu ihm, »er bekommt sonst Bauchweh.« Aber mein Vater schüttelte ihn weiter. »Da klimpert nichts mehr, weißt du, was das heißt, Yoavi? Daß du morgen eine Bart Simpson auf einem Skateboard bekommst.«

»Toll«, sagte ich, »eine Bart Simpson auf einem Skateboard, echt toll. Aber bitte hör auf, Pessachson zu schütteln, ihm wird schlecht davon.« Mein Vater stellte Pessachson wieder hin und ging aus dem Zimmer. Nach einer Minute kam er zurück, zerrte mit einer Hand meine Mutter hinter sich her und hatte in der anderen einen Hammer. »Siehst du, ich hatte recht«, sagte er zu meiner Mutter, »so lernt er die Dinge schätzen, stimmt's, Yoavi?«

»Klar lern ich's«, sagte ich, »sicher, aber wofür ist der Hammer?«

»Der ist für dich«, sagte mein Vater und legte mir den Hammer in die Hand, »aber sei vorsichtig.«

»Klar bin ich vorsichtig«, sagte ich, und ich war tatsächlich vorsichtig, aber nach ein paar Minuten reichte es meinem Vater, und er sagte: »Na los, jetzt schlag das Schwein endlich kaputt.«

»Was?« fragte ich. »Pessachson?«

»Ja, wen denn sonst«, sagte mein Vater. »Na los, hau drauf. Du hast dir die Bart Simpson verdient, hast ja schwer genug dafür gearbeitet.«

Pessachson lächelte mich mit dem traurigen Lächeln eines Porzellanschweins an, das begreift, daß sein Ende naht. Soll doch die Bart Simpson sterben! Dafür werde ich nicht den Kopf eines Freundes mit dem Hammer einschlagen. »Ich will keine Simpson.« Ich gab meinem Vater den Hammer zurück. »Pessachson genügt mir.«

»Du hast mich offenbar nicht verstanden«, sagte mein Vater, »es ist wirklich in Ordnung, das ist jetzt pädagogisch, komm, ich schlag's dir kaputt.«

Mein Vater hob schon den Hammer, ich sah den wehen Blick meiner Mutter und Pessachsons müdes Lächeln und wußte, daß nun alles von mir abhing, wenn ich nichts unternahm, würde er sterben.

»Papa«, ich packte ihn am Bein.

»Was denn, Yoavi?« sagte mein Vater, die Hand mit dem Hammer noch in der Luft.

»Ich will noch einen Schekel, bitte«, flehte ich. »Gib mir noch einen Schekel zum Reinstecken, morgen, nach dem Kakao. Und dann schlag ich ihn kaputt, morgen, ich versprech's.«

»Noch einen Schekel?« Mein Vater lächelte und legte den Hammer auf den Tisch. »Siehst du? Ich habe dem Jungen was beigebracht.«

»Ja, hast du«, sagte ich, »ganz sicher morgen.« Die Tränen schnürten mir schon die Kehle zu.

Als sie aus dem Zimmer waren, nahm ich Pessachson ganz fest in die Arme und ließ den Tränen freien Lauf. Pessachson sagte nichts, zitterte nur still in meinen Händen. »Keine Angst«, flüsterte ich ihm ins Ohr, »ich werde dich retten.« In der Nacht wartete ich, bis mein Vater im Wohnzimmer den Fernseher ausschaltete und schlafen ging. Dann stand ich ganz leise auf und stahl mich zusammen mit Pessachson über den Balkon hinaus. Lange Zeit gingen wir gemeinsam durch die Dunkelheit, bis wir zu einem Dornenfeld kamen. »Schweine sterben vor Sehnsucht nach dem Feld«, sagte ich zu Pessachson, als ich ihn auf dem Feldboden absetzte, »vor allem nach Dornenfeldern. Hier wirst du es gut haben.« Ich wartete auf eine Antwort, aber Pessachson sagte nichts, und als ich ihm zum Abschied über die Nase strich, schenkte er mir nur einen traurigen Blick. Er wußte, er würde mich nie wiedersehen.

Verstopft

Es war an einem Samstagvormittag, als Marianna zum ersten Mal bemerkte, daß mit Daniel etwas nicht stimmte. Er war früh aufgewacht, hatte sich auf die Bettkante gesetzt und nach draußen gestiert. Die Fensterläden des Schlafzimmers waren nur halb geschlossen. Draußen sah es nach Regen aus. Es war kalt. Daniel fuhr sich mit der Hand durchs Haar. Ein paar Minuten lang saß er, die Füße auf dem kalten Fußboden, regungslos da. Im Haus war es still.

Als Marianna etwa eine Stunde später erwachte, bemerkte sie auf dem Couchtisch im Wohnzimmer Stöße sorgsam gestapelter Bücher. Auf dem Sofa lag ein aufgeklappter Koffer, neben dem sich zusammengelegte Kleidungsstücke türmten. Der Koffer war leer. Die Tür zum Garten stand offen, und ein schwacher Wind wehte ins Haus. Marianna ging zur Tür und sah hinaus. Sie bemerkte Daniel, der mit dem Hund auf dem Rasen stand. Er hielt den Hund auf dem Arm und drückte ihn gegen die Brust. Vorderbeine und Kopf des Hundes ragten über Daniels Schulter, der Kordhosen und einen Pullover trug.

»Was ist los?« fragte sie. »Ist etwas passiert?«

»Nein«, sagte Daniel. Er schob das Kinn zurück und warf den Kopf in den Nacken, um den Hund zu betrachten. »Der Hund leidet an Verstopfung«, sagte er.

»Was?« fragte Marianna. Sie war noch nicht ganz wach.

Daniel zuckte die Schultern. Sie griff nach dem Vorhang, sah Daniel und den Hund an und ging wieder rein. Auf dem Weg ins Badezimmer fragte sie ihn nach den Sachen im Wohnzimmer. Sie hob die Stimme, damit er sie im Garten hören konnte. »Was sind das für Sachen auf dem Tisch?« rief sie.

Er gab keine Antwort. Sie hatte auch keine Antwort erwartet und stieg unter die Dusche.

Als sie aus der Dusche herauskam, stand der Junge im Schlafanzug vor der Badezimmertür und lehnte sich gegen die Garderobe. Marianna zog einen Rollkragenpullover über. Ihr Haar war mit einer Spange zusammengehalten, und nasse Strähnen tropften über Schultern und Nacken in den Rollkragen.

»Du bist schon wach?« fragte sie. »Es ist nicht mal neun. «

Der Junge lehnte sich zurück und schaute an die Decke. Er bewegte den Kopf und rieb seine Haare an der Garderobe. Er sprach leise. »Papa hat mich geweckt«, flüsterte er. »Er hat gesagt, ich soll aufstehen.«

»Wozu?« fragte sie. »Hat er gesagt, warum er dich geweckt hat?«

Der Junge preßte die Lippen zusammen. »Nein«, antwortete er.

»Was ist los mit dir?« fragte sie.

Der Junge neigte den Kopf zur Seite, bis sein Ohr beinahe die Schulter berührte.

Marianna beugte sich zu ihm und packte ihn an den Schultern. »Was ist los?« fragte sie und schüttelte den Jungen.

Er gab keine Antwort und sah sie auch nicht an. Er schaute zur Seite. »Vater ist in der Küche«, sagte er. Im Haus war es still. Mariannas Haar tropfte auf ihren Nacken, und sie spürte die Kälte, die der Wind aus dem Garten hereintrug.

Auf dem Weg zur Küche setzte sie an, etwas zu sagen, doch als ihr Blick auf Daniel fiel, schwieg sie.

Er machte sich am Spülstein an dem Hund zu schaffen. Die Hinterbeine des Tieres standen in einem Becken, die Vorderbeine in dem zweiten. Als der Hund Marianna sah, versuchte er, die Flucht zu ergreifen, doch seine Pfoten glitten auf dem

Steinboden des Beckens aus, und er stürzte. Als er sich wieder aufgerichtet hatte, versetzte Daniel ihm mit der offenen Handfläche einen starken Hieb gegen die Nase. Der Hund ließ ein einziges, grelles Jaulen hören und prallte mit der Brust gegen den Steg zwischen den Becken. Er machte mit den Beinen ein paar Bewegungen, versuchte aufzustehen, aber er rutschte erneut. Daniel packte ihn und half ihm auf. Dort stand er nun still. Blut tropfte aus seiner Nase auf den Grund des Beckens.

Marianna war entsetzt. »Was machst du da mit ihm?« schrie sie. »Wieso schlägst du ihn?«

Sie kam näher, aber Daniel versperrte ihr mit der Hand den Weg, wobei seine Fingerspitzen ihr Schlüsselbein berührten.

»Wenn du nicht helfen kannst, dann störe uns auch nicht«, sagte er. Sie schob seine Hand beiseite und versuchte noch einen Schritt nach vorne zu machen, doch er hinderte sie daran. »Ich habe dir gesagt, er leidet an Verstopfung«, sagte er, »du kannst ihm doch nicht helfen, oder? Dann störe nicht.«

»Wovon redest du?« sagte sie. Sie versuchte zum Spülstein zu gelangen. Daniel hob die Hand, als ob er sich anschickte sie zu schlagen. Sie schreckte zurück und zog den Ellbogen vor den Kopf, um ihr Gesicht zu schützen. Aber der Schlag blieb aus.

»Was willst du von ihm?« fragte sie mit verzerrtem Gesicht. Sie begann zu weinen. »Was hast du mit ihm vor?«

Daniel antwortete nicht. Er drehte den Wasserhahn auf. Marianna sah den Hund an. Seine Pfoten standen im kalten Wasser. Er zitterte. »Was ist denn nur los?« fragte sie. Sie weinte so heftig, daß sie nur schwer zu verstehen war. »Was hast du mit ihm vor?« fragte sie wieder. »Laß ihn los! Laß ihn laufen. Daniel, laß ihn doch in Ruhe!«

Daniel sah sie an. »Hör mal«, sagte er. Aber er brach mitten im Satz ab. Er dachte einen Moment lang nach, dann sagte er:

»Hör mal, leg dich wieder schlafen, in Ordnung? Du kannst mir eh nicht helfen, vielleicht gehst du einfach zurück ins Bett und schläfst noch ein wenig. «

»Was ist los mit dir?« sagte sie. »Was willst du von dem Hund?« Der Junge kam aus der Ecke auf sie zu. Er faßte nach ihrer Hand und lehnte seinen Kopf gegen ihre Hüfte.

Daniel schloß die Augen und lauschte dem Wasser, das in das Becken floß. Es folgten ein paar stille Momente. Dann schlug er die Augen auf und drehte sich zu ihr um. Er sprach langsam, aber laut. »Meinst du, daß du irgend etwas tun kannst?« Er wies mit seiner Hand in Richtung Hund. »Sieh ihn dir an«, brüllte er, »meinst du vielleicht, du kannst ihm helfen?«

Marianna antwortete nicht. Daniel stützte sich mit den Händen auf den Rand des Spülsteins und beugte sich vor. Er schaute unter sich und wartete noch eine Weile. Als er sicher war, daß sie nichts mehr sagen würde, drehte er den Hahn zu. Es wurde still. Die Stille drang durch die Tür bis in den Garten. Das Becken war halb voll. »Ausgezeichnet«, sagte er, »ausgezeichnet.« Er begann, in den Schubladen nach etwas zu suchen.

»Daniel«, sagte Marianna, »was ist mit dir?«

Der Junge hob den Kopf und sah seine Mutter an. Er dachte, sie würde aufhören zu weinen. Doch sie hörte nicht auf. Tränen fielen aus ihren Wimpern auf den Pullover. »Daniel?« sagte sie.

Daniel fand nicht, wonach er suchte. Er begann Schubladen umzustülpen und ihren Inhalt auszukippen. Metallteile fielen geräuschvoll auf die Arbeitsfläche. Messer, Korkenzieher, Besteckteile. »O mein Gott!« sagte er. »Was für eine Wirtschaft!« Er kramte in dem Haufen.

Dann ging er in die Mitte der Küche und fuhr sich mit der Hand durchs Haar. Er dachte einen Moment lang nach. Der Hund rührte sich nicht. Er zitterte noch immer.

Marianna schickte sich an, etwas zu sagen, aber Daniel brachte sie mit einer Handbewegung zum Schweigen. Er ging zum Spülstein und zog den Stöpsel raus. Dann wartete er ein wenig, aber bevor das Wasser abgelaufen war, packte er den Hund und preßte ihn unter seine Achsel. Mit der freien Hand wühlte er in den Taschen der Mäntel, die neben der Tür hingen, nach den Wagenschlüsseln. Er machte Anstalten, aus dem Haus zu gehen, aber als er die Tür geöffnet hatte, blieb er stehen, als versuchte er sich zu erinnern, ob er nichts vergessen hatte.

»Daniel«, sagte Marianna. Sie weinte. »Daniel, was ist bloß mit dir?«

»Marianna«, sagte er, »halt den Mund, ja? Du hältst den Mund, oder ich breche dir sämtliche Knochen.« Er steckte die Schlüssel in die Tasche und deponierte den Hund auf dem Eßtisch. Durch die geöffnete Tür blies der Wind. Aus dem Fell des Hundes tropfte Wasser auf den Tisch. Daniel stand am Eingang zur Küche und befühlte durch den Stoff seiner Hose die Schlüssel in der Tasche.

Marianna sprach leise. »Daniel«, sagte sie. »Daniel. Was willst du von ihm?«

Daniel kam langsam auf sie zu.

Er preßte jedes Wort einzeln durch die Lippen. »Du sollst den Mund halten«, brüllte er, »hörst du nicht?«

Sein Gesicht war ganz nah an ihrem. Es fiel ihr schwer, ihn aus dieser Nähe anzusehen, doch sie fuhr nicht zurück. Sein Atem roch nach Zahnpasta. Sie versuchte nach seinen Händen zu fassen, aber er ließ es nicht zu.

»Hast du mich verstanden?« schrie er.

Marianna weinte. Er packte sie an den Handgelenken und drückte sie dicht gegen die Wand. »Hast du mich verstanden?«

Sie nickte. Ihr Mund stand offen, und zwischen ihren Lippen zog der Speichel Fäden.

»Na schön«, sagte Daniel.

Er ließ von ihr ab und ging zum Tisch. Dann packte er den Hund und verließ das Haus mit einem lauten Knallen der Tür.

Marianna sank auf einen Stuhl.

Der Junge stand neben ihr. Seine Knie zitterten. Sie hörten die Wagentür ins Schloß fallen und sie hörten, wie der Motor angelassen wurde. Dann hörten sie, wie er wegfuhr.

Die Frau, die loszog, um ein Walkie-Talkie zu suchen

Es war Krieg, und alle wollten fühlen. daß sie teil daran hatten. Viele Leute kauften Walkie-Talkies, und es gab sogar welche, die anfingen, mit militärfarbenen Jeeps herumzufahren. Auf den Straßen wurde es gefährlich, nur Leute, die Fahnen anbrachten, durften auf der linken Fahrbahn und auf der offenen Straße fahren, die anderen hielten den Mund und fuhren im Autobus mit Karten zum halben Preis.

Der Krieg ging zu Ende, aber die Menschen fuhren fort, Walkie-Talkies zu kaufen. Als litten sie an Bulimie, die Leute konnten sich nicht beherrschen.

Es gab eine Frau – nicht groß und nicht dick –, die wollte unbedingt ein Walkie-Talkie im Haus haben. Sie wußte, daß es nicht reichte, ein einzelnes Gerät zu besitzen, man brauchte mindestens zwei, um senden zu können, doch das war der Frau egal, sie wollte ein einziges, obwohl man ihr in den Läden keines verkaufen wollte und sagte, Walkie-Talkies seien wie Strümpfe, Schuhe oder Handschuhe und kämen immer paarweise, sie solle sich doch einen Partner suchen.

Niemand wollte ihr Partner sein, denn die Leute hatten anderes zu tun. Zum Beispiel den Markt wieder auf Vorkriegsniveau zu bekommen. Die Frau wußte nicht, was sie tun sollte. Was hätte sie auch tun können? Wenn man etwas zusammen mit einem Partner kaufen soll, ist das ein Problem. Man findet noch nicht mal so leicht jemanden, mit dem man einen Laib Brot in einer Bäckerei teilen kann, warum sollte es bei einem Walkie-Talkie einfacher sein? Aber es war Krieg, und in Kriegszeiten kommen sich die Leute näher, einige beugen sich sogar vor und andere heben die Röcke. Die Frau wollte unbedingt ein Walkie-Talkie, daran war nichts zu ändern.

Eines Tages, als sie zufällig in der Basel-Straße in Tel Aviv war, sah sie einen kynischen Chinesen, der Solarkessel mit einem beachtlichen Rabatt verkaufte, daneben auch einzelne Walkie-Talkies für fünfzig Schekel; fünfundzwanzig neue Schekel und fünfundzwanzig alte. Die Frau ergriff die günstige Gelegenheit und wühlte in den Kisten des Chinesen nach einem guten Walkie-Talkie in erstklassigem Zustand.

Sie hatte vierzig neue Schekel. Der Händler kam ihr entgegen und ging auf dreißig Schekel runter, und das Geschäft war perfekt.

Die Frau schaltete das Walkie-Talkie ein und begann zu sprechen. Sie machte den Mund auf und nicht mehr zu. Sie ging die Küste entlang, von Tel Aviv bis Haifa, manchmal am Strand und manchmal im Wasser, und redete und redete, und die Leute, deren Frequenz sie erwischte, wußten nicht, was sie machen sollten, sie kamen nicht mehr zum Arbeiten.

In Netanja ging sie in ein Café, in diesem Block von Cafés neben dem Park, der zum Meer hinunterführt, da, wo sie eine Pizza für zwanzig Schekel verkaufen, und bestellte einen Espresso mit Milch – obwohl es so etwas gar nicht gibt, außer in Herzlija-Pituach.

Der Besitzer des Cafés wußte nicht, was er mit dieser Verrückten anfangen sollte, die ihm einen Tisch besetzte und einen Espresso mit Milch bestellte; schließlich hat der Unsinn, den man bereit ist, von seinen Mitmenschen zu ertragen, eine Grenze, und Leute mit Problemen sollten sich professionelle Hilfe suchen.

Die Frau hatte nichts mehr zu sagen. Sie murmelte fünfundzwanzig Mal ihre Lebensgeschichte in das Gerät, ihre Herkunft, ihre Wünsche, sie rezitierte Passagen aus Büchern, die sie auswendig kannte, und dann, als ihr nichts mehr einfiel, fing sie an, Lieder zu singen, von denen sie die erste Strophe und den Refrain kannte. Sie nahm alle Festivals durch, sie sang Lieder aus alter Zeit und sie bereitete Leuten, deren Frequenz sie erwischte, solche Kopfschmerzen, daß sie gezwungen waren, auf andere unmögliche Kanäle umzuschalten.

Die Frau redete und redete – es war unglaublich, sie mußte ein Radio verschluckt haben –, und ihr Walkie-Talkie sprühte vor lauter Überlastung Funken, doch das hatte keinen Einfluß auf die enorme Beichtlust unserer Heldin.

Nach einer Stunde schwieg die Frau, vielleicht weil sie ihren Espresso mit Milch bekam. Sie machte ein Schläfchen auf der Bank im öffentlichen Park, dann setzte sie ihren Weg nach Norden fort.

Hinter Sichron Ja'akow bat das Walkie-Talkie selbst, in fließendem Hebräisch, sie möge aufhören, denn es war auf der Schwelle eines Nervenzusammenbruchs, es hielt es nicht mehr aus, warum konnte sie um Himmels willen nicht die Finger von ihm lassen! Sie war nicht die einzige, es hatte noch andere Kunden, und die Frau machte eine Pause, bis sie den Kischon-Fluß erreichte.

Am Ufer des Kischon nahm sie Proben des Wassers. Sie wollte den Gestank von Haifa mit dem von Tel Aviv vergleichen, aber da war nichts zu vergleichen, beide Flüsse waren ekelhaft, und die Frau wußte, daß man sie ein für alle Mal austrocknen müßte. Sie setzte sich mit allen möglichen Firmen, die Wäsche trockneten, in Verbindung und lud sie ein, mit ihren größten Ventilatoren zu kommen und den Kischon und den Jarkon zu trocknen, um dem Gestank ein Ende zu machen. Sie kommandierte diese ganze Aktion über das Walkie-Talkie, und sie befahl auch, die Flußläufe des Kischon und des Jarkon mit italienischem Marmor zu pflastern, und als dann die Bewohner Netanjas kamen und demonstrierten, weil das nicht auch mit dem Fluß Alexander gemacht wurde, sagte sie, es tue ihr sehr leid, aber es sei unmöglich, ein ganzes Land ohne stinkende Flüsse zu lassen.

Nachdem alles erledigt war, hörte sie die Sirenen eines Polizeiautos. Sie kamen, um ihr Walkie-Talkie zu beschlagnahmen, damit sie nicht plötzlich anfing, das Hule-Tal zu überfluten und die landwirtschaftliche Infrastruktur der dortigen Kibbuzim zu zerstören.

Die Frau übergab ihnen widerstandslos das Walkie-Talkie und sagte, sie habe genug von dem Gerät, sie werde alt und gehe jetzt nach Hause.

Foto

Zuerst setzten sie mir die schwarze Kapuze auf den Kopf, eine Kapuze, nichts anderes, eine Art Kapuzenschleier, stießen mich leicht mit einer langen gezahnten Stange in den Rücken, auf die durchbrochene Hecke zu.

Ahalan, ya Nurit, *ya* Ronit, *ya madame*, sagte Chaled, ein junger Begleiter.

Seine Augen waren weiß, er trug andere Kleidung.

Die Fotografie als Spiegel der Epoche interessiert mich, sagte ich, als wir unsere Bögen herausholten, meine gelb, seine rosa, meine rot, seine blau, meine weiß, seine weiß, alles ganz genau. Chaled freute sich: Was für eine eigenartige Übereinstimmung, ich könnte Stunden gucken, sagte er sanft. Hast du Leute dabei?

Ich spreizte die Finger vor ihm, und er zählte im stillen. Eins nach dem andern, wie Wagen einer Bergbahn, krochen die Kinder durch das Loch in der Hecke, klopften sich schön den Staub von den Kleidern und zeigten Chaled die Fingernägel zur Inspektion. Meine Lieben, staunte Chaled, rote Gummibärchen!

Chaled, sagte ich. Ja, sagte Chaled. Ich habe eine persönliche Bitte, geht das? Alles ist persönlich, sagte Chaled. Nein, ernsthaft, sagte ich, im Ernst, ein Freund von mir und seine Frau sind verschwunden. Ich rufe an und bekomme seltsame Antworten; jedesmal, wenn ich daran rühre, nagen kleine Tiere an meinen Zehen. Meinst du, das geht, von dir aus?

Kränke mich nicht mit solchen Fragen, sagte Chaled, auch ich habe meine Last zu tragen.

Wir fuhren also in einem blauen Mercedes zum Haus meines toten Freundes, fanden uns am Ort gut zurecht. Das Licht war schwach, fiel schräg, Begonien glühten vor den Fenstern, nicht viele, ein paar. Chaled erklärte: In dieser trübsinnigen Öde begegnet mir auf einmal ein bestimmtes Foto; es beseelt mich, und ich beseele es. Das Foto selbst ist völlig unbeseelt (ich glaube nicht an die »lebendigen« Fotografien), doch mich beseelt es: darin gerade besteht jegliches Abenteuer.

Ich glaube es, sagte ich, ich glaub's wirklich. Die Kinder waren unterdessen eingeschlafen, und wir waren froh, daß ihnen das Allerschwerste erspart blieb, auch Chaled gestand das ein, nicht ausdrücklich, aber auch er zitterte einen Moment, als er die Worte »das Allerschwerste« niederschrieb. Wir fuhren weiter. Was habe ich mit all dem zu tun, fragte ich, ich sehe die ganze Zeit ein Haus, das ganz und gar Innen ist, ohne Außen, den kletternden Wein, den Granatapfelbaum, das schmiedeeiserne Tor.

Das ist das Haus, sagte Chaled. Ich betrachtete es, um Zweifel auszuräumen: Es war heil, die Front glatt wie eine Schiefertafel. Ich ließ alles hinter mir und betrat allein das Haus, widerwillig, aus Pflichtgefühl. Chaled kam hinterher, nachdem er gepinkelt hatte. Er verbeugte sich vor zwei schwarzen Krähen, Schwestern des Toten, meines Freundes. Ich küßte ihnen die Hände, haßte die Erde unter ihren Füßen: Ich liebe Gasa mehr als eine zweite Haut, Pardon dem Arsch der Welt. Ich weiß, daß mein Freund und vielleicht auch seine Frau bei Nacht ermordet worden sind, sagte ich. Eine der beiden nahm einen hohen Leuchter und erhellte die rauhe braune Wand. Genügt nicht, erklärte sie. Ich versuchte es erneut: Ich brauche Fotos von ihm, und wenn's vom Personalausweis ist, damit ich nicht fortan mit der Vision eines abgehackten Kopfs leben muß, ganz einfach.

Sie wandten mir den Nacken zu, das bloße Stück Genick unter den Haaren, weder leugnend noch bestätigend.

Ein Glück, daß ich meine hervorragende Aufgabe hatte, ein

Glück, daß diese Wichtigkeit da war, hinter der man sich vor dem Leid verstecken konnte, ein Glück, die plötzliche Unsichtbarkeit Chaleds, des gleichgültigen Vermittlers, ein Glück, daß ich den Kopf nur wenig neigte, als man mich mit seinem Tod konfrontierte, ein Glück, daß wir alle in den Nischen, die sich in dem dunklen Zimmer auftaten, den Fotografien nachfahndeten, ein Glück, ein Glück, ein Glück.

Wir fanden nichts, achteten immer mehr auf die unnatürliche Dunkelheit, erfüllten letzten Endes den Schwestern des Toten ihren Wunsch und sagten, die Dunkelheit sei unnatürlich, die Wand schweige, der Stein schreie, der Tote lebe im Tod und sei im Leben tot gewesen: Dinge, Dinge, und trotzdem, wenn von einem Menschen und nicht von einem Ding die Rede ist, spielt die Evidenz der Fotografie eine ganz andere Rolle. Die Fotografie einer Flasche, eines Irisstengels, eines Huhns oder eines Palastes zu sehen, beansprucht nur Wirklichkeit. Doch ein Körper, ein Gesicht und mehr noch: Körper oder Gesicht eines geliebten Menschen?

Wir waren nahe daran aufzugeben, schwerfällig saßen wir auf Schemeln und warteten nur aus Höflichkeit. Plötzlich sahen wir etwas auf den rauhen Wänden des nischenartigen Zimmers: Flimmer von Braun und Weiß an den Wänden, die bei angestrengtem Blick wie riesige Nahaufnahmen eines Gesichts aussahen, abwechselnd aufleuchteten und verschwanden. Sahen alle, was ich sah, konnte ich etwas erfassen, das mir das Gedächtnis eines andern signalisierte?

Eine der Schwestern, die Hagere, zupfte mich am Revers. Schau, sagte sie. Sie hielt eine Männerhose so steif, als stände jemand darin, steif vor verkrustetem Blut und Schlamm. Das ist seine, sagte sie, keiner wußte, was er dachte, als er nicht mit allen zusammen war. Alle haben sich in ihm geirrt, auch du, haben nichts kapiert. Dachten, er wäre so, und dabei war er ganz anders. Dann ist dieser Trottel hingegangen und hat die

Amerikanerin geheiratet, die den Ärmsten die Wunden geküßt hat, macht nichts, sie ist auch tot.

Ich fiel ihr zu Füßen: Hab Erbarmen mit mir, tritt mich nicht, da ich am Boden bin.

Chaled neigte sich zur Seite, er zeichnete mit dem Finger einen Pfad, der zum Haus der jungen, fremden Partnerin führte: Vor fünf Monaten hatten sie im Haus eines Bekannten, eines Arztes, geheiratet – ihre feinen Haare sommergelb, ein Arm zerdrückt eine orangefarbene Blume auf dem Rock, die andere Hand liegt am Ohr, des besseren Hörens wegen. Mein Freund steht zu ihrer Rechten, sein Gesicht strahlt wohl von der Gefahr, sein Mund ist sehr breit, die Augen sind zusammengekniffen, aber der Ausdruck seines Gesichts läßt sich nicht zerlegen.

Wir, Chaled und ich, standen im Eingang des Elternhauses der jungen Partnerin, neben einem fremden Wintergarten. Eine übermäßige Fremdheit wie in Träumen, die ich nicht mag, sagte Chaled. Unsere Wege trennten sich diesmal: Die Brombeersträucher dort, die schlanken Silberpappeln und die Tüllgardinen lehrten uns, daß die Privatsphäre nicht zu durchbrechen war. Chaled versprach, sich für meine Sache einzusetzen, obwohl, sagte er und verstummte einen Moment, obwohl er nicht viel Vertrauen in all die jungen Fotografen setze, die heute durch die Welt hasteten, weil sie sich dem Aktualitätenfang verschrieben hätten, ohne zu wissen, daß sie Agenten des Todes seien. Meine Absicht war anders, sagte ich. Chaled wickelte die Eisenkette ums Tor. Zum ersten Mal hatte er Mitleid mit mir: Die Absicht ist immer anders, immer ist sie anders, aber der Tod muß ja in einer Gesellschaft irgendwo zu finden sein; wenn nicht mehr (oder in geringerem Maße) in der religiösen Sphäre, dann anderswo; vielleicht in diesem Bild, das den Tod hervorbringt, indem es das Leben aufbewahren will.

Ich kletterte auf das Eisentor, um seine Gestalt entschwinden zu sehen. Zieh in Frieden, dunkler Begleiter, momentaner Verbündeter, dank deiner Weltlichkeit konnten wir den Alltag an einem Ort sehen, der über einfache Trauer schon hinaus ist, zieht in Frieden, offene Ohren, die manchmal weghörten, zieht in Frieden, verschlissene *Reebok*-Schuhe – wenn das Dumpfe und Große, die Chronik, mal alles bedeckt, wird euer Andenken als Zeichen der Menschlichkeit bestehen.

Die Eltern der toten Partnerin beobachteten uns die ganze Zeit vom Wohnzimmerfenster aus, sie stehen nebeneinander, einander ähnlich, der Mutter ist eine Strähne aus dem Haarknoten ins Gesicht gefallen, sie rollt etwas in den Händen: ein Taschentuch? Einen Schal? Den Gardinensaum?

Der Kopf des Vaters lehnt am Fensterrahmen, seine Finger, die eine Zigarette halten, stützen die Stirn, er ist nicht von hier, er ist aus Cleveland.

Du hättest kommen können oder nicht, einerlei, die Vase aus Hebronglas steht immer an ihrem Ort, in der Mitte des Tisches, auf der ovalen Häkeldecke, die Stühle mit den steilen Lehnen sind immer einander zugewandt, rot, sagt die Mutter.

Ich bedauerte aus tiefstem Herzen, hatte die junge Partnerin gut gekannt und erkundigte mich nur aus Angst nicht nach den Umständen ihres Todes. Die Mutter stand vor mir, ihre Arme stützten den Bauch, ihr Kopf hing auf die Brust, vornab das Kinn. Sie flüsterte eintönig, unmoduliert, und ich beugte mich vor, um ihre Worte zu hören: Nachdem meine Tochter dieses Loch zu ihrem Heim gemacht hatte, diese traurige Stadt, mußten wir vertrauen und sind gekommen, haben mitgebracht, was unser ist, haben uns angepaßt, haben alles an alles angepaßt. Die Bilder, die du hier siehst – sie ist auf allen drauf.

Wo? fragte ich. Im Grunde ist es besser, den Kopf zu heben oder die Augen zu schließen, wenn man ein Foto genau betrachten will. Die Fotografie muß still sein: das ist keine Frage der »Diskretion«, sondern der Musik. Die absolute Subjektivität erreicht man nur in einem Zustand der Stille, dem Bemühen um Stille. Nichts sagen, die Augen schließen, das Detail von allein ins affektive Bewußtsein aufsteigen lassen, sagte die Mutter.

Jetzt sah ich: Ein paar Dutzend Fotografien gab es dort, dicht an dicht, überall waren sie, an den tapezierten Wänden, als kleine Aufkleber auf den Gegenständen, gerahmt auf dem schweren Büffet. Ich zog die Schuhe aus, schwitzte, zitterte vor Angst: Auf allen sah ich Madonna und Bambino, Madonna und Bambino, Madonna und Bambino. Das ist sie, klang die Stimme der Mutter hinter mir: Sie ist in beiden.

Entschuldige, weinte der Vater, entschuldige, ist das ein Foto oder eine Zeichnung? Er rüttelte mich am Ellbogen, wischte sich mit einer zerdrückten Mütze das Gesicht.

Schschsch... sagte ich zu ihm, schschsch... Ich mußte begreifen, die Schärfe der Erkenntnis zerriß mich: Ich wußte, ob ich den Blick nun auf die Heilige oder das Kind richtete, egal, die junge Gefährtin würde nur kraft meines Blickes wieder aufleben, heil, unversehrt. Sie schürzte mit behutsamen Fingern den Kleidersaum, schob eine Haarsträhne hinters Ohr und trat aus der Fotografie heraus, zu uns, in das große, fremde Zimmer. Ich konnte sie sehen, mit demselben hellen, vogelhaften Profil und einem geheimnisvollen Lächeln, aus der Heiligen oder dem Kind kam sie, ich erkannte sie sehr wohl, mußte schweigen über das, was ich sah, hatte nichts außer dem Blick.

Ein Stück Kuchen für Scha'ul

Manchmal ist der Himmel an diesem Ort leicht wie Kükenfedern, er fliegt hoch, und wie sehr du dir auch wünschst, er
möge tief und dir nah sein, gleitet er doch hoch in der Luft,
und wie sehr du die Finger ausstreckst und schreist, bis es dir
die Kehle zerreißt: Er ist wie Kükenfedern, die haben kein
Gewicht.

Gleich wird Mama den Tee servieren. In Malkales Glas
werden zwei Süßstoffkügelchen hochschießen und spru-
delnd herumkreisen, ihr Zucker ist in letzter Zeit hoch. Sie
ist zwar imstande, von Kopfsalat und grünen Bohnen in Wasser zu leben, aber wenn sich glühend heiße Äpfel auf der Pie
blähen, zieht sie es vor, sich eine Extradosis Insulin in den
Oberschenkel zu spritzen und den Magen nicht gereizt und
enttäuscht zu belassen. Ein Glas Tee bereitet man vor oder
nach schwierigen Gesprächen, niemals mittendrin. Bald werden sie aufhören, darüber zu reden, das heißt, Mama hat
schon längst aufgehört, sie schweigt, aber Malkale Kuperstok
atmet den warmen Zimt ein und schluckt bittere Appetitsäfte
herunter und beherrscht sich, denn sie hat noch Dinge zu
sagen, und sie hat alles stehen- und liegengelassen, um zu
sagen, was sie zu sagen hat.

Weißt du, ihr Alter, das ist für ein Mädchen schon Tor-
schluß, sagt sie zu Mama, und man braucht dir wohl nicht zu
erklären, daß eine überreife Aprikose abfällt und verfault.

Das Licht draußen ist stark, ein gutes Licht, um Stoff für
ein Kleid auszusuchen. Bei Marcelle im Laden bringen sie
jetzt die Stoffe hinaus an die Sonne, nur in diesem Licht erkennt man den Unterschied zwischen Olivgrün und Fla-

schengrün. Sami schleppt einen Ballen um den anderen hinaus, und Marcelle sortiert sie nach den Farben. Ich hätte mir gerne aus weicher Viskose etwas für den Sommer genäht, aber man hat hier so viele Dinge über mich gesagt, daß die Worte sich dicht übereinanderlagern und einen Zaun zwischen mir und den Stoffen bilden. Schon seit Jahren gehe ich auf der anderen Straßenseite und sehe die Stoffe von weitem, manchmal glitzert etwas aus dem Ladeninnern, vielleicht ist es ein Funkeln von Samis Kette, oder vielleicht ein Blitzen seines Auges, ich weiß es nicht und halte mich nicht auf, um nachzusehen.

Mitten unterm Kochen schloß Malkale einen dünnen Wollmantel über ihrer Kittelschürze, überquerte drei kleine Straßen und kam, um mit Mama zu reden. Bis Ende des Monats Siwan geht sie ohne diesen Mantel nicht hinaus. Ich bin in meinem Zimmer, und wenn die jungen Finken nicht wären, die in den Blättern des Pflaumenbaums lärmen, könnte ich jedes Wort hören. Ohne Malkale zu sehen, weiß ich, daß sie bis jetzt den Mantel nicht geöffnet hat, Gerüche von zerquetschten Knoblauchzehen und Hühnerfüßchen in Aspik sind in seinem Futter eingeschlossen, schwere Töpfe, die sie von der Arbeitsplatte auf den Kochherd hievt, werden an den Bauch der Kittelschürze gedrückt, und aus dem Saum macht sie einen Topflappen, wenn sie eine weißglühende Pfanne umrührt oder die Nudeln abgießt. Den ganzen Tag ist ihr Gesicht am Fenster über der Spüle, sie kneift die Augen zusammen und späht zwischen den Fettspritzern, die an der Scheibe kleben, hindurch auf die blauen Lupinenfelder, die sich hinter dem Hof erstrecken. Ihr Blau zu dieser Jahreszeit steht dem kräftigen Blau des Hutes, den sie sich damals zu Scha'uls Bar-Mizwa gekauft hat, in nichts nach.

Zehn Jahre, aber die Leute vergessen nicht, sagt Malkale, das haftet an deiner Tochter wie ein Muttermal, selbst wenn sie weggeht und in die Stadt zieht, wird sie es nicht loswerden, weil das, was die Leute aus dem Mund lassen, so weit zieht wie Rauch.

Mama antwortet nicht, vielleicht denkt sie über Rosi Klein nach, die bereits ihre Jüngste verheiratet hat, und an Rosch ha-Schana werden an den Hüten von Rosi und ihren fünf Töchtern sechs Federn aufragen und in dem Wind zittern, der durch die runden Fenster der Synagoge hereinweht. Nur mein Kopf wird unbedeckt sein unter all denen, deren Körpergröße mindestens einhundertfünfundsechzig Zentimeter beträgt.

Malkale ist dermaßen versessen darauf, Scha'ul zu verheiraten, daß sie bereit ist, nicht mehr zu wissen, was sie über mich weiß. Sie erzählt Mama, daß man ihm jede Woche ein neues Loch in den Gürtel stanzen muß, weil an ihm alles schlottert, weil er keine Freude hat.

Wir waren dreizehn, als er zu mir sagte, zeig mir, was du im Mund hast, und ich drehte mein Gesicht zur Sonne und riß den Mund so weit auf, wie ich konnte, und zeigte ihm den kleinen Stacheldrahtzaun, der meine Zähne umgab. Er war verzaubert und versuchte, mir hinter die Zähne nach innen zu schauen, beugte und reckte seinen dünnen Hals und schaute in meinen schwarzen Schlund bis zu dem rosa Kern. Später pflückte er Lupinen und streckte mir drei bläuliche Blütenrispen entgegen, und ich sah, daß seine Finger so weiß und zart waren wie meine und daß man vergessen hatte, seinen einen Ärmel zu bügeln, der eine Ärmel war knittrig wie der Hals einer Schildkröte, der andere glatt, und eine scharfe Falte halbierte ihn der Länge nach. Der Himmel war damals in Höhe der Himbeersträucher, die am Zaun wuchsen, er streifte uns über die Wangen, Scha'ul hopste über das Feld wie ein Grashüpfer und trug bei sich ein kleines Glück, wie jemand, der ein Küken trägt, und ich riß Blätter von der Lupine ab und sagte, ja nein ja nein, und ich wußte, wenn ich groß bin, werde ich einen jungen Mann haben, dessen Hände wie Pekannüsse sind, braun und fest.

Ende des Monats Nissan, obwohl die Fenster weit offenstehen, riecht es nach gebratenen Zwiebeln in Sojaöl, Malkale öffnet den Mantel. Mama sagt, daß bald Sommer sei, und Malkale sagt, daß es gleich Pflaumen gebe, dann könne man Marmelade machen, und wie die Zeit vergehe, noch ein Jahr und noch ein Jahr. Mama setzt an, etwas über den plötzlichen Chamsin zu sagen, der die Mispeln hat reifen lassen; als sei das Gespräch ein Wasserlauf, den man leicht umlenken könne, so sehr versucht sie, dem Gerede über das Davonrennen der Zeit auszuweichen. Aber Malkale wird jetzt keinen Augenblick verlieren, denn die Äpfel riechen anders, wenn sie lauwarm sind, und es gilt, zur Sache zu kommen, solange heiße Dämpfe von der Pie aufsteigen und durch die Rosinen hindurchgehen und sie aufquellen lassen, danach werden sie abkühlen und in sich zusammenfallen wie ausgelaufene Blasen.

Ich bin bereit, diese Augen zuzudrücken, die gesehen haben, was sie gesehen haben, sagt sie, ich erinnere mich noch wie heute, ich hatte sechs frische Rettiche in der Spüle, ich schälte einen und schaute vom Fenster nach draußen, bis zum Zaun war alles so eine Art Blau-Lila, als wäre Tinte über das Feld geflossen, und plötzlich – deine Tochter, gerade mal fünfzehn war sie damals …

Malka, wozu noch einmal, sagt Mama, auch sie hat nicht vergessen, wie ich an jenem Tag mit einem bordeauxfarbenen Kleid und Wangen wie Borschtsch hereingekommen war. Marcelle sagte damals zu mir, ich solle mittags kommen, um Stoff auszusuchen, denn das Sonnenlicht sage die Wahrheit und das Neonlicht lüge. Wir gingen aus ihrer Nähstube auf das Kalksteinpflaster vor dem Lebensmittelladen, sie hielt mir große Ballen Stoff an, und Sami hielt mir einen Spiegel vor, ein blendender Kreis floh vom Spiegel und jagte über die Wand des Konsums und warf weißes Licht zurück. Das Bordeaux ist am schönsten an dir, macht aus dir eine

Schauspielerin, sagte er und brachte die Stoffe zurück in den Laden, und die Sonne zündete ein kleines Feuer auf dem goldenen Reif an, der ihm am Hals baumelte, und sprühte weiße Funken aus dem Ring, den er am kleinen Finger trug. Später saß er auf einem Ballen rosa Satin und bewegte den Kopf nach rechts und nach links im Rhythmus des Radios und spuckte salzige Schalen von Kürbiskernen in den Mülleimer. Marcelle zog ein Maßband um meine Hüften und schrieb in ihr Heft und legte das Maßband über die Oberschenkel und schrieb auf und spannte es von der Schulter zur Taille, und schließlich umfing sie damit meine Brust und benötigte nur einen kleinen Teil des Bandes, und der Rest baumelte in der Luft. Sami beugte sich über das Heft, um die Zahlen zu sehen, und sagte, du mußt essen, ein Mann braucht etwas zum Anfassen.

Nur einige wenige in unserem Moschaw trugen so kurze Hosen wie er, seine Beine auf dem rosa Satin waren dunkel und hart, und die Zehen, die großen Erdnüssen glichen, bewegten sich im Rhythmus des Liedes aus dem Radio. Scha'uls Beine habe ich noch nie gesehen, immer lange Hosen und Schuhe mit Socken. Malkale mästet ihn mit so vielen Sülzfüßchen, daß ich einmal träumte, er habe Hühnerhaut an den Zehen.

Alle Fenster stehen offen, die Blätter des Pflaumenbaums zittern, und der Wind zerzaust die Federn der Finken, und dennoch ist es stickig, man bekommt keine Luft, und was aus Malkales Kleid ausdünstet, macht sich in den Zimmern breit. Mama sagt, genug, Malka, genug davon, und drückt auf den Schalter des Wasserkochers. Aber Malkale Kuperstok hat nicht mitten am Tag das Gas gelöscht und drei kleine Straßen überquert, und das alles nur für einen heißen Apfelkuchen.

Deine Tochter ist wie ein Olivenkern, verschlossen und hart, sagt sie, und Mama sagt keinen Ton, auch sie hat gesehen, wie Scha'uls Gesicht rot wie eine voll erblühte Rose wurde, als wir ihm am vorigen Schabbat begegneten. Er sagte Schabbat-Schalom, und sein Blick senkte sich zu den kleinen Kieselsteinen, die man an der Synagoge ausgestreut hatte, und ich konnte gar nichts tun gegen die Sonne, die mir das Haar vergoldete, und gegen den Wind, der es mir über den Schultern ausbreitete und Wellen in das Türkis des schönen Kleides machte, das ich trug. Es kann durchaus gutgehen, er – er hat seinen Ernst und sein Verantwortungsbewußtsein, und sie hat Pfeffer, sie läßt sich nicht übers Ohr hauen, sagt Malkale. Cohens Zazke hatte sie mich nach jener Sache genannt, aber seit der Traubaldachin des Moschaw im Lagerraum der Synagoge zusammengefaltet ist und alle kleinen Küken schon verheiratet sind, während Scha'ul noch ledig ist und ihm viel Blut in die Wangen schießt, wenn er mich sieht, schickt sie Mama Pflaumenmarmelade und sagt uns genauso ernst und schwer Schalom, wie man es hier zum Arzt des Moschaw sagt.

Das Kleid war von einem klaren, tiefen Bordeaux wie Kiddusch-Wein, Marcelle breitete es quer über den Ladentisch aus und sagte, wie eine Prinzessin wirst du darin sein, und der ganze Laden füllte sich von dem roten Schein des Stoffs, selbst Samis Augen waren wie blutige Knöpfe. Danach legte sie einen Ärmel auf den anderen und faltete das Kleid der Breite nach und steckte eine Nähnadel hinein und heftete an das Kleid einen Zettel mit dem, was wir bereits gezahlt hatten, und was noch zu zahlen blieb, und Sami sagte, der Mensch wird verrückt beim Geruch von Stoffen den ganzen Tag, und ging hinter mir aus dem Laden. Das Licht war wie jetzt, ein Licht, in dem alle Blätter durchsichtig werden und die Häuser aussehen, als seien sie mit Milch gewaschen worden, und Samis Beine waren wie braunes Gold auf dem gelben Kalksteinpflaster.

Hörst du, sagt Malkale, ich schäle also gerade den Rettich, und plötzlich sehe ich, wie deine Tochter in dem blauen

Schulkleid hinter den Himbeersträuchern verschwindet, und dieser Typ mit ihr. Mama hüstelt leicht, und ihre Schuhe klopfen auf den Fußboden, jeder in einem anderen Rhythmus, Malkale wartet geduldig, und erst, als Mamas Hals sich beruhigt hat, sagt sie, nach einer Viertelstunde sind sie von dort herausgekommen, und sie plötzlich mit einem bordeauxfarbenen Kleid, die Lupinen haben alle krank ausgesehen neben diesem starken Bordeaux, vor lauter Schreck flog mir der Rettich aus den Händen. Der Schalter des Wasserkochers springt heraus, Mama öffnet den Ofen und schließt ihn geräuschvoll und hustet, aber Malkale wartet nicht, bis das Gehuste aufhört, und fragt, wie konntest du ihr Bordeaux erlauben?, und sagt, sie wundere sich über Mama, einem Stier ein rotes Tuch zu geben ... Mama zerschneidet die Pie, und das Klopfen des Messers auf dem Glas durchdringt Malkales Worte, und ich kann nicht hören, was sie sagt und was Mama antwortet. Selbst jetzt, inmitten dieser stehenden Luft und nach so vielen Jahren, kann ich den Himbeerstrauch riechen, ich stand inmitten der Blätter und sah die Stirn, die in Kuperstoks Fensterscheibe vorbeizog, sich an das Glas drückte und gleich wieder verschwand.

Sami sagte, ich brenne darauf, dich in dem Kleid zu sehen, ein fünfzehnjähriges Mädchen in Bordeaux sieht man nicht jeden Tag. Neben dem Himbeergebüsch wuchs Hafer, auf seinen hohen Halmen öffneten sich weite, goldgelbe Mäuler, und die schwarzen Grannen, die aus ihnen herauswuchsen, kitzelten Sami an den Beinen. Er steckte den kleinen Finger mit dem Ring in ein offenes Maul und kratzte sich an den Borsten, und ich legte das blaue Kleid, das ich ausgezogen hatte, auf das Himbeergebüsch und holte vorsichtig das neue Kleid aus der Tüte. Die Haferähren strichen mit ihren Härchen über meine nackten Schultern, und er sagte, solch eine weiße Haut habe ich in meinem Leben nie gesehen, und half mir mit dem Reißverschluß und zog ihn ganz vorsichtig von der Taille zum Nacken, und ich ließ mir von ihm den Gürtel hinten und die Bänder des Kragens vorne zubinden.

Marcelle hatte recht, eine Prinzessin, sagte er, und ich warf die Lippen auf und drehte eine Runde wie ein Model, und das Kleid verfing sich in den Dornen des Himbeerstrauchs. Als wir von dort herauskamen, haftete der Zahlungszettel noch am Saum, aber er war zerknittert und die Zeile, wo stand, was wir schon bezahlt hatten, eingerissen. Mama fragte, ob ich verrückt geworden sei, und sagte, laß es fürs Fest, wer trägt so etwas Teures an einem Werktag? Sie riß Mund und Augen auf, auch sie war schockiert von dem Bordeaux, das mir so gut stand, viel zu schön, sagte sie, und ihr Mund blieb offen, und mir brannte das Gesicht, als käme Feuer aus dem Kleid.

Danach nannte man mich hier Cohens Zazke, und die Luft wurde erstickend wie in den Legebatterien nach dem Ausstreuen der Futtermischung, und zwischen den Häusern schrumpften die Abstände, und die Entfernung zwischen den Dächern und dem Himmel wuchs. In all diesen Jahren blieb das Bordeaux, wie es war, nur Menschen machen Dinge durch und ändern sich jeden Augenblick, jede Stunde, Stoffe aber bleiben, wie sie sind. Das Licht vom Fenster läßt den Stoff glänzen, und die Blätter des Pflaumenbaums lassen eine zarte Spitze aus Schatten darübertanzen, jetzt kriege ich kaum noch den Reißverschluß zu, das Kleid platzt mir über der Brust, quetscht die Taille ein und endet hoch über dem Knie, ich mache einen weiten Kreis im Zimmer, wie ich es damals in den Ähren getan hatte.

Malkale beugt sich zu der Pie und sagt, oj wej, wegen des Zuckers, und beim zweiten Oj wej hält sie inne und fragt, wie es komme, daß die Küche plötzlich so rot sei, und weshalb die Fliesen aussähen wie Santa-Rosa-Pflaumen. Sie hört auf, den Zimt von den Äpfeln zu lutschen, und dreht sich um und sieht meine langen Beine in der Tür und über den Knien den aufgebauschten Bordeauxstoff, der beide Türpfosten berührt.

Nimm ein Stück für Scha'ul mit, sage ich zu ihr und nehme das dickste Stück, um es ihr in eine Plastiktüte zu packen. Eine Rosine löst sich und kullert über ihren Mantel und bleibt ihr auf dem Knie liegen und klebt daran wie ein Leberfleck. Malkale Kuperstok bewegt das Knie nicht, als sei die Rosine ein Schmetterling, den man nicht erschrecken darf, bedächtig streckt sie zwei Finger aus, um die Rosine aufzuheben, und zwickt sie sehr sanft und steckt sie, heil und prall, in den Beutel mit dem Kuchen für Scha'ul, und danach strafft sie das Plastik und macht einen doppelten Knoten hinein.

Der Pisser

(Der Pisser sitzt mit einer jungen Frau im Kino. Neben ihnen sitzt ein fremder Mann. Der Film läuft.)

Pisser *(leise zu der jungen Frau)*: Ich war pissen, bevor der Film begonnen hat, und nun muß ich schon wieder. Ich weiß nicht, was los ist, immer im Winter …

Fremder: Schscht!

Pisser *(noch leiser)*: … eigentlich auch im Sommer. Weiß der Teufel, was das ist. Die Prostata oder die Blase.

Frau *(nebenbei, auf den Film konzentriert)*: Möglicherweise beide.

Pisser *(melancholisch)*: In der Tat, vielleicht auch beide. Daran habe ich noch nicht gedacht. Vielleicht auch alle vier, Prostata, Blase und Nieren.

Fremder: Schscht!

Pisser *(flüsternd)*: Erzähl mir später, ob etwas Komisches passiert ist. *(Steht auf und geht. Auf der Leinwand erscheint etwas Urkomisches. Die Frau und der Fremde lachen lauthals, wechseln einen Blick, fallen voller Leidenschaft übereinander her, trennen sich, als der Pisser zurückkehrt und den Platz neben der Frau einnimmt.)* Hab ich was verpaßt?

Frau: Eine phantastische Szene. Der Hauptdarsteller ist mit einem Motorrad geflohen, später mit einem Auto, per Schiff, per Elefant, per Zug und per Flugzeug und ist rechtzeitig zur Hochzeit angekommen. Es war zum Schießen.

Pisser: Ich habe in der Zeitung gelesen, daß das tatsächlich die beste Szene des Films sein soll. Ausgerechnet da mußte ich pissen. Ausgerechnet bei dieser Szene. Ausgerechnet bei dieser Szene.

FRAU: Die Szene ist wirklich einmalig.

PISSER: Und ich habe einfach gepinkelt. *(Voller Zorn über sich selbst)* Anstatt die tollste Szene im Film zu sehen, habe ich die Wand im Pissoir gesehen, meinen Urin und die Reste von anderen, und vor lauter Eile hielt ich inne, bevor er vollends leer war, und habe mir den Latz zugeknöpft, aber eine Blase kann man nicht betrügen. Und so war ich gezwungen, die Hose wieder zu öffnen, noch ein paar Tropfen abzugeben und nochmals zu schütteln, und das Ergebnis war, daß ich doppelt so lange gebraucht habe. Vor lauter Gedanken an Verluste, verliere ich stets über Gebühr.

FRAU: Du hast recht. Ehrlich gesagt: Als du auf dem Klo warst, habe ich hier eine Bekanntschaft gemacht ... *(Sie zeigt auf den Fremden neben ihr)* und wir haben uns ineinander verliebt.

PISSER: Ihr kennt euch doch gar nicht!

FREMDER: Mein Name ist Konstantin.

FRAU: Sein Name ist Konstantin, und wir wollen zusammenziehen zwecks gemeinsamen Zusammenlebens.

PISSER *(schockiert)*: Was? All das ist in den zwei Minuten, während ich pinkeln war, passiert?!

FRAU: Ja. Ich liebe ihn und er liebt mich, wir haben viele Gemeinsamkeiten, er interessiert sich für Marionettentheater und hat darüber eine Magisterarbeit geschrieben, übrigens, er ist ein ungewöhnlich interessanter Gesprächspartner.

FREMDER: Ja.

PISSER: Ich verstehe nicht ... Ich verstehe überhaupt nichts ... Ich war nur für einen Moment auf dem Klo ...

FRAU: Ich wünsche dir Erfolg im Leben und alles Gute, und ich hoffe sehr, daß wir Freunde bleiben und daß dir die Genesung deiner Prostata, deiner Blase, der Nieren und auch der anderen Sachen, die du nicht erwähnt hast, gelingt.

PISSER *(fährt fort, schockiert zu murmeln)*: Ich war nur eine Minute lang auf dem Klo ...

FRAU: Übrigens, während du dort warst, ist hier die Frau vor-
beigekommen, die einmal deine große Liebe war und die
du nicht gekriegt hast, erinnerst du dich? Du hast sie mir
mal auf der Straße vorgestellt.

PISSER: Die, die der Schauspielerin Marina Veladi so ähnlich
sieht?

FRAU: Genau die.

PISSER *(heftig erregt)*: Wo ist sie? *(Er springt auf.)*

FRAU: Sie hat das Kino verlassen, als du gerade draußen warst.

PISSER *(setzt sich)*: Als ich gerade draußen war!

FRAU: Sie sieht noch besser aus als früher. Genau wie ein
Kinostar.

PISSER: Ich hätte sie eh nicht gekriegt.

FRAU: Im Gegenteil. Sie ist zu mir gekommen und hat gefragt, wohin du verschwunden bist, denn sie hat dich vor
Beginn der Vorstellung gesehen. Ich sagte ihr, daß du
aufs Klo bist, und sie sagte, es sei sehr bedauerlich, denn
sie fühle plötzlich, daß sie dich all die Jahre, ohne es zu
wissen, geliebt habe.

PISSER *(erhebt sich aufgewühlt)*: In welche Richtung ist sie
gegangen?

FRAU: Es ist so, daß sie nicht warten konnte. Sie mußte sofort mit einem Taxi zum Flughafen fahren, denn man erwartet sie zu den Dreharbeiten eines Monumentalfilms
in Australien ...

PISSER: Australien?!

FRAU: Im hintersten Zipfel Australiens.

PISSER *(setzt sich)*: Woher soll ich Geld und Mut nehmen,
um nach Australien zu fahren?!

FRAU: Es ist so, daß dich direkt nach ihr auch der Produzent gesucht hat, der dein Drehbuch kaufen wollte,
weißt du noch?

PISSER: Der auch?!

FRAU: Ja. Direkt nach ihr ist auch der aufgetaucht. Er war

bereit, auf der Stelle zweihunderttausend Dollar plus Prozente zu zahlen, aber weil du nicht hier warst und er es eilig hatte...

PISSER *(steht auf)*: Wohin?

FRAU: Er ist ihr zum Taxi gefolgt, denn er ist der Produzent ihres Filmes in Australien, und sie konnten es sich nicht leisten, den Flug zu verpassen.

PISSER *(setzt sich)*: Und so sind mir auch noch zweihunderttausend Dollar durch die Lappen gegangen, mit denen ich ihr nach Australien hätte folgen...

FRAU: Ja, aber wozu?

PISSER: Du hast doch gesagt, sie hätte gesagt, daß sie mich liebt...

FRAU: Ja, allerdings hatte sie genug von der Warterei. Sie hat gesagt, wenn sie dich nicht auf der Stelle bekäme, würde sie dem Drängen des Produzenten nachgeben, denn auch er ist in sie verknallt. Und er hat mir gesagt, daß er vorhabe, schon im Taxi um ihre Hand anzuhalten. Sie hatte schon vorher bemerkt, wenn sie dich nicht auf der Stelle erreichen und er ihr die Heirat anbieten würde, würde sie auf der Stelle einwilligen, so daß sie jetzt schon einander versprochen im Taxi auf dem Weg nach Australien sitzen.

(Lange Pause. Der Pisser ist bestürzt. Und schließlich)

PISSER: Kam sonst noch einer vorbei?

FRAU: Kein Mensch. Seit du zurück bist, herrscht Ruhe.

UZI WEILL

Der Tag, an dem auf den Ministerpräsidenten geschossen wurde

Am Tag, an dem auf den Ministerpräsidenten geschossen wurde, zog ich los, um eine Wohnung zu mieten, und ich wußte von der ganzen Angelegenheit nichts. Erst nach drei Tagen erfuhr ich es, und auch da war es mir ziemlich egal. Hier im Land können sie sowieso nichts als schießen und über Politik reden, und mich interessiert weder das eine noch das andere. Ich blieb vis-à-vis von dem Gebäude stehen. Unten ein kleines Café und oben Mietwohnungen. Ein sehr merk-würdiges Gebäude, das noch immer existiert, aber als diese Geschichte passierte, da waren die Dinge anders, die Luft war zum Ersticken. Der Sommer glühte, und die Menschen liefen in ihrem Schweiß herum und redeten die ganze Zeit mit lauter Stimme über Belangloses, und in der Nacht tranken sie viel Bier, so viel Bier wurde aus neuen, versilberten Bierhähnen in die aufgedunsenen Bäuche geschüttet, so viel Hin und Her in den heißen Nächten, so viel Gerede und mit so lauter Stimme, daß die Leute gar nicht mehr wußten, daß man auf Regen warten muß, in den Herzen herrschte Dürre und in der Luft Feuchtigkeit und es war heiß, aber statt um Regen zu beten, tranken die Menschen Bier, und deswegen verspätete sich der Regen in diesem Jahr. Es ist noch nicht lange her.

Ich wartete, daß es grün würde, und betrachtete das Gebäude. Der Rucksack, den ich noch von der Armee hatte und der all meine Sachen enthielt, drückte mich auf den Schultern, aber ich wollte ihn nicht abnehmen und wieder hochwuchten. Über dem Café gab es viele Zimmer, und sie wurden billig vermietet. Sie hatten eine kleine Küche, und die meisten hatten auch eine Toilette. Sie wurden an Soldaten, nigerianische Arbeiter und an Rekruten, die in der Stadt waren, vermietet, an drei Alte, von denen sich zwei ein Zimmer teilten, an Mädchen, die aus Beth Shean kamen und nachts laut fickten, und die nigerianischen Arbeiter hörten sie und onanierten, und die Alten hörten sie und es war hart für sie. Das Gebäude war merkwürdig, es gab verschlungene Korridore darinnen und unterschiedlich geschnittene Wohnungen auf verschiedenen Ebenen. Alle waren billig, keine davon beherbergte einen Mieter länger als vier Monate, wenn man von den Alten absieht. Der begehrteste Platz in der Stadt war es nicht, aber zwei Tage zuvor hatte ich meinen Arbeitsplatz verloren, und vierundzwanzig Stunden danach die Wohnung, in der ich gewohnt hatte. Ich hatte keine große Wahl.

Dieses ganze Ensemble, das Café und das Gebäude, gehörte einer jungen Frau namens Dina. Sie war ungefähr dreißig Jahre alt und hatte das alles von ihrem Großvater geerbt. Ich kannte sie gut. In der Armee war ich mit ihrem Bruder befreundet gewesen. Sie standen einander sehr nahe, obwohl sie viel älter war als er. Die wenigen Male, die ich sie zusammen gesehen hatte, bevor er getötet wurde, sah ich, wie er in ihrer Gegenwart plötzlich zehn Jahre älter wurde. Sie wirkten wie zwei Geheimagenten, die nur einander das erzählen können, was sie selbst vor Frau und Kindern verbergen. Und dann reiste ihr Bruder in die Vereinigten Staaten, und als sein Flugzeug bei diesem Unfall 1983 abstürzte, bei dem achtzig Menschen über Atlanta, Georgia, umkamen, da blieb ihr nichts, woran sie sich festhalten konnte. Sie ging ins Bad, schluckte fünfzig Schlaftabletten, und dann schnitt sie sich zur Sicherheit die Pulsadern mit einem riesigen Kommando-Messer auf, das ihrem Bruder gehört hatte. Aber so, wie es manchmal verboten ist, daß zwei Menschen zur selben Zeit und am selben Ort leben, so ist es manchmal verboten, daß zwei Menschen die Welt zu einem bestimmten Zeitpunkt verlassen, und wenn der eine stirbt, dann muß der zweite weiterleben, egal wie stark sein Wunsch zu sterben ist. Sie öffnete die Tür und rief den Todesengel, und der kommt im allgemeinen, wenn man ihn ruft, nur daß er in dieser Nacht wie gesagt in Atlanta, Georgia, beschäftigt war und sich nicht freimachen konnte. Sie starb einfach nicht, sie litt nur große Schmerzen und blutete langsam, bis die Schlaftabletten sie überwältigten und sie ohnmächtig wurde, und sie wachte im Krankenhaus auf, ohne zu wissen, wie sie eigentlich dorthin gekommen war. Ihr Großvater lebte noch, aber er war eingeliefert und krank und kurz vorm Ende, und andere Verwandte hatten sie nicht, so daß ich, als ich sie im Krankenhaus besuchte, fast der einzige war. Sie lag alleine dort, versunken in die verlorene Süße eines Menschen, der alles hinter sich gelassen hat, und sie war so anrührend, daß ich jeden Tag zu ihr ging, bis man sie entließ. Dann reiste sie für eine lange Zeit ins Ausland, ich weiß nicht genau, was sie dort gemacht hat. Nachdem sie zurückgekommen war, sah ich sie einmal, und seither hatten wir den Kontakt verloren. Jetzt standen meine Füße vor ihrem Gebäude und ihrem Café, die Autos fuhren vorbei, es war sehr heiß, und der Rucksack, der auf meinen Schultern geblieben war, führte dazu, daß ich am Rücken schwitzte, und zu genau dieser Stunde schossen sie auf den Ministerpräsidenten, aber ich wußte es nicht.

Ich überquerte die Straße und betrat das Café. Es war kühl. An der Decke drehten sich zwei große Ventilatoren. Ich stellte den Rucksack ab und setzte mich an einen Tisch. Eine Kellnerin mit lockigem, zurückgebundenem Haar kam zu mir, sie hatte dicke Beine und ein Gesicht, von dem sie dachte, daß es häßlich sei, weswegen es tatsächlich ein bißchen häßlich war. Sie fragte, was ich trinken will, und sie war jederzeit bereit, ein bißchen beleidigt zu sein, weil Frauen, die sich häßlich finden, immer denken, daß man sie zum Ausgehen einladen würde, wenn sie schön wären. Ich bestellte kalten Kaffee und sie schluckte das wortlos, weil sie es schon gewöhnt war. Dann fragte ich: »Ist Dina da?«

»Ja, sie ist oben. Sie kommt gleich runter.«

»Okay, danke.«

Sie drehte sich um und ging. Dann kam sehr kalter Kaffee in einem großen Glas. Ich trank durstig, streckte die Beine aus und erholte mich von der Hitze. Der große Ventilator tuckerte leise und monoton und fächelte mir angenehmen Wind zu. Ich schloß die Augen, und als ich sie öffnete, stand sie mir gegenüber. Sie lächelte.

»Schalom, Dina«, sagte ich.

»Schalom«, sagte sie. Mit einem Finger berührte sie mein Haar. »Wie geht's?«

»In Ordnung.« Sie sah meinen Rucksack, sagte: »Bist du zu Hause rausgeflogen?« und setzte sich zu mir.

»Ich habe kein Zuhause, aus dem man mich rausschmeißen könnte. Aber ansonsten bin ich überall rausgeflogen.«

Sie schaute mich an. Sie trug kurze, verschlissene Hosen und ein weites Hemd. Sie sah okay aus. Wirklich okay. Ich sagte ihr, ich wolle ein Zimmer mieten, und dann fragte ich behutsam, ob sie vielleicht zufällig jemanden bräuchte. Sie sagte, zufällig ja, und wir trafen eine Abmachung, Arbeit gegen Wohnen, Essen und ein bißchen Geld.

Ich ging ins Zimmer rauf. Es gab da einen Alten, den Dina zum Verwalter ernannt hatte und mit dem sie ein ähnliches Abkommen wie mit mir getroffen hatte. Er war ein guter Freund ihres Großvaters gewesen, und ich nahm an, sie hatte ihn aufgenommen, weil er nicht wußte, wohin er gehen sollte. Er war ein alter Kommunist, ich erinnerte mich an ihn noch aus der Zeit, als ich gekommen war, um Dinas Bruder zu besuchen. Damals war er begeistert und voller Energie und immer zu einer Debatte bereit, während er jetzt müde aussah, krank und voller Bitternis. Er brachte mir Bettzeug, öffnete die Tür und ließ mir den Schlüssel da. Seine Bitterkeit blieb am Türgriff kleben, nachdem er gegangen war, und ich sperrte sie aus. Das Zimmer war sehr klein, aber aufgeräumt und sauber. Ich richtete mich ein, und dann ging ich hinunter und half in der Küche und an den Tischen. Abends ging ich hinauf in mein Zimmer, duschte und ging hinaus. Ich ging zu einem dunklen Platz bei einem kleinen Kino, den ich kannte und wo man dasitzen konnte und zusehen, wie die Leute kamen und gingen, ohne selbst gesehen zu werden. Dort saß ich lange, und wirklich kamen und gingen sie. Ich hatte eine kleine Flasche Wodka bei mir und trank daraus. Die Zeit verstrich. Ich versuchte, mit Gott zu sprechen, und er antwortete nicht, deswegen beschränkte ich mich darauf, ihn daran zu erinnern, daß ich mich auf ihn verließ, darauf verließ, daß alles gut ausgehen würde, und daß ich jedenfalls auf seiner Seite war. Als ich betrunken genug war, um aufzuhören, über das Leben nachzudenken, und noch nicht so betrunken, daß ich mich nicht mehr rühren konnte, stand ich auf und ging in mein Zimmer zurück.

Am Morgen darauf stand ich früh auf und arbeitete im Café. Die Arbeit war angenehm und nicht schwer. Langweilige Arbeit macht mir nichts aus, wenn die Leute nett sind. Als ich den Abend hinter mich gebracht hatte, war ich müde. Ich ging aufs Zimmer, duschte und schlief ein. Um elf Uhr nachts wachte ich auf. Ich setzte mich im Bett auf. Aus dem Nebenzimmer konnte ich den alten Kommunisten, der das Gebäude verwaltete, weinen hören. Sein Weinen war bitter und leise. Ich ging hinunter. Das Café lag vollständig im Dunkeln. Ich ging in die Küche, machte mir kalten Kaffee und schaltete das Licht am entferntesten Ende des Saales an. Es dauerte eine Weile, bis ich Dina an einem der Tische sitzen sah. Sie schaute mich an. Vor ihr standen eine halbleere Flasche mit trockenem Wermut und ein Glas. Sie trug eine blaue Samtbluse, und sie schaute mich wortlos an. Ich stand mit dem Kaffee in der Hand auf.

Sie sagte: »Komm, setz dich.«

Ich kam und setzte mich.

»Tu diesen Kaffee weg«, sagte sie, nahm ihn und stellte ihn auf einen Tisch hinter sich. Sie zog von irgendwoher ein zweites Glas, stellte es auf unseren Tisch und schenkte mir Wermut ein. »Trink mit mir«, sagte sie und stieß an mein Glas. Ich trank und schaute sie an. Sie sah nachdenklich aus, nicht betrunken, ruhig. Ihre Augen ruhten lächelnd auf mir. »Man muß die Qualität dieses Gesöffs verbessern«, sagte sie, stand auf und ging in die Küche, und als sie zurückkam, hielt sie in der einen Hand eine riesige Dose Oliven und in der anderen eine Flasche Gin. Auf der Dose balancierte ein Plastiktablett mit kleinen Eiswürfeln. Und das war wunderbar. Sie ordnete alles auf dem Tisch neben uns an, die Dose auf dem Boden, gab Eis in die Gläser, schenkte uns ein Drittel Gin und zwei Drittel Wermut ein, nahm eine Olive zwischen ihre Finger und tauchte sie in das Getränk, rührte mit einem Finger um und ließ die Olive auf den Grund des Glases sinken.

»So«, sagte sie.

»Woher kannst du das alles?«

»Als ich in New York war, kannte ich einen Mann, der eine kleine Bar hatte. Ich habe da gearbeitet.«

»Das wußte ich nicht.«

»Jetzt weißt du es.« Wir stießen an und tranken. Sie schwieg. Dann sagte sie: »Es tut mir leid, daß ich keine Zeit hatte, zu dir zu kommen, nachsehen, ob alles in Ordnung ist.«

»Es ist alles in Ordnung.«

»Okay, trotzdem. Abraham kümmert sich im allgemeinen um das Gebäude, aber in letzter Zeit eher weniger«, und sie machte mit der Hand eine Bewegung für »eher weniger«.

»Abraham, ist das der Kommunist?«

»Ja.«

Wir tranken weiter. Ich fragte sie: »Was hat er denn? Er sieht völlig fertig aus.«

Dina nippte an ihrem Getränk, ließ es die Kehle hinunterrinnen und rekelte sich auf dem Stuhl. Sie sagte: »Kommunisten verstehen es nicht, mit Würde zu verlieren. Sie nehmen alles persönlich. Und zum Schluß verlieren sie immer.«

»Was meinst du?«

Noch ein kleiner Schluck und das Glas war leer. Sie wiederholte die Prozedur und füllte das Glas von neuem.

»Schau dir an, was sie sich zumuten«, sagte sie, »sie ziehen los, die Welt zu verändern, nicht mehr und nicht weniger. Gott zu besiegen. Sie hassen Gott und sagen es mit zu lauter Stimme. Also haßt er sie wieder. Schau, wann hast du zum letzten Mal einen glücklichen Kommunisten gesehen? Entweder ihre Revolutionen sind fehlgeschlagen oder sie sind erfolgreich, und dann werden sie von ihren Freunden umgebracht. Der Traum ist in jedem Fall hin.« Sie trank und sah mich an. »Trink«, sagte sie, »wozu, glaubst du, bist du hier?«

»Um etwas über Kommunisten zu lernen?«

»Nein, um zu trinken.« Sie goß Gin und Wermut in mein leeres Glas, und ihr halbleeres Glas füllte sie mit Gin auf. Das Glas floß beinahe über, und sie korrigierte das, indem sie einen winzigen Schluck vom Glasrand schlürfte. Dann lehnte sie sich zurück.

»So etwas Dummes«, sagte sie, »Gott besiegen zu wollen. Wer so denkt, den macht das Leben zum Schluß fertig. Und dann zerbrechen sie und fangen an zu weinen wie kleine Kinder.« Sie trank schweigend.

»Weiter«, sagte ich.

»Was weiter?«

»Sprich weiter über Gott.«

»Das ist alles, was ich über Gott weiß.«

»Dann über Kommunisten.«

»Das ist alles, was ich über Kommunisten weiß«, sagte sie. Sie kam näher und blickte mir in die Augen, wie jemand in die eigenen Augen schaut, um herauszufinden, wie tief sie sind.

»Dann über Abraham.«

Sie lehnte sich zurück. »Abraham ist arm dran. Er wird sterben, und er nimmt es persönlich. Wie eine Niederlage. Früher wußten die Menschen, wie man stirbt.« Sie nippte und guckte in ihr Glas. »Er ist einer von denen, die das Land aufgebaut haben. Er dachte, wenn er einen hebräischen Staat im Land Israel aufbauen kann, dann kann er auch den Tod besiegen. Der Staat hat seinen kindischen Traum hinter sich gelassen, und der Tod, den amüsiert es, daß er geglaubt hat, ewig zu leben. Deswegen hat er ihn ein paar Runden siegen lassen. Na und?«

»Niemand stirbt gerne.«

»Man muß nachgeben können. Das ist alles.«

Wir schwiegen. Nach ein oder zwei Minuten hob sie ihren Kopf zu mir auf und sagte: »Was wir uns hier zusammenreden, nicht?«

Ich lächelte, streckte die Hand aus und berührte ihr Haar. Sie sagte lächelnd: »Metaphysik erregt dich?«

»Ja, sehr.«

Sie sah mich an. Dann beugte sie sich zu mir und küßte mich. Ihre Zunge hatte den wilden Geschmack süßen Alkohols. Meine Hände streckten sich nach ihrem Gesicht, und ich umfaßte sie und gab ihr einen langen Kuß zurück. Als wir uns voneinander lösten, kehrte sie langsam zu ihrem Stuhl zurück. Wir schauten einander an.

»Nein«, sagte sie.

Es war das sanfteste und entschiedenste »Nein«, das ich jemals gehört habe. Ein Zittern durchlief mich. Ich streichelte ihre Wange. Sie lächelte mich still an, und mit einemmal sah sie völlig anders aus. Ihre Augen waren zu mir gewandt, aber sie sah mich nicht. Sie schaute weit hinter mich, zu einem fernen Ort. Es war, als wäre ich zu einem Tennisspiel angetreten, um mich plötzlich in einem Boxring wiederzufinden. Dina war schon mit sich allein, und ich war überflüssig. Ich sagte gute Nacht und ging in mein Zimmer. Auf dem Weg kam ich an Abrahams Zimmer vorbei. Die Tür stand offen. Er saß drinnen und schaute mich an. Ich nickte mit dem Kopf einen Gruß und wollte weitergehen, doch er rief mir nach: »Komm her, Junge. Komm einen Moment.«

Ich kam zurück. Er sagte: »Was hat sie dir über mich erzählt?«

»Was?«

»Sie hat über mich gesprochen. Was hat sie dir gesagt?« Ich zuckte mit den Achseln.

»Nicht nötig«, sagte er. »Ich habe eh alles gehört. Ich habe auf der Treppe gesessen. Ich habe euch gehört.«

Ich antwortete nicht.

»Nur damit du es weißt, was sie dir über die Kommunisten gesagt hat, das hat nicht sie sich ausgedacht. Hier war ein Amerikaner. Er hat ihr das gesagt. Sie hatte etwas mit ihm. Du verstehst, was ich meine.«

»Dann weißt du, was sie gesagt hat.«

»Ja, aber ich habe nicht alles gehört. Ihr habt leise gesprochen. Hat sie dir etwas über mich erzählt? Nicht allgemein, sondern über mich?«

Ich zuckte mit den Achseln: »Nein.«

Er nickte. »Manchmal bildet sie sich ein, alles zu wissen. Sie glaubt zu wissen, warum ich aussehe wie ein Wrack. Was weiß sie schon. Gar nichts weiß sie. Und ich werde es ihr nie sagen.« Er war zerfurcht. Die Nachttischlampe beleuchtete sein Gesicht. Es hatte etwas Unglaubliches: Die eine Hälfte war hart und verzweifelt, und die andere Hälfte sah zum Weinen weich aus.

Ich sagte: »Warum also?«

»Warum? Warum? Wieso sollte ich dir das sagen. Du bist ein Kind. Du verstehst eh nichts. Ihr alle seid Kinder. Bildet euch ein, alles zu wissen, dabei wißt ihr gar nichts.«

Ich stand da und schaute ihn an. Er war kurz davor zu explodieren. Das Zimmer schien zu klein für ihn und unpassend. Ich nickte ihm zu und wandte mich zum Gehen. Er rief mich zurück.

»Komm her, Junge, komm her.«

Ich kam.

»Ich werde dir sagen, warum, ich werde es dir sagen.« Aber er sagte nichts. Er wollte, aber irgend etwas in ihm ließ die Worte nicht heraus. Ich sagte: »Warum?«

»Weil ich sie liebe. Begreifst du jetzt? Begreifst du jetzt, Junge?«

Er schwieg. Dann sagte er, ohne mich anzusehen: »Geh jetzt, geh.« Ich ging in mein Zimmer. Ich legte mich angezogen aufs Bett. Nach einer Viertelstunde klopfte er leise an die Tür. Ich stand auf und öffnete. Er sagte: »Kann ich einen Augenblick hereinkommen?«

»Ja.«

Er trat ein und schloß die Tür. »Schau«, sagte er, und anscheinend fiel es ihm schwer, die Worte zu finden. »Schau, was ich dir da gesagt habe, darüber brauchst du mit niemandem zu sprechen. Schon gar nicht mit ihr.«

»In Ordnung.«

»Gut«, sagte er. Unbehaglich sah er sich um. »Ich hätte nicht darüber reden sollen. Ich weiß nicht, was mit mir los war.«

»Ist schon gut.«

»Wenn sie es wüßte, das wäre entsetzlich«, sagte er schnell und hob seinen Blick zu mir. »Ich bitte dich. Erzähle es keinem. Es ist ja nicht nur, daß ich alt bin und bis zum Wahnsinn eine junge Frau liebe, die meine Enkelin sein könnte. Ich lebe ja auch noch von ihrer Großzügigkeit, bilde dir bloß nicht ein, ich wüßte es nicht. Das fehlte mir noch, daß sie weiß, daß ich sie liebe.«

»In Ordnung«, sagte ich. Er atmete tief. Dann sagte er: »Meinst du, daß das leicht ist, sie jeden Tag zu sehen, ohne irgendeine Hoffnung. Schon seit fünf Jahren liebe ich sie, ich habe es nie jemandem erzählt.«

»Warum gehst du nicht weg von hier?«

Er zuckte mit den Achseln »Wohin soll ich gehen? Und wenn ich gehe, glaubst du, woanders würde ich sie vergessen? Ich werde dir was sagen. Ich habe dreißig Jahre mit meiner Frau gelebt, und ich habe sie geliebt, wirklich, aber nie in meinem Leben so, bis zum Wahnsinn. Bis zum Wahnsinn.« Er schwieg. Dann sagte er: »Ich bin ein alter Mann. Mit mir ist es vorbei. Wohin soll ich jetzt gehen? Wer bin ich denn, soll ich ein neues Leben anfangen oder was? Ich habe nicht mehr viel Zeit. Aber es ist schwer so, jeden Tag. Ich würde meine Seele darum geben, jünger zu sein. So kann ich nichts tun. Nur darauf warten, daß es zu Ende geht.«

Ich sah ihn an und wußte nichts zu sagen. Er grinste: »Das war komisch, als sie gesagt hat, ich sei elend dran, weil ich mich vor dem Tod fürchte. Ich? Mich vor dem Tod fürchten? Wenn es den Tod nicht gäbe, dann würde ich ihn erfinden.« Er drehte sich zur Türklinke und öffnete die Tür. Draußen, bevor er ging, sagte er sanft: »Du wirst ihr nichts sagen, nicht wahr? Denk an mich. Es wäre eine Katastrophe für mich, wenn sie es wüßte. Sie würde über mich lachen und mich bemitleiden. Es gibt nichts Schlimmeres, als daß derjenige, den du liebst, über dich lacht und dich bemitleidet. Du bist noch jung, aber das kannst auch du verstehen.«

Ich versprach ihm noch einmal, daß ich kein Wort sagen würde. Er nickte und verschwand in seinem Zimmer. Ich kehrte zu meinem Bett zurück und streckte mich darauf aus. Ich konnte nicht einschlafen.

Noch zwei Tage arbeitete ich in diesem Café. Abraham warf mir die ganze Zeit mißtrauische Blicke zu und sprach nicht mit mir. Kaum daß er den Mut fand, guten Morgen zu sagen. Er hatte Angst. Ich hielt das nicht aus, und ich wußte, solange ich dort bliebe, würde er panische Angst haben, daß ich womöglich doch den Mund aufmachte. Nach zwei Tagen gelang es mir, zeitweilig eine Unterkunft bei meinem damals – und bis heute – besten Freund zu finden, und ich kündigte. Ich dankte Dina und sagte ihr, daß ein Freund mir einen wundervollen Job angeboten hätte, und sie möge es verstehen. Sie verstand. Als ich hinausging, zählte ich mein Geld. Ich hatte genug für zwei Wochen, wenn ich sparsam lebte. Draußen wurde es Abend.

Ich kam zu der Wohnung, in der mein Freund wohnte. Auf der Tür stand »Dani«. Ich klingelte, und er machte auf. Er sah mich mit dem Rucksack, nickte, und ich trat ein. Ich warf den Rucksack auf den Boden, und wir gingen auf den Balkon hinaus. Draußen herrschte heiße und feuchte Dunkelheit. Unter dem Balkon gingen Leute vorbei und redeten. Wir konnten sie hören. Sie redeten Unsinn. Später, als wir nachts dasaßen, zwischen zwei Flaschen billigen Whiskys und zerknautschten Zigarettenpackungen, erzählte mir Dani, daß sie auf den Ministerpräsidenten geschossen hatten. Ich erzählte ihm meine Geschichte, und er stimmte mir zu, daß sie wichtiger war. Wir tranken noch etwas und rauchten, und ich sagte ihm, Dani, Dani, was ist hier los, warum ziehen wir schon so lange rum und nichts gelingt uns, wie lange soll das so weitergehen, was wir auch anfassen, zerbricht, seit unserer Entlassung aus der Armee geht es immer in dieselbe Richtung, nämlich bergab.

»Ich weiß es nicht«, sagte er.

»Erinnerst du dich, wie wir, als wir entlassen wurden, glaubten, daß wir die Welt in die Tasche stecken würden, einfach so, ohne Anstrengung, mit links, mit einer Hand.«

»Ja«, sagte er. »Ich habe das Gefühl, oben wollen sie uns zeigen, was es heißt, unten zu sein. Quasi, damit wir wissen, wie das ist. Damit wir aufhören, anmaßend zu sein. Damit wir wissen, was es heißt, unten zu sein.«

»Uff«, sagte ich, »wie gut ich das weiß. Glaub mir, darüber weiß ich alles, was es zu wissen gibt. Wirklich. Noch mehr kann man darüber nicht wissen.«

Er lachte, und wir tranken noch etwas und dann redeten wir nicht mehr davon in dieser Nacht, aber als wir am nächsten Morgen aufstanden, da blendete uns bereits die Sonne, und wir schwitzten, und der Rest Whisky in den Flaschen und die überquellenden, dreckigen Aschenbecher der vergangenen Nacht standen herum und boten sich unseren Augen dar wie ein Zauber, der mißlungen war.

Zwischenwelten

Chajutas Verlobungsfest

Vierzehn Tage vor Chajutas Verlobung, die in aller Eile anberaumt wurde, nachdem das junge Paar überraschend seine Pläne kundgetan hatte, ahnte niemand, welch beschämende Situation Großpapa Mendel der Familie bereiten würde. Alle waren damit beschäftigt, Listen aufzustellen mit den Namen der Gäste, der Musiker, der Speisen und Getränke, der Geschirrstücke, die geborgt werden mußten, und der Nachbarn, die sich bereit erklärt hatten, Stühle und Tische zur Verfügung zu stellen; und für alle, die sich danach erkundigen würden, wurden die Geschenkwünsche der zukünftigen Braut notiert. Als sich Bella, Chajutas Mutter, im Hause umsah, erschrak sie. Sie glaubte, die Flecken auf dem grünen Polster der Couch würden jedem sofort ins Auge springen; die Vorhänge waren am Saum zerschlissen; und an der Tapete in der Eßecke war ein Streifen zu sehen, der von den drei Stühlen herrührte. So kam zu den Listen, die bereits existierten, eine Aufstellung der Namen von Tapezierern und guten Polstergeschäften hinzu.

Mitten in dem Durcheinander fiel Bella ein, daß sie noch nicht endgültig entschieden hatte, welches Kleid sie für das Ereignis bereitlegen sollte. Nachdem sie ihren Schrank auf den Kopf gestellt und zwei Tage damit zugebracht hatte, in den Geschäften der Stadt Kleider anzuprobieren, wurde ihr klar, daß der Erfolg ihrer Garderobe vom Kleidungsstil der Mutter Rons, Chajutas Bräutigam, abhinge, von der sie wußte, daß sie schlank und schön war und in einflußreichen Kreisen verkehrte. Wenn sie, überlegte sie fieberhaft, ein elegantes Musselinkleid anzöge und die zukünftige Schwiegermutter

ihrer Tochter etwas aus einfachem Stoff, könnte sie provinzi-
ell wirken, Rons Mutter aber erschiene wie eine Frau von
Welt; und wenn sie sich für ein Kostüm entschiede, Rons
Mutter jedoch für ein auffallendes Kleid, so erschiene sie
selbst nicht festlich genug, während die andere in all ihrem
Glanz erstrahlte. Auch das Farbproblem war nicht einfach zu
lösen: Ginge sie in Rot und Chajutas Schwiegermutter in
Schwarz, würde sie vulgär, die andere hingegen herrschaftlich
wirken; ginge sie selbst in Schwarz und Rons Mutter in Rot,
sähe sie trist, die andere hingegen jugendlich aus. Selbst die
Größe der Knöpfe, die Länge des Kleides und die Breite des
Gürtels stellten ein großes Problem dar. Je länger sie darüber
nachsann, desto geringer schien die Aussicht, eine Lösung zu
finden.

Die Beschäftigung mit dem Mobiliar, der Garderobe, dem
Festmenü und der Gästeliste bewahrte Bella davor, über den
Anlaß dessentwegen der ganze Aufruhr entstanden war,
nachzudenken: Chajuta war fast dreiundzwanzig, stand vor
dem Hochschulexamen und hatte sich pünktlich wie der na-
hende Herbst – noch bevor sie die ersten Falten um die Augen
bekäme – einen begabten, fleißigen Mann gesucht, dessen
Familie, so sagte man ihr, wohlhabend und gebildet war.
Wahrscheinlich würde ihr die Bedeutung von Chajutas Verlobung erst nach dem Ende des Festes aufgehen, wenn sich die
Gäste zerstreut, die Musiker ihre Instrumente eingepackt
hätten und der Platz vor dem Haus leergefegt wäre.

Nach mehreren Tagen hektischen Treibens schien sich alles
in die richtigen Bahnen zu fügen. Von den hilfsbereiten
Nachbarn holte man Tische und Stühle und erfand ein Sy-
stem, sie im Garten hinter dem Haus anzuordnen: Einige
wurden an die Mauer gestellt, andere aneinandergereiht, so
daß sie zwei Diagonalen bildeten, die an weit geöffnete Arme
erinnerten; die Mitte des Gartens blieb leer. Der Vertreter
eines Unternehmens, das auf die Ausrichtung von Festen spe-

zialisiert war, legte Farbfotos von verschiedenen Tischarrangements vor; nach langen Verhandlungen, in deren Verlauf man beschloß, das Geschirr, die Fleischgerichte und die Salate bei ihm zu bestellen, die Zubereitung der Torten aber der Hausherrin, einer Meisterin dieses Fachs, zu überlassen, einigte man sich über den Preis. Auch die Arbeiten im Haus schritten zügig voran, und die düsteren Prophezeiungen, die Bellas Umgebung geäußert hatte, erfüllten sich nicht: die Handwerker arbeiteten zu einem Sondertarif; und obwohl Bella zuerst über die Wahl der Tapete unglücklich war – sie glaubte sich in der Eile für ein Modell, das nicht dem Stil der Stühle entsprach, entschieden zu haben –, entwickelte sich aus der kleinen Probe, die ihr im Geschäft gezeigt worden war, ein recht erfreulicher Anblick. Auch das Kleiderproblem wurde gelöst: Weil ihre Tochter sich weigerte, ihr zu helfen, indem sie herausfand, was die künftige Schwiegermutter am Abend des großen Ereignisses anzuziehen gedächte, war Bella gezwungen, einen Mittelweg einzuschlagen, und so entschied sie sich für ein Kleid, das gleichermaßen elegant und freundlich aussah: Es war aus dunkelblauer Seide und wirkte wegen der auffälligen weißen Nähte und des kleinen spitzen Kragens, der ebenfalls weiß war, wie ein Kostüm.

Danach erst hatte sie Zeit, an Mendel, ihren Vater, zu denken. Und durch einen seltsamen Zufall wurde während des Abschlußexamens in Jüdischer Geschichte auch Chajutas Aufmerksamkeit auf ihn gelenkt. Beide Frauen nahmen sich vor, nach dem Mittagessen über ihn zu sprechen.

»Wenn er mir die Verlobungsfeier kaputtmacht – das würde ich ihm nie verzeihen«, sagte Chajuta mit einem Radieschen im Mund.

»Du hast recht.«

»Das ist nicht irgendein Pessachabend oder Feiertagsessen«, sagte Chajuta, als spräche sie zu einem Widersacher, den sie überzeugen mußte. »Die ganze Familie weiß, wie er ist, man kennt seine Geschichte und entschuldigt ihn. Aber Rons Eltern kennen ihn nicht – auch Rons Schwester und gute Freunde von ihnen werden da sein. Ich will nicht, daß sie nach Hause gehen und sich fragen, welch merkwürdige Leute es in meiner Familie gibt! Das eine sag ich dir gleich: Wenn er mir das antut, vor all den Gästen, dann wär das mein Ende!«

»Um Himmels willen!« sagte Bella bestürzt. »Aber was sollen wir tun?«

»Wir müssen irgendeinen Ausweg finden«, sagte Chajuta und stocherte auf der Suche nach einem Radieschen in den Mixed Pickles.

»Aber man muß ihn doch einladen«, sagte Bella verzweifelt. »Immerhin handelt es sich um ein besonderes Fest: Die älteste Enkeltochter feiert Verlobung. Das bedeutet ihm viel. Es ist ein Traum, von dem er immer gesprochen hat – plötzlich eine große Familie zu haben. Wir müssen ihn einladen, ich sehe keinen anderen Weg. Wir würden es uns nie verzeihen. Er ist schon zweiundachtzig, vergiß das nicht. Überleg dir, wie viele Feste er noch wird feiern können. Was sollen wir also tun? Ist es überhaupt möglich, deine Verlobung vor ihm geheimzuhalten?«

»Wir könnten ihn zum Beispiel auf einen Ausflug schicken«, sagte Chajuta entschlossen.

Bella sah ihre Tochter entsetzt an. Schau her, sie schickt ihn fort, als wäre er eine Tasse, die man wegwirft, weil sie keiner mehr will. Mit der Kaltblütigkeit, die für die junge Generation typisch ist. Sie hat schon vergessen, daß sie auf seinem Schoß groß wurde, daß er bereit war, sich um ihretwillen den letzten Bissen vom Munde abzusparen. All die Jahre, in denen Bella und ihr Mann in der Fabrik arbeiteten, hatte er seine Enkeltochter zu den Ballettstunden und Malkursen gebracht und, ob es regnete oder die Sonne schien, vor der Tür auf sie gewartet.

»Vielleicht können wir mit ihm reden, ihm erklären, daß er

sich dieses eine Mal zurückhalten muß«, versuchte Bella ihre Tochter zu überzeugen. »Immerhin ist er noch nicht verkalkt. Im Gegenteil, er ist hellwach.«

»Reden nützt nichts, das weißt du doch selbst«, widersprach Chajuta entschieden. »Hast du Lust, den ganzen Abend nervös zu sein? Zu warten, bis er wieder loslegt?«

»Ich werde ihn überzeugen, du wirst sehen. Ich werd's ihm genau erklären. Paß auf, ich habe eine Idee: Wir setzen Schifra neben ihn, sie wird auf ihn aufpassen und ihm dazwischenreden, sobald er den Mund nur aufmacht. Schifra wird ihn nicht zu Wort kommen lassen, das kannst du mir glauben. Das scheint mir die passende Lösung. Was sagst du dazu?«

»Ich geh mich erkundigen, welche Ausflüge im Chaim-Brenner-Haus auf dem Programm stehen. Sie organisieren Spazierfahrten für alte Leute. Das wird ihm besser bekommen – und uns auch.«

Monster, dachte Bella mit einem Schaudern, als das Telefon klingelte und ihre Tochter abnehmen ging. Monster ziehen wir auf. Wie Säuglinge sehen sie aus und später wie Kinder, aber hinter ihrer Unschuld verbirgt sich ein Herz aus Stahl! Ich habe schon Geschichten gehört von Kindern, die ihre Eltern auf die Straße setzten und nur auf ihren Tod warteten. Einfach so – ohne die geringsten Skrupel wird der Großvater von der Verlobungsfeier ausgeschlossen!

Während Chajuta draußen war, beruhigte sich Bella; sie mußte ihrer Tochter insgeheim zustimmen: Er würde auf dem Fest gewiß eine Katastrophe auslösen. Angesichts des Überflusses an Speisen würde er sich nicht länger beherrschen können; die Worte gerieten ihm in solchen Momenten außer Kontrolle, sie platzten einfach heraus. In den vergangenen Jahren hatte sein Zustand sich sehr verschlechtert. Ferne Erinnerungen schienen die vom Vortag zu überdecken, so wie es bei alten Leuten öfter geschieht. Bis vor sechs Jahren war es ihm gut gegangen. Er hatte nie erwähnt, was ihm während des Krieges widerfahren war. Als er bei seiner Rückkehr aus dem Konzentrationslager bei der polnischen Bäuerin, der er vier Jahre zuvor seine beiden Kinder anvertraut hatte, erschienen war, hatte Bella, die Jüngere, nur noch eine vage Erinnerung an ihn. Sein Gesicht war ausgemergelt, er hatte vorstehende Wangenknochen und eine auffallend große Nase, sein Kopf war geschoren. Die Bäuerin bekreuzigte sich, als sie ihn sah, und sagte: »Herr Goldberg, ich habe die ganze Nacht geträumt, Sie würden zurückkommen. Ihre Kinder sind kein einziges Mal krank gewesen! So habe ich mich um sie gekümmert – als wären es meine eigenen!« Er beugte sich zu seinen Kindern, hob sie auf seine dürren Arme und sagte – der scharfe Geruch seines Körpers schlug ihnen entgegen: »Wir wollen alles vergessen, alles. Wir werden Mama suchen und nach Amerika fahren.«

Aber sie fanden die Mutter nicht wieder, und auch nach Amerika kamen sie nicht. Jahre später heiratete er eine in Palästina geborene Jüdin, die sie aufzog, als wären sie ihre eigenen Kinder; nur wenn sie krank waren, wurde sie ungeduldig und trieb sie an, rasch wieder gesund zu werden. Bis vor sechs Jahren hatte er den Krieg nie erwähnt. Einmal hatte sie in seinem Zimmer einen Gedenkband der Gemeinde einer polnischen Kleinstadt gefunden, zwischen den Seiten lagen Zeitungsausschnitte, die Gedächtnisfeiern ankündigten. Doch fragten sie und ihr Bruder ihn nie, was in all den Jahren, in denen sie auf dem polnischen Bauernhof durch Schweinemist wateten, mit ihm geschehen war. Als hätten sie sich geschworen, das Vergangene in die Vergessenheit abzudrängen. Als ihm, viele Jahre nachdem seine Enkel geboren waren, die Frau starb, wollte er weder allein noch bei den Kindern wohnen. Er machte sich auf und fand ein Zimmer in einem Altenheim. Den Schabbat und die Feiertage verbrachte er mit seiner Familie, aber er lehnte es ab, sich von ihnen fahren zu lassen, und nahm stets den Autobus. Über die wirtschaftliche Lage,

Rußland und Amerika, über die Nachrichten, die er in der Zeitung las, redete er lebhaft und voller Humor. Den Krieg aber erwähnte er mit keinem Wort – als habe ein Teil von ihm jene Jahre schlafend verbracht.

Vor sechs Jahren, rechnete Bella aus, hatte ein Wandel stattgefunden. Mit Fleisch und Fisch, Schüsseln voll Leberpüree, glasierten Möhren und Pflaumenpudding beladene Festtagstische öffneten von da an wie ein Geheimkode eine verborgene Tür zu den Erinnerungen an jenen Krieg, und alles, was während Jahrzehnten vergessen war, brach gewaltsam aus ihm hervor. Am Neujahrsabend hatte es angefangen. An der reich gedeckten Tafel wurden die Gläser gehoben, und Mordechai, Bellas Bruder, sagte: »Nun, Papa, sprich einen Segen, damit es ein gutes Jahr wird.«

Der alte Mann wurde ein wenig blaß im Gesicht, er fühlte bereits, was in ihm vorging. Von erwartungsvollen Augen fixiert, hob er sein Glas und sagte auf jiddisch: »Mögen wir ein glückliches Jahr haben. Voll Frieden und im Kreise unserer Familie. Und mit vielen guten Mahlzeiten. Ich möchte euch etwas erzählen, und da trifft es sich gut, daß wir alle beisammen sind und auch die Kinder zuhören: Im Krieg habe ich vier Jahre kein Fleisch gegessen. Wir waren Skelette. Man konnte die Knochen an unseren Körpern zählen. Irgendwann kamen Gerüchte auf, die Amerikaner befänden sich auf dem Vormarsch. Da wurden die Deutschen nervös und gaben uns noch weniger zu essen. Als Moische Bermanski und ich sahen, wie ein Deutscher davonlief, schnappten wir uns die Wurst, die an seinem Gürtel hing. Ich roch an der Wurst und mußte mich übergeben, aber Moische fraß wie ein Schwein. Er verschlang die Wurst, und eine halbe Stunde später quollen ihm die Augen aus den Augenhöhlen, und er fiel tot um, noch ehe die amerikanischen Soldaten da waren.«

Alle am Tisch schauten konsterniert auf den alten Mann. Voller Entsetzen warfen Bella und ihr Bruder einander Blicke zu. Jechiel, der mit seiner Frau und seinen beiden Kindern aus Natanja angereist war, konnte vor Unbehagen nicht länger stillsitzen. Schifra blickte schaudernd umher, als schwebe ein böses Omen über der Festtagsgesellschaft. Der alte Mann aber bemerkte die plötzlich eingetretene Stille nicht; er hob sein Glas und fuhr fort: »Mögen wir also ein glückliches Jahr haben. Und mögen die Kinder gedeihen – das ist die Hauptsache. Zum Wohl!«

Die anderen erwiderten leise: »Zum Wohl«, und führten die Gläser an ihre Lippen. Eine Weile noch dauerte die dem Entsetzen folgende Verlegenheit an, doch je weiter der Abend voranschritt und je näher das Pflaumendessert rückte, desto entspannter war die Atmosphäre. Als der Gastgeber von dem frisch verheirateten Ehemann erzählte, der in der Hochzeitsnacht zu den Nachbarn ging, um eine Zeitung zu holen, und erst gegen Morgen zurückkam, lachten alle Anwesenden laut auf. Und als der Nachtisch serviert wurde, war der peinliche Augenblick, den Großpapa Mendel verursacht hatte, bereits vergessen. Jechiel und seine Frau stimmten ein polnisches Lied an von einem Mädchen mit einem langen Zopf, das zum Fluß hinabsteigt und sein Haar wäscht, und von einem Jungen, der es durch die Zweige eines Preiselbeerstrauchs beobachtet und nicht den Mut hat, um seine Liebe zu werben.

Vielleicht lag es am Pudding oder am Preiselbeerstrauch aus dem Lied, vielleicht auch an etwas ganz anderem, daß Großpapa Mendel abermals aufstand, seinen rechten Arm hob, wie er es zuvor, mit dem Weinglas in der Hand, getan hatte, und sagte: »Im Lager starben in jeder Baracke zwei, drei Leute am Tag. Wir schleppten die Körper der Toten in eine Ecke. Wer nachts gestorben war, war schon kalt, wer morgens starb, war noch warm. Aber wer seit dem Abend des Vortages tot war, fing morgens bereits zu stinken an –«

Schifra sprang auf und stand ihm einen Augenblick herausfordernd gegenüber; sodann verließ sie demonstrativ den

Tisch und zog sich ins Nebenzimmer zurück. Die Augen des alten Mannes blickten ihr hinterher, und sein Mund begann von neuem zu sprechen: »Einmal fand ich eine Kartoffel in der Tasche eines Toten. Wir durchsuchten nämlich ihre Taschen oder zogen ihnen die Pullover oder Strümpfe aus. Wozu brauchten sie noch Strümpfe? Woher er die Kartoffel hatte, weiß ich bis heute nicht. Er arbeitete nicht in der Küche. Ich versuchte es herauszubekommen, aber niemand konnte es mir sagen. So aß ich die Kartoffel und wußte nicht, wo er sie herhatte.«

Mordechai versuchte ihn zum Schweigen zu bringen. Seine anfängliche Verwunderung war vorüber, und er fand ohne Schwierigkeiten die richtigen Worte: »Papa, heute ist ein Festtag. Wir wollen uns freuen und essen und uns nicht an solche Dinge erinnern. An Feiertagen soll man an schöne Dinge denken.«

»Aber woher hatte er die Kartoffel, frage ich dich. Hast du irgend etwas darüber gelesen? Vielleicht hast du eine Idee.«

»Nein, keine Ahnung. Schau, Bella bringt die Torte herein. Und was für eine Torte! Das ist ein gutes Zeichen: Das ganze Jahr wird es solche Genüsse geben.« Er beugte sich vor und sagte in fröhlichem Ton zu Chajuta, die damals die letzte Klasse des Gymnasiums besuchte: »Stimmt's? Das ist ein gutes Zeichen: das ganze Jahr solche Torten!«

Aber eine bedrohliche dunkle Wolke hing über ihnen, selbst die Kinder bemerkten sie.

Die folgenden Jahre ließen die Familie immer unempfindlicher werden. Sie hatten sich an Großpapa Mendels Benehmen gewöhnt: Am Schabbat, den Feiertagen und Geburtstagen erzählte er, wenn sie zu Tisch saßen, von Leuten, die in den Straßen des Ghettos tot zusammenbrachen, auf die man trat, deren Schuhe man stahl, die man an den Füßen beiseite zog und mit Zeitungspapier zudeckte; von Leichen mit geblähten Bäuchen und eingefallenen Augen; von einem Mann, der, als er genug gelitten hatte, in den elektrischen Zaun lief und sich innerhalb von Sekunden in einen Kohleklumpen verwandelte; von einem anderen, der bei seiner Ankunft im Lager seinen jüngeren Bruder am Eingangstor hängen sah; von einem Jungen, der zwischen den Leichen, die er in die Krematorien schleppte, seine Mutter entdeckte; und von einem Mann, der, während er die Kleider der Toten sortierte, das Kleid seiner Frau fand, auf dessen Vorderseite Perlen in Form von Blumen aufgestickt waren. Der mit einem roten Faden nachgenähte Saum ließ keinen Zweifel, es war das Kleid, das er seiner Frau zur Geburt ihres Sohnes gekauft hatte – als der Deutsche sah, daß er innehielt, verdächtigte er ihn, die Perlen stehlen zu wollen, und ließ die Peitsche auf seinen Rücken knallen.

Sie hinderten ihn nicht zu reden, doch ließen sie seine Worte nicht in ihre Ohren dringen. Wenn er aufstand und mit der Rechten sein Glas schwenkte, wußten alle: Der Augenblick war gekommen. Die Kinder gingen draußen spielen, die Gastgeberin erhob sich und räumte, um keine Zeit zu vergeuden, das Geschirr vom Tisch. Andere begannen sich leise zu unterhalten oder saßen gedankenversunken da und warteten ab wie bei einem Unwetter, das in wenigen Minuten weiterziehen würde, oder einem Flugzeug, das kreischend vorüberfliegt, um kurz darauf samt seinem Lärm zu verschwinden.

Neben den anderen Familienmitgliedern, die sich mit den Berichten von Hunger, Tod und Fäulnis als festem Bestandteil der Feiertagsmahle abgefunden hatten, erschien seine Schwiegertochter Schifra wie eine Rebellin. »Er verdirbt mir das ganze Fest«, nörgelte sie, wohl wissend, daß er sie hören konnte. »Wir haben genug gelitten und genug darüber gehört. Gottseidank gibt es für den Holocaust einen Gedenktag, Gedächtnisfeiern und vieles mehr. Nichts wird vergessen. Da muß ich nicht noch bei jedem Essen daran erinnert werden! Ich begreife nicht, wie ihr genüßlich weiteressen könnt, während er von Eiterbeulen, Blut und Erbrochenem spricht – aber das ist eure Sache. Für mich ist die Feier beendet, sobald er den Mund aufmacht!« rief sie und schlug mit der Faust auf den Tisch.

Von allen Familienmitgliedern schenkte ihm Bella am meisten Aufmerksamkeit. Wenn sie das Festessen vorbereitete, hörte sie ihm von der Küche aus zu; waren sie bei den anderen zu Gast, lauschte sie seinen Erzählungen bei Tisch. Mit einemmal hatte sich eine Luke vor ihr geöffnet und einen Spalt breit den Blick freigegeben auf die Lösung des Rätsels, das sie seit vielen Jahren beschäftigte: Hatte er vergessen, was ihm in den vier Jahren, die sie und ihr Bruder im Schweinestall der polnischen Bäuerin verbracht hatten, widerfahren war? Sie kehrte für Augenblicke auf die Pfade des Dorfes zurück und atmete den Stallgeruch, als wäre er wirklich und keine Erinnerung aus ferner Zeit. In ihrer Hand fühlte sie die feuchten Rüssel der Ferkel und ihre vom Lehm verkrustete Haut. Dachte ihr Vater nie mehr an den Hunger, den Tod und die Furcht? Wie war es möglich, daß er die Erinnerungen in sich verborgen gehalten und während vierzig Jahren niemals erwähnt hatte? Und weshalb erwachten sie gerade jetzt, angesichts des Überflusses, der Lieder und der friedlichen Stimmung, die an den Festtagen in den hell erleuchteten Zimmern herrschte? Nur in Momenten, in denen der Mensch völlig nackt ist, wird sein Geheimnis sichtbar, überlegte Bella; Vater wird es mit ins Grab nehmen.

Aber diesmal, das gestand sie sich ein, war die Situation ernst. Man konnte ihn von der Verlobung seiner Enkelin, die er so liebte und die nach seiner Frau Chaja genannt worden war, nicht einfach ausschließen! Sollten andererseits aber das Fest und womöglich Chajutas Zukunft aufs Spiel gesetzt und sollte der Familie in Anwesenheit des Bräutigams und seiner Angehörigen eine unvergeßliche Schande bereitet werden?

Am Abend hatte sie eine Idee. Sie wollte sie ihrer Tochter mitteilen, doch Chajuta kam ihr zuvor.

»Ich habe mit Ron gesprochen«, sagte Chajuta zielstrebig. »Er meint, wir müßten ihn einladen.«

»Hast du ihm das Problem erklärt?«

»Ja. Er sagt, es wäre unfair, ihn nicht einzuladen.«

»Und was passiert, wenn –«

»Ich habe mit ihm gesprochen.«

»Mit Ron?«

»Nein, mit Großpapa.«

»Du hast mit Großpapa gesprochen? Wann?«

»Heute nachmittag.«

»Und ?«

»Ich habe ihm erklärt, wieviel mir daran liegt, daß alles glatt über die Bühne geht.«

»Ja, und?«

»Er hat versprochen, außer ›zum Wohl‹ und ›alles Gute‹ kein Wort zu sagen.«

Bella atmete erleichtert auf und lehnte sich in ihrem Stuhl zurück. »Ich glaube wirklich, daß das die beste Lösung ist. Wir würden uns schrecklich fühlen, wenn wir ihn an einem solchen Tag wegschicken würden. Und das hat er tatsächlich gesagt – nur ›zum Wohl‹ und ›alles Gute‹? Eins kann man wirklich nicht behaupten: er habe keinen Humor. Den hat er, hat er schon immer gehabt.«

»Und von seiner Enkeltochter soll keiner sagen, sie sei feige! Ich lasse ihn nicht aus den Augen und bewege mich den ganzen Abend keinen Schritt von ihm fort, das ist sicher.«

»Es wird gutgehen. Das sagt mir mein Herz«, sagte Bella lächelnd, die Faust an ihre Brust gedrückt.

Am Abend des Festes lag eine ungewöhnliche Milde in der Luft. Zwar war der Sommer vorüber, aber der Herbst hatte noch nicht begonnen – es waren unglaublich schöne, klare Stunden des Übergangs. Bella, die die Bedeutung des Ereignisses allmählich begriff, wandelte wie eine Mondsüchtige

zwischen den elegant gekleideten Gästen, die mit Weinglä-
sern in den Händen im sanften Schein der von Lampions
über die Rasenfläche verstreuten Lichtkegel umhergingen.
Die grellen Blitze des Fotoapparats ließen die Szene noch be-
deutsamer erscheinen. Mit verstohlenen Blicken inspizierte
sie Chajutas Schwiegermutter und genoß die Erkenntnis, daß
sie zwar groß, aber unerhört mager war und daß ihr Kleid,
das, um ihre flache Knabenbrust zu kaschieren, vorne gerafft
war, seinen Zweck nicht erfüllte. Und auch alles andere ent-
puppte sich als leere Drohung: Der Roséton des Stoffes war
viel zu blaß, und der komplizierte Knoten des Gürtels zwang
sie, ihn immer wieder zu lösen und neu zu binden.

Obwohl sie durch den Garten ging wie in einem Traum,
spürte sie, daß das Glück, das sie empfand, Wirklichkeit war.
Alles schien so vollkommen: Der Tisch war meisterhaft ge-
deckt, und die Schüsseln wurden wie von unsichtbarer Hand
nachgefüllt, so daß die Tafel stets aussah, als sei eben erst an-
gerichtet worden; das Spiel des kleinen Orchesters war angenehm, gerade laut genug, um gehört zu werden, ohne das Gespräch zu ersticken. Chajuta beobachtete den ganzen Abend
wie ein erfahrener Jäger ihren Großvater; selbst wenn sie sich
abwandte, um die Glückwünsche der Gäste entgegenzuneh-
men, entging ihr keine seiner Bewegungen. Feierlich und mit
strahlendem Gesicht dankte er jedem, der ihn beglück-
wünschte, und strich den Kindern über den Kopf. Wenn es
ihr schien, als führe er ein längeres Gespräch, näherte sie sich
ihm wie zufällig und ging lauschend hinter ihm vorbei. Einmal glaubte sie Anzeichen einer Gefahr zu erkennen, und sie
wurde nervös. Er stand vor der Tafel und beobachtete, wie die
Gäste ihre Teller beluden. Sie erinnerte sich an den Ausdruck
der Augen, an das Heben der Hand, das den Worten vorsaus-
ging. Als er den Mund zum Sprechen öffnete, traf ihn ihr
strenger Blick. So als fühle er sich ertappt, lächelte er ihr
schalkhaft zu und rief: »Zum Wohl, Chajale! Zum Wohl!« –

»Und alles Gute!« schickte er hinterher, als sei es ihm eben erst wieder eingefallen; dabei lachte er wie ein Kind, das die Erwachsenen an der Nase herumführt.

Chajuta ließ sich von seinem Lachen mitreißen; es löste die Spannung, die sie seit der Ankunft des ersten Gastes verspürte. Als halte sie ein Glas in der Hand, prostete sie ihm zu und rief: »Zum Wohl, Großpapa, und alles Gute!«

Der Fotograf, der in der Nähe des Eingangs stand, fing diesen Augenblick, in dem sie sich über die Tafel hinweg zuprosteten, mit seiner Kamera ein; er ließ den Blitz aufflackern und lächelte zufrieden, während er sich das fertige Foto vorstellte.

Fortan fühlte Chajuta sich leicht und unbeschwert unter den Gästen und richtete ihren Blick nur noch beiläufig auf ihren Großvater. Der Fotograf nahm sie und Ron einen Augenblick zur Seite, um sie auf das schräg abfallende, efeuumrankte Garagendach zu führen, wo er sie – zuerst sich gegenüberstehend, dann Arm in Arm – fotografierte, bis Chajuta wütend rief: »Schluß mit dem Kitsch! Das ist so banal!«, zum Protest mit der Hand vor der Kamera wedelte und schließlich den Arm ihres Verlobten griff und ihn fortzerrte.

Vom Dach aus fiel ihr Blick unvermittelt auf ihren Großvater, der dastand und beobachtete, wie die Gäste sich um den Tisch drängten; offenbar waren die Fleischplatten abgeräumt und die Torten aufgetragen worden. Während die Gäste ein Stück nach dem anderen auf ihre Teller legten, erkannte sie aus der Ferne die Aufregung, die sich unter dem Eindruck des Lärms und des scheinbar unerschöpflichen Überflusses auf seinem Gesicht abzeichnete. Ein Leuchten, das ihr vertraut war, lag in seinen Augen, und seine Hand hob sich, obwohl sie kein Glas hielt. Die andere Hand schlug auf den Tisch und lenkte die Aufmerksamkeit der Gäste auf ihn. Aus allen Ecken des Gartens schauten sie zu ihm hin, manche kamen näher und warteten respektvoll auf das, was er sagen würde.

Nachdem er wie ein geübter Redner einen Augenblick hatte verstreichen lassen, bis der Gesprächslärm verebbt war, hob er zum Sprechen an. Vollkommene Stille herrschte im Garten, so als harre man einer bedeutsamen Botschaft.

»Großpapa, nein!« schrie Chajuta aus der dämmrigen Ecke, in der sie stand. Er hob den Blick und bemühte sich, sie über die Köpfe der Gäste hinweg im schwarzen Efeu zu erkennen.

Auf einmal beugte er sich vornüber und verschwand aus ihrem Blickfeld; sie sah nur den plötzlichen Aufruhr und wie die Köpfe zusammenrückten und an die Stelle drängten, an der er gestanden hatte. Sie befreite sich aus Rons Umarmung, stürzte zum Ort des Geschehens und bahnte sich einen Weg durch die Menge, die eine Barriere um ihren Großvater bildete. Doch als sie ihr Ziel erreichte, war der Tisch bereits umgestürzt, und ihr Großvater rollte mit den zerkrümelnden Erdbeer-, Käse- und Schokoladenkuchen und der turmähnlichen Verlobungstorte über den Rasen, sein Gesicht und sein Anzug waren mit Sahne beschmiert wie in einer alten Komödie, in der die Schauspieler einander mit Torten bewerfen.

Durch die Schlafzimmertür hörten alle, die sich nach dem Befinden des alten Mannes erkundigten, Mordechais Stimme, die sie fortschickte und aufforderte, an den Tisch, den man hastig wieder aufgerichtet hatte, und zur Musik, die wieder spielte, zurückzukehren: »Er hat sich sehr aufgeregt. Jetzt ruht er sich aus … Nein, bitte nicht stören. Ich werde es ihm ausrichten. Er braucht Ruhe. Bald wird er sich besser fühlen … Bitte geht wieder tanzen. «

Seine Stimme, der Klang der Musik und das Rumoren der Gäste schienen aus weiter Ferne zu kommen.

Große Stille herrschte im Zimmer. Chajuta, die den Blumenkranz noch in ihrem gelockten Haar trug und deren Gesicht sehr blaß war, zog ineinandergefaltete Papiertaschentücher aus einem Pappkarton und reichte sie ihrer Mutter. Bella trocknete sich das feuchte Gesicht und entfernte die Marmelade und die Schokoladenkrümel, die vorne an ihrem Kleid und ihrem weißen Kragen festgeklebt waren, als sie ihrem Vater, während er ins Zimmer getragen wurde, den Kopf hielt. Danach nahm sie ein neues Taschentuch und wischte ihm mit großer Behutsamkeit, als könnte sie ihm wehtun, über das gequälte Gesicht, das sich noch nicht entspannt hatte, über den schönen Schnauzbart, die Augen, die er geschlossen hielt, und die Lippen, die, unter einer süßen Cremeschicht fest zusammengepreßt, mit aller Macht die Worte zurückhielten, die keine Erlösung und keine Versöhnung mehr brächten, nicht einmal für kurze Momente Erleichterung.

AHARON APPELFELD

Als sie erwachte, war es bereits Tag

Als sie erwachte, war es bereits Tag. Duftender Dunst stieg
von den Feldern empor. Und während sie noch dasaß, er-
blickte sie einen Mann, der aus dem Erdboden aufzutauchen
schien. Einen Moment lang maßen sie einander mit Blicken.
Sogleich hatte sie erkannt: Das ist kein Bauer. Seine städti-
schen Kleider sind ausgeblichen, und sein Gesicht wirkt erschöpft.

»Wer bist du?« fragte er unvermittelt im Tonfall der Gegend.
Seine Stimme war schwach, aber deutlich vernehmbar.

»Ich?« fragte sie erschreckt.

»Woher kommst du?«

»Aus dem Dorf.«

Die Antwort machte ihn verlegen. Er wandte den Kopf, um
sich zu vergewissern, daß sonst niemand da war. Sie waren
allein. Der Schimmelgeruch modriger Kleider drang in Tzilis
Nase.

»Was tust du hier?«

Sie richtete sich ein wenig auf, indem sie sich mit den Händen abstützte. »Nichts.«

Der Mann machte eine Handbewegung, als wolle er ihr den
Rücken kehren.

»Und wann willst du ins Dorf zurück?«

»Ich?«

Danach schien die Unterhaltung beendet. Doch die Gedanken des Mannes ruhten nicht. Er tastete seinen Mantel ab. Er
wirkte wie ein Vierzigjähriger, seine Hände waren weißlich
grau wie die eines Menschen, der seit langem kein schützen-
des Dach gefunden hatte. Tzili stand auf. Der Anblick des

Fremden ängstigte sie nicht, er erweckte lediglich Abscheu in ihr, wegen seiner Weichlichkeit.

»Hast du vielleicht etwas Brot?« fragte der Mann.

»Nein.«

»Auch keine Wurst?«

»Nein.«

»Schade, ich hätte dir Geld dafür gegeben«, sagte er und wollte weggehen, doch plötzlich besann er sich und fragte mit klarer Stimme: »Leben deine Eltern noch?«

Offenbar überraschte sie diese Frage. Sie wich ein wenig zurück und entgegnete leise: »Nein.«

Die Antwort rüttelte den Fremden aus seiner Gleichgültigkeit auf, und während er gleichsam erwachte, sagte er: »Was erzählst du da?« Auf seinem bläßlich grauen Gesicht zeigte sich die Spur eines Lächelns: »Dann bist du eine von uns.«

In seinem Ausdruck lag etwas Abstoßendes, Ekelerregendes. Ihr Leib zuckte zusammen und schreckte zurück. »Sag schon«, drängte er sie, ohne sich von der Stelle zu rühren, »gehörst du zu uns?« Einen Augenblick lang wollte sie nein sagen und fortlaufen, aber ihre Füße gehorchten ihr nicht. »Du bist also eine von uns«, sagte er und näherte sich ihr um einige Schritte. »Fürchte dich nicht! Ich heiße Mark. Und du?« Er nahm seinen Hut ab, als solle diese Geste nicht nur Vertrauen schaffen, sondern auch Ergebenheit andeuten. Sein kahler Schädel unterschied sich nicht von seinem Gesicht, auch er war bläßlich grau.

»Wie lange bist du schon hier?«

Tzilis Mund blieb verschlossen.

»Ich habe alle verloren, heute nacht wollte ich sterben.« Selbst dieser Satz, den er voller Aufregung gesprochen hatte, rührte Tzili nicht. Wie gelähmt stand sie da. »Und woher kommst du? Bist du schon lange unterwegs?« fragte der Mann ungeduldig, immer noch in der Sprache, ja sogar in dem

Tonfall, in dem bei Tzili zu Hause gesprochen worden war, einer Mischung aus Jiddisch und Deutsch.

»Ich heiße Tzili«, antwortete sie.

Der Mann war erstaunt, er fiel auf die Knie und sagte: »Ich freue mich, freue mich sehr. Komm mit, ich habe noch ein wenig Brot.« Es wurde Abend. Über den Bergrücken, auf denen Obstbäume standen, funkelte noch das Licht. Im Wald nistete bereits die Dunkelheit.

Der Mann raffte sich auf: »Ich bin vor einem Monat hierhergekommen. Seitdem habe ich keine Menschenseele mehr gesehen. Kennst du hier jemanden?« Er sprach schnell, verschluckte Wörter, erzählte alles, was er in den langen, kalten Tagen in sich angesammelt hatte. Vieles verstand sie nicht. Nur eines wurde ihr klar: Juden gab es in der ganzen Gegend keine mehr.

»Und deine Eltern?« fragte er.

Zitternd entgegnete sie: »Ich weiß nicht, ich weiß nicht. Warum fragst du?«

Der Fremde schwieg.

Es stellte sich heraus, daß er in seinem Versteck noch einen Rest Brot und etwas Branntwein hatte. »Nimm!« sagte er und streckte ihr ein Stück von dem Brot entgegen.

Tzili nahm es und biß sogleich hinein.

Der Fremde beobachtete sie lange, ein schiefes Lächeln zog sich über sein Gesicht. Er saß mit verschränkten Beinen da. Später meinte er: »Ich war nicht gleich sicher, ob du eine Jüdin bist. Wie ist es dir gelungen, dich so zu verwandeln?«

»Ich habe nichts dazugetan.«

»Tatsächlich nicht?«

»Ich«, fuhr er fort, »werde wohl nie anders aussehen. Ich bin zu alt, um mich noch zu ändern: Um die Wahrheit zu sagen, ich weiß auch nicht, ob ich es möchte.«

Nach einer Weile fragte er: »Warum schweigst du?« Seine Frage ließ sie zittern. Die altbekannten heimischen Wörter, sie fand sie nicht mehr. Sie war niemals beredt gewesen, und die Zeit bei den Bauern hatte die Wurzeln der Wörter ganz aus ihr herausgeschnitten. Der Fremde ängstigte sie nicht, doch wühlte er ihr Innerstes auf, indem er ihre Sinne zum Duft des Elternhauses zurückführte.

Als es dunkelte, entzündete er ein Feuer. Er erklärte: »Die Gegend ist ringsum von Sümpfen umgeben. Jetzt, da der Schnee schmilzt, wird sie sicherer. Gut, daß der Winter vorbei ist.« Seine Stimme klang sachlich. Als ob das Leid aus seinem Gesicht gelöscht sei und für die Sorgen des Augenblicks Raum geschaffen habe. Weder Verwunderung noch Ärger lag in seiner Stimme.

Die Wärme des Feuers und die vergessenen Wörter strömten ungehindert in sie ein, dann schlief sie.

Die Spur

Ja, richtig, sie erkennt es. Warum sollte sie es auch nicht erkennen? Das ist ihr letztes Ghetto.

Das Foto, Kopie einer ungeschickten Amateuraufnahme, ist undeutlich und verwackelt. Viel Weiß – es lag Schnee. Das Foto wurde im Februar gemacht. Hoher, lockerer Schnee. Im Vordergrund Spuren menschlicher Schritte, an den Rändern zwei Reihen von Holzbuden. Das ist alles. Ja. Hier haben sie gewohnt. Sie erkennt die Buden. Warum auch nicht? Das waren früher Marktstände, die man zu Wohnungen umgewandelt hatte, nun ja, vielleicht hat sie sich falsch ausgedrückt, man hatte sie einfach mit Brettern geschlossen. Es waren mehr als ein Dutzend Buden; sie standen zu beiden Seiten der schmalen, auf den Marktplatz führenden Straße. In jeder Bude wohnten drei, vier Familien. Die undichten Bretter schützten nicht vor Regen und Schnee.

»Das ist also das Ghetto«, sagt sie noch einmal und beugt sich über das Foto. In ihrer Stimme schwingt Staunen. »Nun ja«, wundert sie sich. »Wie sie das damals ausgehalten haben? Das ist so ... so ... schwer zu sagen.« Aber damals hat sich niemand gewundert.

»Sie haben uns so viel angetan, daß niemand sich über irgend etwas wunderte«, sagt sie laut, als verstände sie das erst jetzt.

Der das fotografiert hat, muß neben dem Haus gestanden haben, wo der Judenrat amtierte. Das war keine Bude, sondern ein einstöckiges Haus. Drei Fenster auf der Vorderseite, unter dem Dach ein Boden.

Ihre Hand schiebt das Foto weg. »Ich möchte mich lieber nicht daran erinnern.«

»Also war das Ghetto im letzten Stadium auf diese eine Gasse beschränkt?«

»Es war die sogenannte Fleischgasse. In diesen Buden waren früher Fleischbänke, deshalb hieß das letzte Ghetto ›das Ghetto auf den Fleischbänken‹. Wieviel Leute dort lebten? Nicht viele. Achtzig vielleicht. Oder noch weniger.«

Wieder greift ihre Hand nach dem Foto und hebt es vor die kurzsichtigen Augen, sie schaut lange hin und sagt: »Man sieht noch die Spuren ihrer Schritte.« Und nach einer Weile: »Sehr seltsam. Hier sind sie langgegangen. Vom Judenrat durch die Fleischgasse.«

Noch einmal betrachtet sie die Spuren, den Schnee und die Buden.

»Wer das wohl fotografiert hat? Und wann? Vermutlich gleich danach. Die Spuren sind deutlich sichtbar, aber schon mittags als sie erschossen wurden, schneite es heftig. Die Menschen gibt es nicht mehr – ihre Schritte sind geblieben. Sehr seltsam.

Sie wurden nicht gleich aufs Feld geführt, sondern erst zur Gestapo. Warum, weiß ich nicht, der Befehl muß wohl so gelautet haben. Sie standen dort auf dem Hof, bis die Kinder gebracht wurden ...«

Sie unterbricht sich. »Ich möchte mich lieber nicht daran erinnern.«

Plötzlich aber ändert sie ihre Meinung und bittet, daß alles, was sie sagt, aufgeschrieben und für immer festgehalten wird, denn sie möchte, daß eine Spur bleibt.

»Was für Kinder? Was für eine Spur?«

»Eine Spur dieser Kinder. Nur sie kann diese Spur hinterlassen, denn nur sie ist am Leben geblieben. Also wird sie von den Kindern erzählen, die sie auf dem Dachboden im *Judenrat* versteckt hatten, was streng verboten war, worauf der Tod stand, denn damals hatte kein Kind mehr das Recht zu leben. Es waren acht, das älteste vielleicht sieben Jahre alt, aber genau weiß das keiner, denn als sie gebracht wurden, sahen sie ganz und gar nicht aus wie Kinder, sondern ...«

Die ersten Tränen, die sofort unterdrückt werden.

»Sie hörten es rattern, ein Pferdewagen fuhr in den Hof, auf dem Wagen die Kinder. Sie saßen im Stroh, eines neben dem anderen. Wie kleine graue Mäuse sahen sie aus. Ein SS-Mann hatte sie gebracht; er sprang jetzt vom Wagen und sagte sehr sanft zu den Kindern: ›So, liebe Kinder, jetzt geht jedes von euch zu seinen Eltern.‹

Aber keines von den Kindern rührte sich. Sie blieben reglos sitzen und schauten vor sich hin. Da nahm der SS-Mann das erstbeste und sagte: ›Zeig mal, wo steht deine Mutter oder dein Vater.‹ Aber das Kind schwieg. Da nahm er der Reihe nach die anderen Kinder und schrie, sie sollten ihm ihre Eltern zeigen, doch sie schwiegen alle.

Darum möchte ich, daß eine Spur von ihnen bleibt.«

Mit ruhiger Stimme bittet sie um eine kurze Pause. Das Glas Wasser, das man ihr reicht, schiebt sie nachsichtig lächelnd fort. Nach der Pause wird sie erzählen, wie sie alle erschossen wurden.

Kätzchens Vater

Allmählich wurde es dunkel. Kätzchen sah Ernsts Schatten auf der Straße und sagte: »*Schatten.*« Ernst streckte die Hände aus, die Finger wie Vogelkrallen gekrümmt, und sagte: »*Ratten.*« Kätzchen betrachtete Ernsts Hände und sagte: »Jesus Christus.« Ernst lachte und sagte: »*Ich.*« Da lachte auch Kätzchen und sagte: »*Ich auch.*« Aus den Haustüren drangen Essensgerüche. Auf einmal wollte Kätzchen wissen, ob sein Vater sich daran erinnerte, daß er in Hausschuhen im Sessel gesessen und Kätzchen das Silbergeschirr um ihn herum aufgestellt hatte. »*Ja*«, sagte Ernst, und Kätzchen wunderte sich nicht, als sein Vater ihm antwortete, ehe er ihm eine Frage gestellt hatte. Kurz darauf aber sah Ernst etwas, das ihn erschreckte, und sagte: »Nein.« Da verstand Kätzchen, daß sein Vater sich an die Szene erinnerte, doch nicht die Kraft hatte, sie zu betrachten.

Da Kätzchen über Erinnerungen nachdachte, fiel ihm das Fotoalbum von *Frau Kurz* ein. *Frau Kurz'* und Tante Oppenheims Lebensweg hatten sich in Wien, wegen Joachim, für wenige Monate miteinander verschlungen. Und nachdem sie sich später, in Palästina, zufällig wiederbegegnet waren, hatten sie begonnen, einander regelmäßig zu besuchen. Jedesmal wenn Kätzchen mit Tante Oppenheim zu *Frau Kurz* kam, sagte *Frau Kurz*: »Schau an, schau an, heute kommt ein besonderer Gast«, und Kätzchen wußte, daß *Frau Kurz* fortfahren würde: »Und ausgerechnet heute gibt es köstliche Kekse.« Und wenn sie gesagt hatte: »Und ausgerechnet heute gibt es köstliche Kekse«, nahm sie eine Blechdose, auf deren Oberfläche braune Kühe auf einer Blumenwiese weideten, und holte zwei mit Zucker bestreute Kekse heraus. *Frau Kurz* legte die Kekse auf einen Teller und stellte den Teller vor Kätzchen hin. Kätzchen glaubte, er bekomme zwei Kekse, weil *Frau Kurz* zweimal »schau an« gesagt hatte. Insgeheim hoffte er, sie bräche einmal mit ihrer Gewohnheit, würde »schau an, schau an, schau an« sagen und ihm drei Kekse hinlegen. Tante Oppenheim und *Frau Kurz* tranken Kaffee mit Schlagsahne aus Porzellantassen, Kätzchen trank Schokolade. Danach nahm *Frau Kurz* das Fotoalbum und schlug es an der Stelle auf, wo Joachim lag. Zunächst betrachteten sie Joachim, als noch beide Beine an seinem Körper waren. Dann betrachteten sie Joachim, als er nur noch ein Bein hatte und ein Holzbein an seinem Körper befestigt war, und sagten: »*Der arme Kerl.*« Und als Kätzchen einmal fragte, ob man das Holz für Joachims Bein von einem Baum abgeschnitten habe, sagte *Frau Kurz*, das sei nicht das Problem. Vielmehr habe Joachim sein Bein den Deutschen geopfert und dafür schöne Orden bekommen, die er an seiner Brust getragen habe. In Kätzchens Vorstellung entstand ein Bild: Joachim geht in einen Laden und betrachtet die Orden, die es dort gibt. Er zeigt auf zwei Orden und sagt: »Diesen und diesen.« Der Deutsche nimmt die Orden, auf die Joachim gezeigt hat, und legt sie vor Joachim hin. Joachim hebt das Bein und legt es auf die Verkaufstheke, neben die Orden. Der Deutsche nimmt eine Säge und sägt Joachims Bein ab. Joachim heftet den Orden an seine Brust und hüpft auf einem Bein aus dem Laden.

In *Frau Kurz'* Album lagen noch andere Leute, manche einzeln, manche in Gruppen, und am Ende des Albums, dort, wo »Palästina« stand, hatten die Leute ihre feinen Kleider ausgezogen und standen in kurzen Hosen da. Hinter ihnen erhoben sich Hügel, und über die Hügel waren Steine verstreut, zwischen denen Büsche und Disteln wuchsen. *Frau Kurz* setzte ihren Zeigefinger auf das Gesicht eines Mannes und sagte: »*Der ist schon tot.*« Als sie aber den Finger wegnahm, kam das Gesicht wieder zum Vorschein, und der tote Mann lächelte und stand da wie zuvor.

»Vor meinen Augen«, sagte Ernst plötzlich, »ist Glas, und die ganze Zeit hämmert ein Vogel dagegen.« Kätzchen schaute in das Gesicht seines Vaters und sah, daß dessen Augen nicht wahrnahmen, was vor ihm geschah. »Vor meinen Augen«, sagte Ernst von neuem, »ist Glas, und die ganze Zeit hämmert ein Vogel dagegen.« In Kätzchens Vorstellung entstand ein Bild: Der Vogel nähert sich einer Glasscheibe, und seine Augen werden immer größer. Dann hörte Kätzchen das Hämmern des Schnabels, der auf das Glas schlägt. Das Bild und der Klang entstanden auf deutsch, und Kätzchen wunderte sich, daß auch ein Bild, um zu entstehen, eine Sprache benötigt. Wenn Ernst Iwrit sprechen würde, überlegte Kätzchen, würde er das Glas nicht sehen, weil es durchsichtig wäre, und der Vogel würde woandershin fliegen. »Vater«, sagte Kätzchen, »*warum sprichst du kein Iwrit?*« – »Iwrit?« sagte Ernst, und selbst dieses Wort klang aus seinem Mund deutsch. »*Ja*«, sagte Kätzchen, »Iwrit.« Ernst schwieg eine Zeitlang, dann sagte er in einem seltsamen Singsang: »Be-reschit bara elohim et ha-schamaim we-et-ha-arez.« Auf einmal fürchtete Kätzchen, sein Vater könnte ihn allein lassen, und sagte: »Auch vor meinen Augen ist Glas, und ein Vogel hämmert dagegen.« – »Das ist dasselbe Glas«, sagte Ernst, und Kätzchen schloß aus den Worten, daß sein Vater doch nicht verrückt war. »Der Vogel auch?« fragte Kätzchen. »Der Vogel auch«, sagte Ernst. Eine ferne Erinnerung holte Kätzchen ein: Margarete liegt im Bett, das Gesicht der Wand zugekehrt. Kätzchen wird aus der Wiege genommen. Das Gesicht seines Vaters nähert sich ihm, und er sieht durch die Brillengläser, wie die Augen des Vaters größer und größer werden.

Dann ging Ernst in ein Gasthaus, und Kätzchen folgte ihm. Als sie eingetreten waren, sah Kätzchen, daß der Gastwirt einen riesigen Kopf hatte. Sein Körper trug den Kopf, als wolle er ihm behilflich sein, indem er ihn ein Stück des Weges mitnahm. Doch als sie an den Ort gelangten, wohin der Kopf wollte, weigerte der sich abzusteigen und schüttelte sich auf dem dünnen Hals hin und her. »*Ein Bett*«, sagte Ernst, und Kätzchen wußte, daß sein Vater sah, was auch er sah, und nicht für sich selbst ein Bett verlangte, sondern für den Gastwirt, damit er den Kopf hineinlegen könne. »*Far zwei?*« fragte der Gastwirt. Ernst blickte zum Kopf des Gastwirts und sagte: »*Farzweifelt.*« Der Gastwirt nahm ein Schlüsselbund und öffnete vor ihnen eine Tür. In dem Zimmer stand ein großes Holzbett, auf Füßen, die wie Löwenpranken geformt waren. Ernst betrachtete die Füße des Bettes und sagte: »*Löwe.*« Der Kopf des Gastwirts schüttelte sich heftig und sagte: »*Sehr angenehm. Friedmann.*« Danach verließ der Gastwirt den Raum. Ernst kniete nieder und berührte die Löwenpranken. »*Schau*«, sagte er, »*ein Löwe.*« – »*Vater*«, sagte Kätzchen, »*hast du Geld bei dir?*« Aber Ernst lächelte nur und sagte: »*Ein Löwenbett.*« Und mit einemmal verwandelte sich vor Kätzchens Augen die Gestalt seines Vaters in einen Löwen. Gleich, dachte Kätzchen, steigt der Löwe auf sein Bett und schläft einen tiefen Löwenschlaf. Und statt verwundert zu sein, weil sein Vater sich in einen Löwen verwandelt hatte, verwandelte Kätzchen sich in ein Löwenkind. So liefen die Löwen im Zimmer umher; sie hatten eine Mähne auf ihrem Nacken, und ihre Füße bewegten sich behutsam und lautlos. Immer wieder brüllte der große Löwe, und der kleine Löwe antwortete ihm. Nach einer Weile gingen die Löwen zu Bett und blickten mit ihren gelben Augen, in deren Mitte ein schwarzer Strich war, zur Zimmerdecke.

Am anderen Morgen blickte Ernst in den Spiegel und sagte: »*Gott, wie häßlich dieser Kopf ist.*« Ernst betrachtete sein Gesicht, als sehe er es zum erstenmal, und dachte mit Erleichterung, daß das Gesicht im Spiegel nicht sein Gesicht sei. Einmal hatte Kätzchen Onkel Arthur beobachtet, als der sein Gesicht im Spiegel betrachtete, und in Onkel Arthurs Augen gesehen, wie traurig er war, dieses Gesicht ein Leben lang mit sich herumtragen zu müssen. *Frau Kurz* hingegen schaute in den Spiegel, als könne sie sich gar nicht vorstellen, daß das Gesicht im Spiegel nicht ihr eigenes sei. Bei ihr daheim, auf dem Klavier, stand der Kopf von Beethoven, und auch Beethovens Gesicht betrachtete *Frau Kurz*, als besitze er einzig das Gesicht, das auf dem Klavier stand. Als Kätzchen eines Tages mit *Frau Kurz* auf den Markt ging, hatte er an ihrem Gang erkannt, daß sie glaubte, die Dinge, die am Wegesrand geschahen, geschähen zwangsläufig und die Dinge, die nicht geschahen, geschähen zwangsläufig nicht. Kätzchen ärgerte sich darüber und zog eine Grimasse, als sei er verrückt. Die Leute, denen sie begegneten, schauten Kätzchen verwundert an. *Frau Kurz* bemerkte ihre Verwunderung und blickte Kätzchen ebenfalls an. Doch Kätzchen beeilte sich, ein anderes Gesicht aufzusetzen, so als glaube auch er, alles sei selbstverständlich, und *Frau Kurz* verstand nicht, was nicht in Ordnung war, und war verwirrt. Auf dem Markt kaufte *Frau Kurz* ein Huhn. Als sie nach Hause kam, hackte sie ihm den Kopf ab. Danach riß sie die Innereien aus seinem Körper und beschnitt seine Flügel. Und als das Huhn keinen Kopf, keine Innereien und Flügel mehr hatte, schnitt sie ihm auch die Füße ab. Kätzchen war nicht traurig über das, was dem Huhn widerfuhr. *Frau Kurz* aber blickte zufrieden, so als denke sie, was sie tue, sei ihr Werk und es müsse genau so ausgeführt werden, wie sie es tat. Als sie sich zu Tisch setzten, kostete Kätzchen das Essen und sagte zu *Frau Kurz*, wie gut ihm »der tote Vogel« schmecke. *Frau Kurz* aber ließ sich nicht aus der Ruhe bringen und bemerkte nur, auf deutsch sage man *Huhn.*

Der Kopf des Gastwirts war in der Küche. »Eierkuchen?« fragte er, und Ernst zeigte mit dem Finger auf den Kopf und sagte auf deutsch: »Dieser Kopf ist ein Heiliger.« Kätzchen sagte: »Ja«, und der Gastwirt stellte zwei Eierkuchen vor sie hin. Ernst schaute auf den Eierkuchen, der vor ihm stand, und sagte: »Was sieht dieses Auge?« Kätzchen sagte: »*Iß, Vater.*« Ernst steckte den Eierkuchen in seinen Mund und schluckte ihn auf einmal herunter. Danach sagte er an ein unsichtbares Publikum gewandt: »Lacht nie über einen zu großen Kopf.« In diesem Moment schien es Kätzchen, als sei sein Vater so etwas wie ein Prophet, der wußte, was gewesen war und was sein würde. Doch war Kätzchen nicht sicher, ob sein Vater auch wußte, was in diesem Moment war. »*Herr Löwe*«, sagte der Gastwirt in einem seltsamen Deutsch, »bleiben Sie noch einen Tag?« – »*Herr Friedmann*«, sagte Ernst, »wenn der Mensch einmal auf der Welt ist, dann bleibt er, bis er sie wieder verläßt.« Kätzchen hörte zu und freute sich darüber, daß sein Vater sich an den Namen des Gastwirts erinnerte. Aber Ernst schien zu erraten, was Kätzchen dachte, und sagte: »Gott hat jedem Wesen, das er schuf, einen Namen gegeben. Und so hat er auch Friedmann mit einem Namen gemacht.« – »Gott segne dich und all deine Taten«, sagte der Gastwirt. Ernst steckte seine Hand in die Hosentasche, holte ein Lederporte- monnaie heraus und legte es vor Kätzchen hin. Kätzchen zog zwei Geldscheine aus dem Portemonnaie und gab sie dem Gastwirt. Der Gastwirt steckte die Geldscheine in seine Ta- sche und sagte: »Wäre meine Frau noch am Leben, dann wäre alles besser.« – »Auch seine Frau«, sagte Ernst und zeigte auf Kätzchen, »ist tot.« Der Gastwirt starrte Kätzchen mit gro- ßen Augen an. Danach schaute er wieder zu Ernst und wußte, was los war.

Als sie aus dem Gasthaus traten, regnete es in der Stadt. Kätzchen betrachtete den Regen und sagte: »*Es regnet.*« Auch Ernst betrachtete den Regen und fragte: »*Was regnet?*« Zunächst schien die Frage Kätzchen absurd, doch als er darüber nachdachte, verstand er, daß sie aus den Worten hervorging, die er gesagt hatte. Als er klein war, hatte es einmal geregnet; Onkel Arthur hatte seinen Mantel ausgezogen und ihn über Kätzchen gebreitet, damit er nicht naß werde, und der Mantel hatte nach Onkel Arthurs Körper gerochen. »*Vater*«, sagte Kätzchen, »*Onkel Arthur ist gestorben.*« Ernst wandte seinen Kopf zu Kätzchen und betrachtete seinen Mund. Wenn Ernst verstanden hätte, daß sein Bruder gestorben ist, überlegte Kätzchen, dann würde er mir in die Augen schauen. Ernst wandte sich ab und ging weiter. Kätzchen sah von hinten, daß er im Rhythmus von *Arthur ist gestorben* ging. *Arthur* – ein Schritt, *ist* – ein Schritt, *gestorben* – ein Schritt. Und von neuem: *Arthur* und *ist* und *gestorben.* Regenwasser rann aus Ernsts Ohren. Plötzlich wollte Kätzchen seinem Vater Ernst erzählen, daß Onkel Arthur immer »*mein Kind*« sagte. Da er jedoch überzeugt war, daß Ernst in diesem Augenblick glaubte, Arthur sei gestorben, weil sein Vater geboren wurde, sagte er nichts.

Einmal hatte Kätzchen ein Bild von seinem Großvater gesehen. Das Papier des Fotos war gelb, und aus dem braunen Anzug des Großvaters guckte eine runde Uhr hervor. »Dein Großvater«, hatte Onkel Arthur gesagt, »der Vater von Ernst und mir, war Reiter in Franz Josefs Armee.« Zu beiden Seiten des Kinns hatte er einen Bart und unter der Nase einen großen Schnauzer, dessen Enden nach oben zeigten. Aber zu jener Zeit war der Großvater, der auf dem Foto zu sehen war, schon *gestorben*, und als Kätzchen nach dem Pferd fragte, sagte Onkel Arthur zu ihm, auch das Pferd, auf dem der Großvater geritten war, sei schon *gestorben*. Die Augen des Großvaters schauten durch Kätzchen hindurch, und Kätzchen, der wußte, wohin sein Großvater schaute, beschloß, wenn er groß wäre, würde er ein Foto des Pferdes suchen und es vor das Foto seines Großvaters stellen.

Plötzlich sagte Ernst: »*Margarete liebt Arthur*«, und Kätzchen erinnerte sich, daß Onkel Arthur ihm erzählt hatte, Margarete habe Ernst geheiratet, weil er hartnäckiger gewesen sei, doch habe er immer gefürchtet, sie zu verlieren, und sei darüber verrückt geworden. Ernst schaute Kätzchen an, als sehe er ihn zum erstenmal. »*Und wo ist Margarete?*« fragte er, und Kätzchen sagte: »*Im Himmel.*«

Eines Tages, nachdem Margarete gestorben war, lag Schnee in der Stadt, und Onkel Arthur ging mit Kätzchen hinaus, damit er ihn sehe. Als Kätzchen durch den Schnee stapfte, erinnerte er sich an den süßen Geschmack des Breis, den er als Säugling gegessen hatte. Kätzchen glaubte, wenn die ganze Welt weiß wäre, käme Margarete zu ihm zurück. Aber einige Äste blieben grau, und bis zum Abend hatte sich der Schnee schon mit Lehm vermischt. »*Und wo bin ich?*« fragte Ernst, aber Kätzchen wußte nicht, was er seinem Vater antworten sollte, und schwieg. Eine schwarz gekleidete Frau trat aus einem Tor, das sich in einer Hauswand befand. In diesem Moment verstand Kätzchen, daß Margarete schon weit entfernt war von Ernst und daß Ernst sah, was er sah, und ein gebrochener Mann war.

Ein Baby tötet man nicht zweimal

In den Kloaken von Sabra und Shatilla
habt ihr eine Menge Menschen
jede Menge
aus der Welt des Lebens in die Welt der Wahrheit befördert.

Nacht für Nacht.
Erst erschossen sie
dann erhängten sie
am Ende schlachteten sie mit Messern.
Verschreckte Frauen kamen in Hast
auf den Hügel:
»Dort schlachten sie uns
in Shatilla!«

Mondsichel des beginnenden Monats hing
über den Lagern.
Unsere eigenen Soldaten erhellten den Ort mit Feuern
wie Taglicht.
»Marsch, ins Lager zurück!« befahl der Soldat
den schreienden Frauen aus Sabra und Shatilla.
Er hatte Befehle zu befolgen.
Und die Kinder lagen schon im Dreck
mit offenem Mund,
ganz ruhig.
Kein Mensch wird ihnen etwas antun.
Ein Baby tötet man nicht zweimal.

Und der Mond nahm zu
bis er ein voller Goldlaib war.

Unsere entzückenden Soldaten,
wollten nichts für sich,
wie stark war ihr Wunsch
heil nach Hause zu kommen.

Sie hatte einen Sohn

Für Rachel Melamed-Eitan

Eine Bekanntschaft, im Winter begonnen
war gewiß im Frühling.
Eine lächelnde, versöhnliche Frau.
Ihr Sohn war
gefallen.
Sie kocht und backt und hat
eine Halbtagsstelle in der Stadtverwaltung.
Das Mittagessen auf dem Tisch bereit.
In strikter Verweigerung
sich daran zu gewöhnen.

Scheinbar gelassen wird sie
die Welt anhalten auf ihre Art.
Schwer zu sagen, was ihr möglich ist.
Sie stellt ihre Forderung
ohne Worte zu machen.
Da ihr der Sohn genommen wurde.
Darüber wird sie nicht rechten.
Wer wagt, ihr zu sagen:
Wasch dein Gesicht, es ist Zeit
du mußt stark sein.
Was war ist gewesen.

Sie macht sich auf eine harte Reise
sie bewegt sich im Kreis.
Sie selbst schürt Feuer unter sich
wirft Glut und Asche über sich.
Sie ist Rachel, welche Rachel?

Die hatte einen Sohn
und sagte ihm bei Tag und Nacht
im Sommer und Winter, bei Festen und Freuden
ich bin Rachel, deine Mutter
wissend, es ist mein Wille
ich bin ohne Trost.

RUTH ALMOG

Die blaue Frau

Den ganzen Tag über war das Blut unter Henia Sobols Fingernägel gedrungen, war dort schwarz geworden und festgetrocknet. In dem engen, gewölbten Raum zwischen der hörnernen Materie an der Spitze ihrer Finger und dem Fleisch, dort hatte es sich festgesetzt und war getrocknet und hatte ihre Nerven gereizt, und nur Henia wußte davon, denn ihre Nägel waren mit glänzendem rotem Lack überzogen, gefeilt und sorgfältig zurechtgemacht, und sie brachen nie, denn sie waren stark, und Henia war immer vorsichtig mit dem Messer, um ihre Nägel bei der Arbeit nicht zu verletzen. Sie war sorgfältig in allem, was sie tat, und nie wischte sie ihre Hände an der Schürze ab, wie es Chaim Sobol, ihr Mann, immer machte, sondern sie wusch sie, wie es sich gehörte, und für das, was sich an den Rändern der Fingernägel und in den Rillen über den Knöcheln sammelte, reichte ja schon das Wasser vom Wasserhahn mit ein bißchen Seife, nicht jedoch für das, was sich an den verborgenen, unsichtbaren, tiefliegenden Stellen sammelte, die man nur schlecht erreichte, an eben jenen versteckten, nach innen gewölbten Stellen, und das störte Henia, deshalb verschwand sie manchmal im Schuppen der Metzgerei, wenn sie es wieder einmal nicht aushielt, die quälende Last dieses seltsamen Zeugs, das an ihr klebte, und dort holte sie aus ihrer Handtasche ihre Manikürsachen, die in einem olivfarbenen Necessaire aus Schlangenleder verstaut waren, nahm die Feile heraus und kratzte und stocherte mit der Spitze herum, bis sie sich von dem unangenehmen, nervenaufreibenden Gefühl befreit hatte, und bei dieser Gelegenheit kontrollierte sie auch ihre Finger, feilte, wenn es nötig war, einen eingerissenen Nagel zurecht oder trug noch eine Schicht Lack auf; das bemerkte zwar niemand außer ihr, hätte es gar nicht bemerken können, doch sie ärgerte sich, wenn etwas ihre Nervenenden reizte.

Henia Sobol war eine schweigsame Frau. Kein überflüssiges Wort kam über ihre Lippen, sinnliche, bewegungslose Lippen. Sie war eine kleine Frau, aber eine Frau mit erhobenem Kopf, das Gesicht gepudert, die Kleider unter der Metzgerschürze gebügelt und gestärkt, sie schminkte ihre grauen Augen blau, und wenn sie hinter der Theke stand, erhöht auf einem niedrigen Holzpodest, und in den Spiegel an der Wand gegenüber blickte, zupfte sie ihre Frisur zurecht, die nie unordentlich war, denn sie festigte sie mit klebrigem Spray und Weißbier.

Henia Sobol war eine blaue Frau. Sie war zwar nicht immer so gewesen, so blau. Doch obwohl sie früher ein lachendes und fröhliches Baby gewesen war und später ein lebhaftes Mädchen voller Freude, war sie nun doch so, eine blaue Frau. So war sie, seit die blaue Farbe in ihre Haut geflossen war, sich mit ihrem Blut vermischt hatte, mit ihrer Seele. Nein, in Henia war keine Spur von Bosheit, nur Entsetzen stand in ihren graublauen Augen, den Augen, die weit geöffnet waren, schwer und ernst. Es war einfach so, das Entsetzen war in jenem Moment in ihr erstarrt, als die Farbe in sie eingedrungen war, und sofort, fast sofort, war sie blau geworden, ganz und gar. Das Blau des Nichtverstehens erfüllte sie, der Gleichgültigkeit, der unwillkürlichen Gefühllosigkeit ihres Herzens. Und dieses Blau, mit einem Stich Lila und einem Stich Grau, Schattierungen, die ihm jede Möglichkeit zur Freude nahmen, war ein verschlossenes Blau, ein undurchdringliches, eingesperrt in sich selbst, ohne jede Öffnung, ohne einen Spalt für Wärme.

Es stimmte, Henia Sobol war eine kalte Frau, und ihre Kälte lag schwer wie Metall auf ihr, einengend und erstickend, doch sie konnte sich nicht von ihr befreien, wie sie sich von dem Blut befreite, das sich täglich unter ihren Fingernägeln sammelte. Es gab keine Feile, mit deren Spitze sie die blaue Kälte abkratzen und abschaben konnte. Und manchmal, doch nur ganz selten, kam ihr der Gedanke, daß ihr Mann eine Spachtel hatte, eine Art Malermesser, mit dessen Hilfe er das Eis von den Wänden der großen Kühlschränke kratzte, wenn er sie abtaute, bevor sie einen längeren Urlaub antraten; in den letzten Jahren waren sie immer ins Ausland gefahren, in Kurorte, denn Chaim hatte es in den Hüften. Von Zeit zu Zeit fühlte Henia ein plötzliches, unwillkürliches Blinzeln ihrer angestrengten Augen oder ein Zucken in den Armen, gefolgt von einem Moment der Schwäche, der Weichheit, und für einen Augenblick, einen Lidschlag lang, überließ sie sich dem fremden Gefühl, das sie ergriff, doch sofort nahm sie sich wieder zusammen und dachte nicht länger daran, bis diese Gefühle häufiger auftauchten und sie verstand, daß irgend etwas nicht in Ordnung war, doch sie schob die Sache vor sich her, und jedesmal, wenn sie irgendein Signal spürte, sagte sie sich: Das ist nichts, Unsinn, und sie setzte schnell ihre Arbeit fort und schnitt noch ein Kilogramm Filet in Scheiben oder Hühnerbrust oder Truthahn, und sie legte Hackfleisch auf die Waage oder zerlegte ein Huhn, und die Kundinnen standen auf der anderen Seite der Theke, ihr gegenüber, schauten ihr zu, ob sie sie ja nicht betrog, ob sie nicht zuwenig abwog, ob ihr nicht das Messer abrutschte und sie sich mit der Klinge in die Hand schnitt, sie warteten geduldig oder ungeduldig, sagten etwas, machten eine Bemerkung, und manchmal, wenn es notwendig war, gab sie eine Antwort. Und in der ganzen Zeit sprang Chaim Sobol herum, redete, fuchtelte mit den Händen, wenn er sich erhitzte und schrie, sich mit den Frauen stritt, die ihm oft auf die Nerven gingen und ihn aus der Fassung brachten, und er füllte den langweiligen und leeren Raum der Metzgerei mit Lärm und Getöse, mit lautem Geschimpfe auf seine Arbeiter, die jungen Araber, die er angestellt hatte, und mit seinen schmeichelnden Worten für die reichen Frauen, die zu seinen Kundinnen gehörten, denn seine Metzgerei war in der ganzen Stadt bekannt, und er bemühte sich natürlich um bessere Bedienung entsprechend der Größe der Bestellung und der Qualität des geforderten Fleisches und entsprechend der Kleidung der Kundinnen, der Qualität des Stoffs und des Schnitts, entsprechend ihrer Taschen, ob aus Leder oder billiger Imitation, und den ganzen Tag zitterte er vor unbeherrschter Wut, und wenn er das Beil über dem Fleisch hob, legte er seinen ganzen Zorn hinein, und voller Mißachtung wischte er sich seine Hände an der schmutzigen Schürze ab, die er um die Hüften gebunden hatte, und er zitterte und bebte am ganzen Körper vor Ärger, den er sich nicht an Henia auszulassen traute, die so kalt war, so blau, so ruhig und so weit weg, das Gesicht wie ein mit Läden verschlossenes Fenster, wie eine geballte Faust.

Henia spürte, daß etwas nicht in Ordnung war. Es begann mit den Augen. Eine plötzliche Störung, eine Art schwarzer Fleck, etwas, was sie nicht beschreiben konnte und was sie – gegen ihren Willen, denn gewöhnlich sagte sie nichts – dazu gebracht hatte zu sagen: Was ist das? Mir wird schwarz vor den Augen. Doch sofort war es wieder vorbei. Manchmal geschah etwas mit ihren Beinen oder Armen, und sie hörten auf, ihr zu gehorchen, einmal fiel ihr sogar das Messer aus der Hand, während sie Fleisch schnitt, und sie war froh, daß die betreffende Kundin sich mit einer anderen unterhielt und den Vorfall nicht bemerkte.

Henia wußte, daß etwas nicht in Ordnung war, aber sie konsultierte keinen Arzt. Anfangs sagte sie sich, daß sie schon viel Schlimmeres erlebt habe, sie würde auch diese Sache schaffen, und dann, als die Signale häufiger wurden und die Störungen schlimmer, ging sie noch immer nicht zum

Arzt, weil sie Angst hatte. Henia Sobol, die seit damals, seit die blaue Farbe in ihre Haut tätowiert worden war, die Angst unterdrückt und begraben hatte, empfand nur Angst.

Sie hatte bläuliche Handflächen; die Haut war so dünn und so zart, daß alle Adern durchschimmerten. Die gewölbten Kissen ihrer Handballen waren reizend und weich wie die Wangen eines jungen Mädchens; und die Finger waren dick und rund von Knöchel zu Knöchel, wie kleine Hügel, und seit langem konnte man nicht mehr ahnen, daß zu einer anderen Zeit das Fett von ihrem Körper verschwunden war und daß ihre Knochen nur von Haut bedeckt waren, mit nichts dazwischen. Diese Hände hatten etwas Trügerisches, denn sie waren, anders als zu erwarten, kräftig und flink und hielten scharfe Messer sicher und voller Verachtung. Damit war es nun vorbei. In der letzten Zeit waren sie schwer, als wären sie müde geworden. Und wenn sie sich in den Schuppen der Metzgerei zurückzog, ihr Manikürgerät aus dem Necessaire holte und die Feile ansetzte, zitterte ihre Hand, und sie erschrak und war gezwungen, ihre Gewohnheit aufzugeben, aber das fremde Zeug juckte sie unter den Fingernägeln, ihre Lippen preßten sich noch fester zusammen, und etwas in ihr schrie kraftlos.

Henia Sobol hatte ein angenehmes blaues Gesicht und große, blicklose Augen. Ihre Augen sagten nie etwas, und auch die Muskeln ihres Gesichts bewegten sich kaum, wenn sie sprach, und obwohl sie runde, weiche Wangen hatte, lächelte sie nicht. Sie bediente die Kundinnen höflich und tüchtig, war genau beim Wiegen und beim Zusammenzählen, sagte aber nie mehr, als unbedingt gesagt werden mußte, und wenn Chaim mit irgendeiner Frau schwätzte und scherzte, stellte sie sich taub. Doch wenn er einer lästigen Kundin gegenüber laut wurde, fuhr sie ihn kalt an: »Ruhe, Chaim. Es reicht.« Er war aufbrausend, schmeichlerisch, schlau, mit kleinen Augen wie ein hochmütiger Gockel, und er reagierte auf alles, ließ sich keine Bemerkung gefallen, und wo seine Frau Henia gelassen und kühl blieb, geriet er außer sich, ballte die Faust und schrie. Aber auch er besaß keine Wärme. Chaims Kälte verbarg sich hinter seinen dummen Witzen, seinen geheuchelten Schmeicheleien, während Henia nichts verbarg und ihre Hände nur immer häufiger wusch und die Sache mit den Signalen verschwieg, bis es schon nicht mehr möglich war und Chaim sie gegen ihren Willen zu einem Arzt schleppte und sie vom Arzt ins Krankenhaus mußte und der Metzgerei viele Tage fernblieb.

Henia Sobol war noch eine junge Frau, als sie ihre Beine nicht mehr bewegen konnte. Ihr Gesicht veränderte sich nicht, ihre Frisur war korrekt wie immer, ihre Nägel rot lackiert, ihre Kleider gebügelt und sauber, und sie bestand hartnäckig darauf, jeden Tag zur Metzgerei zu kommen. Einer der jungen Araber schob den Rollstuhl zum Laden, hinter die Theke, und dort hoben er und sein Freund sie hoch und setzten sie auf den Stuhl hinter der Kasse, denn sie konnte noch immer abrechnen, die Lähmung hatte ihre Hände noch nicht erfaßt. Und wenn die beiden jungen Araber sie hielten, einer von jeder Seite, und sie ihre Arme um ihren Hals gelegt hatte und die Hände der jungen Männer ihren Körper umfaßten, zeigte ihr Gesicht eine gewisse Weichheit, und manchmal erlaubte sie sich, die Augen mit den zitternden Lidern zu schließen. Jeden Tag kam sie im Rollstuhl zur Metzgerei, und Chaim Sobol wurde immer jähzorniger. Von Tag zu Tag wurde sein Gesicht düsterer, und pausenlos sprang er auf dem Bretterpodest hin und her, stampfte mit den Füßen, schrie, ließ seine Wut an den Kundinnen aus, und Henia saß hinter der Kasse, addierte die Summen, und manchmal lächelte sie die Kundinnen an, fragte, wie es ihnen gehe, den Kindern, den Enkeln. Ab und zu rief sie einen der jungen Araber, der sie dann etwas bequemer hinsetzte oder ihr zurück in den Rollstuhl half, und wenn einer von ihnen ihren bewegungsunfähigen Körper berührte, wurde ihr Gesicht hell, das Blau wurde blasser, und ihr Gesicht verlor etwas von der Anstrengung und der Anspannung, die es immer gezeigt hatte, seit das Blau in sie geflossen war und sich mit ihrem Blut und ihrer Seele vermischt hatte. Und sie bekam wieder etwas von dem Mädchen, das sie vor langer Zeit gewesen war, zu einer Zeit, an die sie sich nicht mehr erinnerte, und sie war in diesen Tagen, den letzten ihres Lebens, fast glücklich, obwohl die Frau, die Chaim ihr brachte, damit sie sie pflege – sie war jung und kräftig –, sich sehr bemühte, ihrem Mann zu gefallen. Es blieb Henia nicht verborgen, daß in Chaim Lustgefühle erwachten, denn sein Verhalten änderte sich, und sein Gang wurde behutsamer. Nein, es blieb ihr nicht verborgen. Sie hörte das Flüstern, beachtete es aber nicht und fühlte keinerlei Eifersucht. Und wenn sie ihre rechte Hand manchmal für eine Weile bewegen konnte und der junge Mann kam und sie zur Metzgerei brachte, um die Kasse zu machen, erlaubte sie es sich, ihre Hand auf seinen Kopf zu legen, über seine Locken zu streichen, seinen Arm zu berühren, und dann drückte sie ihm heimlich einen Geldschein in die Hand und fälschte anschließend die Kasse.

Später weigerte sich die Frau, sie zu waschen. Sie sprach mit Chaim, und Henia hörte, wie er sagte: »Gut, ich sage Fuad, er soll sie waschen. Das macht nichts. Für ihn wird es dasselbe sein, wie wenn er den Fußboden wäscht.« Henia hörte es und sagte kein Wort. Und Fuad kam jeden Tag, brachte eine Schüssel voll Seifenwasser und einen Lappen, zog Henia das Nachthemd aus und wusch sie. Und wenn seine Hand manchmal eine verborgene, geheime Stelle berührte, konnte sie nichts daran ändern, aber sie spürte es, denn ihre Haut war nicht gefühllos. Dann zog Fuad sie an und setzte sie in den Rollstuhl, ging mit ihr auf der Straße spazieren, kaufte ihr eine Zeitung, und wenn sie zurückkamen, legte er die Zeitung auf den Ständer, der an ihrem Bett angebracht war, damit sie

lesen konnte, und blätterte für sie die Seiten um, und manchmal sprach er mit ihr in seiner stockenden Sprache, erzählte
ihr von seiner Familie, von seinem Wunsch zu heiraten, von
seiner Armut, und Henia hörte ihm zu und konnte schon fast
nicht mehr sprechen.

Chaim überließ Fuad sein Bett im Schlafzimmer und
schlief nachts in der Wohnung der anderen. Morgens kamen
sie beide zurück, und Chaim warf einen Blick in das Zimmer
seiner Frau und erkundigte sich, wie es ihr gehe, und die andere bereitete die Mahlzeiten, doch Fuad fütterte Henia. Er
fütterte sie mit unendlicher Geduld, führte den Löffel zu
ihrem Mund, wischte ihr die Lippen mit einer Papierserviette
ab, er kämmte sie auch jeden Morgen, schminkte ihre Augen,
puderte ihr Gesicht, lackierte ihr die Nägel. Und je mehr sie
verlöschte, um so mehr wich auch das Blau aus ihr, ihre Haut
wurde blaß und sehr dünn, und trotzdem schimmerte das
Geflecht der Äderchen nicht mehr durch sie hindurch. Und
eines Tages, es war Henias Todestag, lag sie, nachdem Fuad sie
gewaschen und ihre Haare gekämmt und gebürstet hatte, ihre
Nägel gefeilt und neu lackiert, ruhig und heiter auf dem Bett,
ganz weiß, mit glänzenden roten Fingernägeln, und nur eine
einzige Stelle an ihrem Körper war noch blau, das blaue Zeichen an ihrem Arm. Da kam dem jungen Araber ein Gedanke, er zog den Pinsel aus dem Nagellackfläschchen und
malte ihr einen roten, glänzenden Strich auf den Unterarm.
In Henias Augen zitterte ein Lächeln, dann schloß sie die
Augen, und es blieb nichts Blaues mehr an ihr zurück, überhaupt nichts Blaues.

Das Huhn mit den drei Beinen

An einem Tag gegen Ende des Sommers bahrte man den alten Mann, der Großvater genannt wurde, auf dem Boden des großen Zimmers auf. Kerzen wurden neben seinem Kopf entzündet, und dann wurde die Doppeltür geschlossen, um die Menschen, die im Kreis um ihn herum standen, mit ihm allein zu lassen. Die Strahlen der untergehenden Sonne fielen durch die bunten Fenster des Oberlichtes und der Terrassentür, als wollten sie ihm einen letzten Gruß entbieten. Sie zauberten grüne, violette und goldfarbene Flecken auf die Wände, auf den Boden und auf ihn, und das Feuer der Kerzen erschien im Vergleich dazu schwach und blaß.

Bevor seine Mutter das große Zimmer verließ, stellte sie sich vor den Jungen hin und beugte sich so weit vor, bis beider Gesichter auf einer Höhe waren, denn sie wollte ihm leise zuflüstern, was sie ihm zu sagen hatte. Für einen Moment erschien auf ihrem Gesicht ein seltsames Lächeln, wie er es noch niemals zuvor bei ihr gesehen hatte, und er wußte nicht, ob sich Kummer oder Schadenfreude in ihren Augen spiegelten, als sie sagte: »Unser Großvater ist tot, unser Großvater ist tot.« Aber eines war ihr anzusehen – sie wußte genau, daß sie in ihm völlig grundlos unangenehme Gefühle weckte, und genau das hatte sie bezweckt. Darüber konnte es keinen Zweifel geben.

Er fragte, wann sein Vater komme, denn er wußte, daß in einer solchen Situation sein Vater einfach kommen mußte, um wieder für Ordnung und Sicherheit zu sorgen. Aber er erhielt keine Antwort. Und der alte Mann, der Großvater genannt wurde und Abend für Abend kam, wenn er ins Bett gebracht wurde, und immer wieder aufs Neue versuchte, ihn dazu zu bringen, das *Sch'ma*-Gebet zu sagen, und sei es auch nur ihm zuliebe, der alte Mann trat an diesem Abend nicht in sein Zimmer, so wie er es bereits an den vorangegangenen Abenden nicht mehr betreten hatte, seit ihn eine kurze Krankheit, von der er sich nicht mehr erholen sollte, niedergeworfen hatte. Aber diesmal wußte der Junge, daß der alte Mann niemals wieder zu ihm kommen würde. Und ausgerechnet jetzt würde er gern das *Sch'ma*-Gebet sagen und die Worte des alten Mannes nachsprechen, um ihm eine Freude zu machen und seine Liebe mit Liebe zu vergelten.

Die ganze Nacht hindurch schienen Menschen auf Zehenspitzen durch die dunklen Zimmer und Korridore des Hauses zu schleichen, als seien sie auf der Suche nach etwas oder mit heimlichen Erledigungen beschäftigt, deren Bedeutung unklar blieb. Immer wieder versuchte der Junge, sich die Worte des *Sch'ma*-Gebetes ins Gedächtnis zu rufen, von denen ihm plötzlich kein einziges mehr einfallen wollte, so als habe der alte Mann sie mit sich auf seinen Weg genommen. Lange konnte er deshalb nicht einschlafen, und niemand kam, um nachzusehen, ob es ihm gut ginge. Die ganze Nacht über wartete er darauf, daß sein Vater von der Arbeit heimkehrte und er seine Stimme hörte, denn dann wüßte er, daß jemand da war, der sich um ihn sorgte. Die geschäftige Unruhe im Haus hielt bis spät in der Nacht an, und als das Suchen und leise Hin- und Herlaufen zwischen den Zimmern schließlich aufhörten, war nur noch das kurze, sachliche Flüstern von Menschen zu hören, die sich für kurze Zeit voneinander verabschiedeten, um bald wieder zusammenzutreffen.

Als dann alles still war, hörte der Junge in den Tiefen der alten Schränke wieder das feine, mahlende Geräusch des Holzwurmes, des Freundes der Menschen, die keinen Schlaf finden. Er hörte, wie der Wurm arbeitete und innehielt, um sich gleich darauf wieder ins Holz zu bohren, abrupt verstummte und den Atemzügen des Jungen lauschte, als fragte er sich, ob sie auch ruhig und gleichmäßig waren und er eingeschlafen sei – und falls nicht, würde er seine Arbeit unterbrechen, um ihn nicht zu stören, und sich anstrengen, so lange zu warten, bis er in die Welt des Schlafes hinübergeglitten wäre. Vielleicht würde er sich auch nur ein bißchen zurückhalten, zumindest so lange, bis der Drang, sich immer weiter ins Holz zu bohren, wieder so stark würde, daß er ihm nicht mehr zu widerstehen vermochte. Und der Junge tat dem Holzwurm den Gefallen und atmete ruhig und gleichmäßig. Doch der Wurm war sich nicht sicher, ob der Junge tatsächlich eingeschlafen war und es ihm bereits erlaubt war, sein Werk ungestört fortzusetzen. Vorsichtig sandte er Signale in die Dunkelheit, um die Lage zu sondieren. Versuchsweise bohrte er sich ein winziges Stück weiter ins Holz und hielt sogleich wieder inne, als fürchtete er, daß das schon zuviel gewesen sei, und als wollte er abschätzen, was er wagen könne, ohne sich den Zorn von irgend jemandem zuzuziehen und sich dadurch ins Unglück zu stürzen. Er war erfüllt von der Bedeutsamkeit des Werkes, das zu tun ihm auferlegt war, und durchdrungen von der Vorsicht, die diese wichtige Aufgabe und die Notwendigkeit von ihm verlangten, sie heimlich und in Demut zu verrichten. Und dennoch, als er schließlich allen Mut zusammennahm oder einfach dem unbändigen Drang nachgab, seine Arbeit fortzusetzen, war er begierig, während dieses kurzen Augenblicks so viel zu schaffen, wie nur irgend möglich, um das durch die Unterbrechungen Versäumte wieder wettzumachen, und auch in Erwartung der Erstarrung, die ihn einen Moment später erfassen würde, wenn ihm die Gefahr, in der er sich befand, wieder bewußt würde. In blindem Enthusiasmus vertiefte er sich in seine Arbeit und schob auf diese Weise jene andere Möglichkeit von sich, und bis die Angst zurückkehrte, würde er so viel geschafft haben, wie er nur konnte. Und als er wiederum stockte, war deutlich zu spüren, wie er von panischer Angst und Reue ergriffen wurde, und er versuchte, zu spielen und sich zu verstellen: Regungslos verharrte er und machte sich so klein wie nur möglich, als wollte er sich in ein körperloses Wesen verwandeln, das keinerlei Raum einnahm, in einen Punkt, der nichts als konzentrierte Bereitschaft war, die Stille auszuspionieren. Und immer, wenn der Holzwurm von seiner Arbeit abließ und länger als üblich pausierte, zog sich der Junge ganz leise das Laken übers Gesicht und wickelte es sich dann behutsam um den Körper, damit auch nicht das geringste Stoffrascheln den Holzwurm aufstörte. Dann lag er, ohne sich zu rühren, und atmete ganz leicht ein und aus, so daß ihm schien, auch er habe sich ganz tief in sich selbst zusammengezogen. Da er die Augen geschlossen hatte, erschien ihm sein Bett wie ein Hohlraum in einer der versteckten, winzigen Röhren, die das Holz wie Adern durchzogen, in dem er immer warm und beschützt liegen könnte. Und so würden er und der Holzwurm in der Stille aufeinander lauschen. Der Holzwurm würde immer als erster der Illusion der Sicherheit erliegen und ein vorsichtiges Signal aussenden, ein winziges Knirschen, um dann die Reaktion darauf abzuwarten. Und weil nichts passierte, weswegen er argwöhnen könnte, man habe ihm in der Stille eine Falle gestellt, und weil er den Geschmack des Holzes gekostet und die Gier ihn erneut für die Gefahr blind gemacht hatte, würde er sich wieder auf seine Arbeit stürzen. Und wenn er dann vor Begeisterung alles um sich herum vergaß und länger als sonst sein Werk vorantrieb, würde sich der Junge fragen, wie lange der Wurm wohl noch taub gegenüber den Anzeichen der Gefahr aus der Außenwelt blieb. Nach einer Weile würde er laut husten und damit das leise Mahlen des Holzwurmes sofort zum Verstummen bringen, und das Schweigen würde sehr lange andauern, so als könnte sich der Holzwurm eine ganze Weile nicht von seinem Schreck erholen.

In diesem Moment sah der Junge das große Zimmer vor sich und den alten Mann, der Großvater genannt wurde und den man dort allein gelassen hatte. Er öffnete die Augen, und sofort brachen die Stimmen der Nacht von draußen in sein Zimmer: das Zirpen der Grillen im Hof, das unablässige Quaken der zahllosen Frösche, die sich neben dem Rinderstall und im Garten eingefunden hatten, und das Heulen der Schakale in den Zitrusplantagen – all das brachte das Spiel der Stille zwischen seinen Atemzügen und den Mahlgeräuschen des Holzwurms zum Verstummen, und mit diesen Lauten flutete auch das Licht des Mondes in sein Zimmer herein. Da er an diese Geräuschkulisse und ihre feste Ordnung gewöhnt war, hob der Junge nicht einmal den Kopf vom Kissen, um sich umzuschauen. Der Schatten der Petroleumlampe am Ende des Korridors fiel als langes, dunkles Dreieck von der Türschwelle seines Zimmers in eine Ecke des Hauses, die außerhalb seines Blickfeldes lag. Er wollte aufstehen, um nachzuschauen, wie es zu dieser späten Stunde in dem großen Zimmer aussah, aber sein Körper verweigerte sich, und er lag da wie versteinert. Von allen Seiten näherte sich langsam dieses abscheuliche, dunkle Ding. Er riß den Mund auf zu einem Schrei, aber auch seine Lippen und seine Stimme waren wie gelähmt. Allein seine Nackenmuskeln versuchten krampfhaft, um Hilfe zu rufen oder den bösen Zauber dieses Augenblicks zu brechen, aber vergebens. Er fühlte, daß er nicht träumte, aber das fühlte er immer, wenn dieses Ding aus dem Dunkel über ihn kam, und erst am nächsten Morgen, wenn er sich wieder daran erinnerte, fragte er sich, ob er geträumt hatte oder wach gewesen war, als er es auf sich zukommen sah. Nur das Echo des Schreis, den er hatte ausstoßen wollen, aber nicht konnte, fühlte er noch immer als Schmerz in seiner Kehle.

Morgens suchte er immer das Holzmehl, das aus dem Schrank gerieselt war und kleine Häufchen auf dem Boden gebildet hatte – das Ergebnis der Nachtarbeit des Holzwurmes und greifbarer Beweis dafür, daß er jene Momente wirklich erlebt hatte. Er zerrieb das Holzmehl zwischen den Fingern, bis seine Haut es ganz und gar aufgenommen hatte, doch so sehr er auch versuchte, aus diesem Holzmehl und der Berührung mit ihm irgendein geheimes Zeugnis oder eine verborgene Erkenntnis zu gewinnen – es blieb ihm verwehrt.

Der Mann, der die Bettdecken und Matratzen aufarbeitete, saß auf einer Obstkiste am Rand einer Zitrusplantage und holte aus einer Tasche, die er über der Schulter trug, ein hartgekochtes Ei, einen Viertellaib Schwarzbrot und einige Oliven und Tomaten, um zu frühstücken. Sein Arbeitsgerät, das einer großen Zither mit nur einer Saite ähnelte und auf das er die Baumwollknäuel zu schlagen pflegte, um sie für die Weiterverarbeitung vorzubereiten, lehnte am Zaun, und davor auf der Erde lag ein Bündel mit Werkzeug, eingewickelt in grobes Sackleinen von blaugrauer Farbe. Es war niemand zu sehen, aber der Wind trug von den Plantagen das Plätschern des Wassers in den Kanälen herüber. Es war noch recht früh. Der Mann nahm das Ei und zielte damit auf seine Stirn. Obwohl er keine Zuschauer für seine Albernheiten hatte, konnte er sie nicht lassen. Die Rolle als Clown war ihm zur zweiten Natur geworden. Er hielt das Ei vor seine Stirn, sah es mit beiden Augen schielend an, vergrößerte langsam den Abstand, ohne jedoch den Blick abzuwenden, wie in Erwartung des mächtigen Schlages, der die Stirn im nächsten Moment treffen würde. Und dann plötzlich zersplitterte die Schale des Eis an seiner Stirn, und er brach in lautes Lachen aus. Er umfaßte das Ei mit der Linken und begann die weißen Bruchstücke der Schale abzupellen, langsam und mit größter Sorgfalt. Als er fertig war, prüfte er noch einmal, ob auch wirklich kein Schalenrest mehr am Ei klebte. Sein Gesicht war wieder ernst geworden, aber seine Augen ließen die sonnenüberfluteten Weiten und die Leere vor ihm wissen, daß er noch ein weiteres Kunststück für sie auf Lager hatte: Er begann erneut zu schielen und warf dann völlig überraschend das abgepellte Ei in den weit geöffneten Mund, und es war nicht klar, ob er es verschluckt hatte. Jetzt wartete er auf die Reaktion seines nicht vorhandenen Publikums und drückte beide Hand-flächen auf die Wangen, als wolle er das ganze Ei in seinem Mund von einer Seite zur anderen schieben, wie einen Spiel-ball. Gleich darauf erzitterten seine Schultern, so als ver-schlucke er das Ei in einem Stück – aber da fiel es plötzlich unversehrt auf seinen Handteller. Er nahm ein paar Oliven von dem vor ihm ausgebreiteten Taschentuch, schlug die Zähne in das Stück Schwarzbrot und begann mit offenem Mund zu kauen, während er gleichzeitig eine lustige Melodie summte und den Kopf dazu im Takt wiegte.

In der Ferne tauchten auf dem Weg zwei Männer auf, von denen einer einen Koffer trug und der andere eine Art eckige, mit einem Sack bedeckte Kiste. Als sie bei dem Mann ange-kommen waren, hielten sie an und wechselten mit ihm ein paar Worte. Dann beratschlagten sie miteinander, stellten den Koffer und die verhüllte Kiste ab, ließen sich neben dem Mann nieder und rollten sich Zigaretten. Auch für den Mann rollten sie eine. Alle drei rauchten in aller Ruhe und fast wort-los. Nachdem sie zu Ende geraucht hatten, standen die beiden Männer auf, und der Polsterer trat mit ihnen zu der mit einem Sack bedeckten Kiste. Einer der beiden Männer zog den Stoff beiseite, so daß der Polsterer einen Blick hineinwerfen konnte. Er schaute einen Moment lang hin und schlug dann die Hände vors Gesicht, so groß war sein Erstaunen. Dann beugte er sich erneut vor, schaute noch einmal hin und brach in lautes Gelächter aus. Der Besitzer der Kiste ließ ihn jedoch kein drittes Mal hineinschauen, obwohl der Mann genau das unbedingt wollte und dabei einfach nicht aufhören konnte zu lachen. Die Kiste wurde wieder säuberlich eingepackt, und die Männer kehrten an den Platz zurück, wo sie zuvor geses-sen hatten.

Die beiden Männer legten sich rücklings auf den Boden, verschränkten die Arme unter dem Kopf und schlossen die Augen, um ein wenig auszuruhen.

Währenddessen schaute der Polsterer immer wieder zu der verhüllten Kiste hinüber, und dann erschien ein boshaftes Lächeln auf seinem Gesicht, als sei ihm ein schmutziger Witz eingefallen. Er warf einen Blick auf die beiden schlafenden Männer, und für einen Moment schweiften seine Gedanken ab. Er schaute über die Felder und Plantagen, und sein Blick folgte den Windungen des Weges, an dessen Rand er saß, bis er sich am Horizont verlor. Dann erinnerte er sich, daß er hin und wieder nach seiner einsaitigen Zither und seinem Werkzeugbündel sehen mußte, aber sogleich wandte er den Kopf wieder ab und starrte in die Luft, und ein Ausdruck tiefer Trauer lag in seinen Augen. Am liebsten hätte er es den beiden Männern gleichgetan und sich niedergelegt, um ein Nickerchen zu machen, aber da er ihnen versprochen hatte, auf ihre Sachen aufzupassen, bis sie neue Kräfte gesammelt hätten, rührte er sich nicht von der Stelle und wagte auch nicht, eines seiner Lieder zu summen, aus Furcht, ihren Schlaf zu stören.

Als die beiden Männer nach einer Weile erwachten und aufstanden, bat der Polsterer, sie begleiten zu dürfen, aber sie lachten nur. Sie deuteten auf sein Werkzeug, aber er versprach ihnen, es zu verkaufen und ihnen den Erlös zu überlassen. Oder er könnte es ihnen als Pfand geben und sofort mit ihnen kommen. Er versuchte, sie an den Händen festzuhalten, und flehte sie an, ihn mitzunehmen. Er würde auch alles für sie tun, was sie von ihm verlangten. Die beiden Männer lachten und zogen ihre Kleidung zurecht. Der eine nahm den Koffer und sein Kamerad die mit einem Sack verhüllte Kiste. Der Polsterer rief ihnen etwas zu, aber sie hatten sich bereits zum Gehen gewandt. Er sprang auf und lief hinter ihnen her. Sie gingen weiter, ohne sich umzuwenden, und er folgte ihnen in kurzem Abstand. Bis der Mann mit dem Koffer einen Stein aufhob und drohte, ihn gegen den Verfolger zu schleudern. Aber der ließ sich nicht einschüchtern. Erst als sie sich ein ganzes Stück vom Feld und dem Zaun entfernt hatten, bei dem das Werkzeug des Polsterers liegen geblieben war, und sie sahen, daß der Mann ihnen noch immer folgte, drehten sie sich zu ihm um. Der Mann mit dem Koffer hob erneut einen Stein auf, aber diesmal warf er ihn mit aller Kraft in Richtung des Polsterers und traf diesen am Bein. Vor Schmerz machte der einen Satz und blieb dann wie angewurzelt stehen. Die beiden Männer setzten ihren Weg fort, ohne noch einmal zurückzuschauen, und der Polsterer schrie Beschimpfungen und Flüche hinter ihnen her, bis sie seinen Blicken entschwanden. Da kehrte er lustlos an die Stelle zurück, wo er sein Arbeitsgerät liegen gelassen hatte. Er setzte sich und begann leise sein Lied zu summen, während er den Blick über das weite Land vor ihm schweifen ließ.

Am Morgen wurde ein Wagen zur Eisfabrik geschickt, um von dort mehrere Blöcke Eis zu holen. Der Junge wußte nicht, zu welchem Zweck das geschah. Sein Onkel, der Bruder seiner Mutter, stand auf dem nach hinten gelegenen Hof, über den man zum Rinderstall gelangte, und schaute ihn lange an, ohne ihn jedoch zu sehen und ohne ein Wort zu sagen. Das Geigenspiel des Arabers drang zusammen mit dem Geruch nach Kühen und Futter aus den dunklen Öffnungen des Stalls zu ihnen herüber. Niemand hatte dem Araber gesagt, daß er für einen Tag sein Spiel aussetzen solle. Der Onkel rief den Jungen leise zu sich, steckte ihm ein paar Münzen zu und sagte, er solle auf den kleinen Markt gehen und die Zeitungen kaufen. Sie wollten wissen, wie die darin abgedruckten Traueranzeigen aussahen. Aber der Junge wollte unbedingt auf seinen Vater warten und dabeisein, wenn der Wagen zurückkam, um zu sehen, was man mit den Eisblöcken tun würde, und er begriff nicht, warum man ihn plötzlich ohne Aufsicht fortschickte. Die Menschen, die sich bisher immer um ihn gekümmert hatten, waren auf einmal nur noch mit ihren eigenen Angelegenheiten beschäftigt. Selbst der alte Mann, der Großvater genannt wurde und während der Krankheit des Jungen ruhelos an dessen Bett auf und ab gegangen war, immer wieder tief geseufzt und ihm hin und wieder ein Glas lauwarmen Wassers mit ein bißchen Zucker gebracht hatte, um ihm die Qualen der Krankheit zu versüßen, der ihm mit rauher Stimme und einem seltsamen, unverwechselbaren Akzent tröstende Worte gesagt und mit schwerer, zitternder Hand über die Schläfen gestrichen hatte, selbst er hatte sich mit den anderen gegen ihn verschworen und lag bewegungslos auf dem Boden des großen Zimmers, mit brennenden Kerzen neben dem Kopf. Und man ließ Eisblöcke für ihn holen, aber es war unklar, zu welchem Zweck.

Sein Vater arbeitete damals in einem der Militärlager in der Nähe von Haifa und kam nur alle paar Wochen nach Hause. An den Tagen, an denen seine Familie ihn zurückerwartete, ging der Junge immer sehr viel früher hinaus auf die Straße, als seine Mutter ihm gesagt hatte, er wartete dort, bis er die Gestalt seines Vaters in der Ferne auftauchen sah, und beobachtete, wie er langsam näher kam, um dann seine Haltung und seine Gesichtszüge zu prüfen und um seine Kleider, die von so weit her kamen, zu berühren, um ihn aufs Neue zu erkennen und kennenzulernen und darauf zu warten, daß er ihn durch die Luft wirbelte und in die Arme schloß. Noch war sein Vater nicht da, aber der Junge wußte, daß er kommen würde, obwohl sein erster Urlaubstag noch in weiter Ferne lag.

Er steckte das Geld in die Hosentasche und ging, um seine Sandalen anzuziehen.

Am Morgen hatte man Brurija für die Sommerferien aus ihrer Schule geholt, die weit entfernt von der *Moschawa* gelegen war. Ihr Vater und ihre Mutter waren sehr früh aufgestanden, denn sie wollten zusammen mit ihr nach Hause zurückkehren, bevor sie von vielen Leuten im Ort gesehen würden. Als der Bus ankam, weigerte sich Brurija auszusteigen, bis ihr die Eltern versprachen, neue Schuhe für sie zu kaufen. Sie trug hohe Schuhe, und ihre Eltern versuchten sie davon zu überzeugen, daß diese Schuhe gesünder seien als andere und ihre Füße darin nicht so rasch ermüden würden. Aber Brurija stampfte mit den Füßen auf und sagte, sie werde sich nicht von der Stelle rühren, bevor sie ihr nicht versprachen, ihr die allermodernsten Schuhe mit hohen Absätzen zu kaufen, und zwar in Tel Aviv. Auf dem Weg von der Bushaltestelle bis zu ihrem Haus in der Nähe des kleinen Marktes versuchten die Eltern sie abwechselnd mit Einwänden und Versprechungen zu beruhigen: »Wer kauft denn einfach so mitten im Jahr neue Schuhe? Am Tag vor Pessach werden wir dir neue kaufen. Und die, die du an den Füßen hast, sind doch auch noch wie neu, wie gerade eben im Laden gekauft.«

»Und wann ist Pessach?« wollte Brurija wissen.

»Das dauert nicht mehr lang'«, antwortete ihr Vater, »Pessach ist bald.«

»Gleich nach den Ferien?« fragte Brurija.

»Ja«, sagte ihr Vater.

»Nach dem Sommer?«

»Ja.«

»Nach dem Winter?«

»Ja.«

Brurija dachte einen Moment nach, und ihr Vater fügte hinzu: »Aber nur wenn du brav bist und tust, was man dir sagt, und wenn du auf deine Mutter hörst und nicht mit anderen Leuten sprichst.«

»Am Tag vor Pessach«, sagte Brurija, »am Tag vor Pessach, am Tag vor Pessach. Nach dem Sommer und nach dem Winter. Schon bald. Und in Tel Aviv, im allermodernsten Geschäft?«

Das stimmte sie um, und sie ging mit ihren Eltern mit, während sie von den neuen Schuhen träumte. Aber als sie dann zu Hause angelangt waren, hatte sie das Versprechen der Eltern schon wieder vergessen. Sie setzte sich auf das Sofa und schaute wütend auf ihre großen Schuhe.

»Was ist nur los mit dir, Brurija? Hat in der Schule irgend jemand etwas über deine Schuhe gesagt?« fragte die Mutter.

Aber Brurija gab keine Antwort, sondern stampfte beleidigt und voll Haß mit den Füßen auf den Boden. Dann stürzte sie sich plötzlich auf die Schuhe an ihren Füßen, löste in Windeseile die Schnürsenkel, schlüpfte aus ihnen heraus und schleuderte sie in eine Ecke des Zimmers. Danach zog sie auch ihre Strümpfe aus und saß dann barfuß da. Ihr Vater sagte zu ihr: »Wenn du nicht artig bist, bringen wir dich in die Schule zurück und kaufen dir auch keine neuen Schuhe, weder am Tag vor Pessach noch irgendwann sonst.«

Als der Junge die Straße betrat, war der Wagen noch immer nicht von der Eisfabrik zurück. Er sah Molcho neben der Informationstafel sitzen und mit sich selbst sprechen, als hecke er irgend etwas aus. Molcho betrachtete ihn seit irgendeinem Streit, dessen Anlaß er vergessen hatte, als seinen Feind. Vielleicht war es auch gar kein Streit gewesen, sondern er war einfach nur an seinem Haus in der Straße der Sepharden vorbeigegangen, und Molcho hatte ihn verprügeln wollen. Als Molcho jetzt seiner ansichtig wurde, stand er vom Boden auf und klopfte sich den Staub von den Hosen. Immer wieder klopfte er sie ab, obwohl es kein einziges Staubkörnchen mehr abzuschütteln gab. Er schaute den Jungen mit hartem Blick an, und seine Lippen öffneten sich unter einem provozierenden Lächeln. Der Junge setzte seinen Weg fort, ohne nach rechts oder links zu schauen. Aber ihm war, als höre er hinter sich das Tapsen nackter Füße, so als ob eine Wildkatze hinter ihm her schlich. Und er wußte, daß er, sobald er hörte, wie Molcho zu rennen anfing, fliehen würde, und zwar so schnell, wie ihn seine Beine tragen würden. Solange er jedoch leise hinter ihm her ging, wollte er ihn nicht durch eine plötzliche Flucht in Wut versetzen. Alle seine Sinne konzentrierten sich auf die Geräusche hinter ihm, und er mußte sich höllisch anstrengen, um seine Beine, die jeden Augenblick loszurennen drohten, einerseits im Zaum und andererseits in ständiger Bereitschaft zu halten, damit sie ihm im Notfall zur Flucht verhalfen. Für einen kurzen Moment schien das Geräusch der hinter ihm laufenden Füße verstummt zu sein, aber er konnte sich nicht entschließen, den Kopf zu wenden und nachzusehen. Doch dann nahm er allen Mut zusammen und schaute sich um. Molcho stand einige Schritte von ihm entfernt und machte ihm mit dem Finger ein Zeichen, zu ihm zu kommen. Aber der Junge rührte sich nicht vom Fleck.

»Ich werd' dich nicht verprügeln. Du kannst ruhig herkommen«, sagte Molcho. Der Junge ging zu ihm hinüber.

»Dein Großvater ist gestorben«, sagte Molcho.

»Das ist nicht wahr!« rief der Junge.

»Was? Ich werd' dich verprügeln, wenn du lügst!« drohte Molcho.

Der Junge verstummte.

»Sie haben Brurija über die Ferien nach Hause geholt«, fuhr Molcho fort. »Ich hab sie gesehen.« Er schaute kurz zu den Fenstern des Hauses hoch. Als er dort nichts sah, kehrte er dem Jungen den Rücken zu und ging seiner Wege. Der Junge wartete, bis Molcho sich ein Stück entfernt hatte, und wollte gerade in Richtung des kleinen Marktes weitergehen, um die Zeitungen zu kaufen, als er Brurijas Stimme hörte. Sie rief ihm aus dem Fenster zu: »Junge! Komm doch mal her!«

Er betrat den Hof und stellte sich unter das Fenster. Er sah ihr Gesicht, ein hübsches Mädchengesicht, blaß, mit dunklen Augen, und ihr Haar war schon von vielen silbernen Fäden durchzogen.

»Hab keine Angst, Junge. Du kannst 'reinkommen. Meine Eltern sind weggegangen. Ich bin alleine hier«, sagte Brurija zu ihm.

Aber er blieb, wo er war, und betrachtete ihr Gesicht. Er sah sie von der Taille aufwärts, und eingerahmt vom Fenster glich sie einer Gestalt auf einem Gemälde. Sie stützte sich mit den Ellenbogen auf das Fensterbrett. Dann streckte sie eine Hand aus und trommelte mit den Fingern gegen die Wand, und mit der anderen zupfte sie an ihrer Frisur.

»Am Tag vor Pessach kaufen sie mir neue Schuhe! In Tel Aviv! Und zwar die allermodernsten! Mit hohen Absätzen!« Sie hielt einen Augenblick inne und schloß die Augen. Ein siegesgewisses Lächeln ließ ihr schönes, blasses Gesicht aufleuchten: »Und in der Nacht werde ich gehen, mit den Jungs tanzen, mit allen Jungs! Und alle werden mich Frau Kokett nennen, die Frau vom *Kinnereth!* Die ganze Nacht werde ich tanzen gehen mit den Jungs!«

Lange Zeit vorher, in den frühesten Anfängen meiner Erinnerung, hatte ich einmal bei dem großen Wasserhydranten neben dem Rinderstall hinter unserem Haus so etwas wie einen Tagtraum gehabt. Ich verbrachte damals viel Zeit damit, an dem Hydranten herumzuspielen, denn der Drehgriff an seiner Spitze war entfernt worden. Vielleicht damit er nicht ständig tropfte. Oder damit ich ihn nicht öffnen und mit dem Wasser herumplantschen konnte, wenn ich Lust dazu hatte. Und genau das versuchte ich mit schier unendlicher Geduld immer und immer wieder zu tun – ihn zu öffnen. Ich versuchte es mit Steinen, Eisendraht, Nägeln und sogar mit den Zähnen. Bis ich schließlich einsehen mußte, daß meine Anstrengungen vergebens waren. Ich ließ meine Finger über das dicke, kalte Rohr gleiten, um irgendeinen Vorsprung zu finden, irgendeinen verborgenen Hebel, durch dessen Betätigung ich doch noch mein Ziel erreichen würde. Der Rinderstall, die beiden Treppenstufen vor dem Eingang und das Halbdunkel darin erschienen immer irgendwie verschwommen, und der Araber saß im Stall und spielte auf seiner Geige.

Und noch während ich meine Hand über das Rohr des Hydranten gleiten ließ, kam unvermittelt ein starker, geheimnisvoller Geist über mich und die ganze übrige Welt um mich her: Die Wand des Rinderstalles und die Treppenstufen davor erhielten ihre endgültige Gestalt, und der Klang der Geige schien aus dem Innern der Erde emporzusteigen. Und das Land, das angenehme Wärme atmete, der verhangene Himmel, der Zaun aus Holzlatten, der Trog, der kleine, schwarze Schuppen neben der Sickergrube, der säuerliche Geruch nach Kühen und den Säcken mit Futter und ein Vogelschwarm, der sich plötzlich wie in Panik vom Dach des Stalls in die Lüfte erhob und in der Formation eines schwarzen Pfeils zu den Baumwipfeln und dann weiter zum Horizont flog – je schärfer und unveränderlicher in der Form dies alles wurde, desto weiter entfernten sich die Dinge von mir, hüllten mich in Fremdheit, wenn nicht gar in Feindseligkeit. Und zur gleichen Zeit erhob sich eine Stimme aus Tiefen, von deren Existenz ich bis dahin nicht die leiseste Ahnung hatte, und sagte: »Ich. Ich. Ich. Ich. Ich.« Und obwohl die Stimme aus mir selbst kam, war es nicht meine Stimme. Und obwohl sie der Stimme meines Vaters ähnelte, war es nicht die Stimme meines Vaters. Diese Stimme war ruhig und feierlich, erlösend und sehr gefährlich, und sie ließ meine Hände erstarren, die auf dem kalten Metall des Hydranten lagen, der noch runder und glatter wurde, so als wollte er sich meiner Berührung entziehen und allen Spielen ein Ende setzen. Die Stimme erfüllte mich mit nie gekanntem Schrecken und nie gekannter Freude, ohne daß ich den Grund dafür begriff, aber ich fühlte, daß er unendlich größer war als ich. Aus der Stille der Abenddämmerung sprach die Stimme zu mir, und ich schaute um mich. Ich wollte aufstehen, konnte jedoch nicht – wie in der Nacht in meinem Bett, wenn jenes dunkle, abscheuliche Ding von allen Seiten auf mich zu kroch. Die Schärfe der Formen, die um mich herum zum Leben erwachten, und das mächtige, stille Strömen unbekannter Herkunft, das mich ganz und gar erfaßt hatte und gleichermaßen befreite und schmerzte – sie trugen den starken Duft der Abenteuerlust zu mir. Und die Stimme aus den Tiefen meines Selbst schickte die leisen Worte durch meine geöffneten Lippen, so als würde nicht ich sie sagen, sondern ein Fremder, der in mir war und nicht aufhörte, erstaunt zu rufen: »Ich. Ich. Ich. Ich.«

Eine schwere Last senkte sich auf meine Schultern, wie ein ungebetener Gast, der jedoch die Rechte der Ewigkeit besaß.

Meine Hand zuckte von dem Hydranten zurück. Der Araber hatte sein Spiel im Stall nicht unterbrochen. Die Klänge der arabischen Geige und ihre zarte, herzzerreißende, sich unendlich hinziehende Melodie, die ihre Sehnsüchte in die Weiten hinausschluchzte, sie sagten mir, daß von diesem Augenblick an jeder meiner Schritte, jede meiner Taten und jede Angelegenheit, der ich mich zuwandte, mir zu einem Geheimnis würden, das ich niemals jemandem entdecken durfte. Weil meine Hand die letzte Wand berührt hatte, hinter der nur noch das Nichts war. Eine unsichtbare Hand zog Brurija vom Fenster weg, und aus dem Haus drangen ihre Rufe: »Fesche Jungs und kokette Mädchen tanzen die ganze Nacht durch, und auch ich werde tanzen gehen mit ihnen!«

Und dann hörte der Junge das Geräusch von Schlägen und Brurijas Schreie. Ihr alter Vater trat auf den Balkon und wandte sich an den Jungen: »Was machst du hier?« fragte er. »Dein Großvater ist doch gestorben!«

»Sie hat mich gerufen.«

»Geh nach Hause«, sagte Brurijas Vater. Er stand auf dem Balkon und wartete, bis der Junge auf die Straße getreten war. Vom Haus her war Brurijas lautes Weinen zu hören, und ihre Mutter schloß das Fenster und ließ die Jalousien herunter, genau an der Stelle, wo zuvor Brurija gestanden hatte, wie ein Bild in einem Rahmen.

Als der Junge auf der Straße stand, sah er den kleinen

Marktplatz vor sich und eine Menschentraube, die sich vor dem Eingang zu Jardenis Imbißbude drängte. Er ging näher und hörte die Leute, die davorstanden, erzählen, daß man sich drinnen das dreibeinige Huhn ansehen könne. Zwei Männer, so wurde berichtet, hätten das Huhn leihweise von dessen Besitzer erhalten, der es aus dem Ausland mitgebracht habe, und es sei einzigartig auf der ganzen Welt. Die beiden Männer seien auf der Durchreise und hätten sich bereit erklärt, hier im Dorf ein paar Stunden zu rasten und das Monster zur Schau zu stellen. Morgen würden sie weiterziehen, um es auch in den anderen Siedlungen zu zeigen. Und dann würden sie sogar noch ins Ausland reisen. Lautes Lachen drang aus der kleinen Imbißbude, in der sich zahlreiche Zuschauer drängten. Die Leute dort drin riefen seltsame und ziemlich derbe Bemerkungen. Die Eintrittsgelder, so erklärten die draußen Wartenden, würden zu gleichen Teilen an den Besitzer des Huhnes, die beiden Männer, die es zur Schau stellten, und Jardeni gehen, der der Gastgeber der Vorstellung war. Das laute Lachen und tiefe Erstaunen ließ die Gesichter derjenigen, die nach den fünf Sekunden, die jedem Schaulustigen für sein Geld zugestanden wurden, wieder herauskamen, merkwürdig verzerrt erscheinen. Der Junge trat noch ein Stück näher an den Eingang und wurde zwischen die in der Schlange Wartenden gedrückt. Plötzlich fühlte er, wie jemand den Arm um seine Schulter legte, und gleich darauf tauchte Molchos verschwitztes Gesicht vor seinem eigenen auf.

»Willst du, daß ich dich beschütze? Ich kann dich immer beschützen, wie meinen Bruder«, sagte Molcho, ohne auch nur für eine Sekunde seine Umarmung zu lockern. »Ein Huhn, mit drei Beinen, und es spricht und tanzt und schneidet Grimassen.«

Der Junge steckte die Hände in die Hosentaschen und fühlte die Münzen darin, und er wußte, daß er nicht die Zeitungen kaufen würde, nach denen man ihn geschickt hatte, und daß er auch das Gesicht des alten Mannes nicht mehr sehen würde, der im großen Zimmer auf dem Boden lag, und auch den Wagen nicht, der Eisblöcke holen sollte. Ein fast übermächtiges Gefühl der Trauer überkam ihn, und sein Herz fühlte sich zu all den Dingen hingezogen, die er noch nicht kannte. Ängstlich umklammerte er Molchos Hand auf seiner Schulter.

»Und wenn du Lust hast, kannst du auf unseren Hof kommen und im Schaukelstuhl schaukeln, zusammen mit meinem Bruder.«

Er gab Molcho die Münzen aus seiner Hosentasche.

»Ich werd' auf dich aufpassen, immer«, sagte Molcho, »noch mehr als auf meinen Bruder.«

Das Monster stand in einem kleinen Käfig aus dünnen Holzleisten, den man auf eine hohe Kiste gestellt hatte. Jemand hatte ihm eine Handvoll Körner in eine Ecke des Käfigs gestreut, aber das Tier achtete gar nicht darauf. Statt dessen rollte es unablässig mit den Augen, während sein Kopf von einer Seite zur anderen zuckte, als wolle es alles im Blick behalten, um auch nicht die kleinste Kleinigkeit von dem, was um es herum vor sich ging, zu verpassen. Dabei hüpfte es auf den beiden gesunden Beinen herum, als spüre es das Nahen einer Gefahr. Und das zusätzliche, kranke Bein ragte steif unter seinem Schwanz hervor, warnend und provozierend. Jardeni stand neben dem Käfig und schützte ihn vor den Händen der Schaulustigen, die das Huhn immer wieder reizen wollten, damit es irgend etwas Verrücktes oder Überraschendes tat. Ein Kutscher, ein beleibter Mann mit verschwitzter Schirmmütze auf dem Kopf, bildete mit den Händen einen Trichter um seinen Mund, wie eine Trompete, und ahmte immer wieder das Krähen eines Hahnes nach, um in dem Huhn die Sehnsucht nach einem Männchen zu wecken, und jede seiner Bewegungen wurde hinterher als Reaktion auf dieses imitierte Krähen ausgelegt, als stümperhafte Versuche zu gefallen, die immer neue Lachsalven der Umstehenden zur Folge hatten. Die beiden Männer, die den Käfig mitgebracht hatten, saßen an einem Tisch am Eingang und kassierten das Eintrittsgeld. Hin und wieder schaute Jardeni zu ihnen hinüber, um sicherzugehen, daß sie sich nicht einen Teil des Geldes in die eigene Tasche steckten, bevor sie den Erlös mit ihm geteilt hatten.

Der Betrunkene saß wie immer an seinem Tisch in der Ecke, und der Tumult um ihn herum schien ihn gleichgültig zu lassen. Er war sehr ruhig, fast versonnen. Nur als einmal das Gelächter rings um den Käfig besonders laut wurde, weil einer der Umstehenden eine derbe Bemerkung oder das Huhn eine komische Bewegung gemacht hatte, hob er den Blick, schüttelte den Kopf und murmelte: »Schwach und zerbrechlich, wie der Mensch, schwach und zerbrechlich.«

In der völlig überfüllten Imbißbude hing ein übler Geruch, aber der Junge führte dies nicht auf die beengt stehenden, schwitzenden Menschen zurück, sondern auf die Anwesenheit des Huhnes, und ganz besonders auf dessen drittes Bein, das bestimmt von einer ausländischen Krankheit befallen war. Molcho, der neben ihm vor dem Käfig stand, starrte wie gebannt und fast ein bißchen ängstlich auf das Huhn hinter den Gitterstäben. Der Junge wußte, daß sein Vater niemals hierher kommen würde, um eingezwängt zwischen all diesen Leuten ein dreibeiniges Huhn anzugaffen, und er verspürte auf einmal große Sehnsucht nach ihm. Obwohl ihm nie jemand gesagt hatte, daß es verwerflich sei, sich solche Dinge anzuschauen, wußte er doch instinktiv, daß sie verboten waren. Die Bedrückung, die ihn vor dem Betreten der Imbißbude erfüllt und ihn zu dieser Art Vorstellung, zu den sich aneinander drängenden Menschen und zu Molchos Freundschaft hingezogen hatte, ließ ihn jetzt Bilder sehen, die nichts Gutes verhießen. In Molchos Mundwinkeln erschien ab und zu ein Lächeln, als träume er von irgend etwas. Der Junge hingegen tat so, als finde er das alles sehr lustig, und versuchte angestrengt, auf das Huhn zu schauen, das in seinem kleinen Käfig hin und her hüpfte, als kämpfe es mit einem unsichtbaren Gegner. Und dabei schämte sich der Junge, das Geheimnis nicht zu kennen, das es all den anderen Leuten ermöglichte, sich über diese Kreatur auf das Köstlichste zu amüsieren. Ungeduldig wartete er darauf, daß die wenigen Augenblicke, die jedem Schaulustigen zustanden, vorüber sein würden und er diesen Ort verlassen könnte. Ihm schien, als würde das Gefühl unendlicher Verlassenheit, das ihn in diesen Sekunden erfaßte, niemals wieder vergehen.

Vom Eingang her waren plötzlich zankende Stimmen zu hören, als ein Mann – der Polsterer – versuchte, sich in den Raum zu drängen, und die beiden Männer am Eingang ihn daran hinderten und auf ihn einschlugen. Jardeni schaute besorgt in ihre Richtung und schien unschlüssig zu sein, ob er seinen Posten als Wächter neben dem Käfig verlassen sollte, um den Anlaß für die Auseinandersetzung herauszufinden und die Ordnung wieder herzustellen, oder ob es besser war, die Männer sich selbst zu überlassen und weiter auf das Huhn aufzupassen.

Der Polsterer schrie den Gaffenden im Raum etwas vom Eingang her zu, und die fragten einander: »Was schreit er da? Was will er?« – »Mit Tischlerleim, sagt er, mit Tischlerleim haben sie dem Huhn das Bein angeklebt!«

Jardeni erschrak aufs Neue und machte ein paar Schritte auf den Eingang zu, um kurz mit den beiden Männern zu sprechen, aber auf halbem Weg drehte er sich um und ging wieder zum Käfig zurück, um seine Wache fortzusetzen und Ruhe und Ordnung in seiner Imbißbude aufrechtzuerhalten, denn der Tumult wurde immer größer. Niemand konnte sagen, ob die Gemüter vor Ausgelassenheit so erhitzt waren oder vor Wut über den Betrug, oder ob sich die durch den Anblick des mißgestalteten Huhnes aufwallende Erregung einfach nur ein Ventil suchte. Jedenfalls schob der stämmige Kutscher mit der schweißgetränkten Schirmmütze Jardeni unvermittelt beiseite, packte den Käfig und zertrümmerte mit zwei Faustschlägen die Gitterstäbe. Er zerrte das Huhn heraus, hob dessen Schwanz an und untersuchte das dritte Bein. Die Umstehenden drängten sich noch dichter um ihn, und das Huhn schlug verzweifelt mit den Flügeln und stieß vor Schmerz ein lautes Krächzen aus, als der Kutscher versuchte, ihm das dritte Bein abzureißen. Immer wieder versuchte er, das Bein vom Körper des Huhnes zu trennen, indem er immer heftiger daran zog, und Jardeni flehte ihn an: »Hab Mitleid mit dem armen Tier! Hab Mitleid mit dem Tier!«

Dann plötzlich sahen alle das Bein in der Hand des Kutschers, und rotes Blut tropfte auf die weißen Federn des Huhnes. Die Schaulustigen brüllten vor Lachen und stießen gleichzeitig Verwünschungen aus. Alle drängten zum Ausgang, um die beiden Männer für ihren Betrug zu bestrafen. Aber die Stühle, auf denen diese gesessen hatten, waren leer, und die Geldkassette war verschwunden.

Der Kutscher ließ das Huhn los und hielt Jardeni das dritte Bein vor die Nase. Der fing vor Angst an zu schlottern. Obwohl Blut unter dem Schwanz des Huhnes auf den Boden tropfte, rannte es auf der vergeblichen Suche nach dem Ausgang durch den Raum, denn das Menschenknäuel hatte ihn verstellt und ließ kein Licht herein. Als es gegen die Beine einiger Leute stieß, die vor ihm zurückschreckten, weil sie noch immer mit Abscheu an das dritte Bein dachten, breitete es die Flügel aus und versuchte fortzufliegen wie ein Vogel. Allein der Betrunkene, der die ganze Zeit über ruhig und in Gedanken versunken dagesessen hatte, lächelte dem in wilder Panik umherflatternden Huhn zu, streckte einen belehrenden Finger in die Höhe und wiederholte ständig die Worte: »Schwach und zerbrechlich, wie der Mensch, schwach und zerbrechlich.«

»Mit Tischlerleim haben sie es angeklebt, mit Tischlerleim«, sagte Jardeni und schlug entsetzt die Hände zusammen, denn er erinnerte sich an die beiden Männer, die sich mit dem Geld aus dem Staub gemacht und ihn mit dem Huhn und dem Tumult in seiner Imbißbude allein gelassen hatten. Nach und nach leerte sich der Raum. Als sie draußen standen, sagte Molcho zu dem Jungen: »Willst du jetzt mitkommen und im Schaukelstuhl schaukeln oder ein andermal?« – »Ein andermal«, sagte der Junge.

»So ein Huhn aber auch«, seufzte Molcho in Erinnerung an das aufregende Erlebnis. »Mit Tischlerleim hatten sie es angeklebt, mit Tischlerleim. Schade, daß mein Bruder das nicht gesehen hat.« Erneut streckte er den Arm aus, um ihn als Geste der Freundschaft um die Schultern des Jungen zu legen. Aber der entzog sich ihm. Molcho wandte sich ab und ging, ohne noch ein Wort zu verlieren, davon, und der Junge wußte, daß Molcho ihn bei ihrer nächsten Begegnung wieder versuchen würde zu verprügeln, so wie er es immer getan hatte, aber es machte ihm nichts mehr aus.

Als er zu Hause ankam, blieb er einen Moment vor dem Tor stehen und schaute zu den Fenstern hinauf. Er stieg die Stufen nach oben, aber die Haustür war verschlossen. Niemand antwortete auf sein Klopfen. Er ging um das Haus herum, aber alles war verriegelt. Er ging zum Hinterhof und sah den Araber auf den Stufen zum Rinderstall sitzen, ohne seine Geige, den Kopf in die Hände gestützt und mit leerem Blick.

Am Nachmittag verließen Brurijas Eltern das Haus und gingen zusammen mit ihr zur Bushaltestelle. Brurija sagte auf dem Weg nicht ein Wort, und erst, als sie den Bus sah, erschrak sie und versprach, ab jetzt immer folgsam zu sein. Aber ihre Eltern gaben nichts auf ihr Versprechen. Da begann sie leise zu weinen, und auch ihre Mutter wischte sich eine Träne fort. Aber ihr Vater sagte: »Nächstes Mal, daß du es weißt, nächstes Mal.«

»Ich verzichten auf Schuhe«, schluchzte Brurija. »Ich bitte Entschuldigung.« Sie stiegen in den Bus, und Brurija schlug die Hände vors Gesicht und weinte und weinte. Ihre Mutter, die neben ihr saß, umarmte sie und lehnte den Kopf an ihre Schulter, während ihr Vater, der vor ihnen saß, so tat, als seien sie Fremde für ihn. Der Junge ging ein weiteres Mal um das Haus, um nachzusehen, ob inzwischen jemand heimgekommen war, aber die Türen und Fenster waren noch immer verschlossen, und er konnte niemanden im Haus entdecken. Er ging zum Hof zurück und setzte sich neben den Hydranten. Er umfaßte das Rohr und fragte sich, ob ihm wohl noch einmal jenes seltsame Erlebnis widerfahren würde, aber alles blieb so, wie es war, und die Nachmittagsstunden zogen sich hin und schienen kein Ende zu nehmen.

Auf einem der verlassenen Felder hinter den Zitrusplantagen, außerhalb der Siedlung, lag der Polsterer rücklings auf der Erde und schaute in den Himmel. Eine Schar Ameisen lief in einer Reihe über seinen Arm, kletterte seinen Hals hinauf und krabbelte von seinem Nacken wieder zu Boden, als sei er ein Teil dieses Bodens, eine Erderhebung vielleicht.

Es war ein trauriger Sommernachmittag, und alles in der Umgegend war zu leer und zu still. Der Araber stand langsam auf, ging in den Rinderstall und schaufelte den Mist in die Rinnen neben den Verschlägen und von dort in den Kanal, der nach draußen führte. Das Scharren der Mistgabel klang wie ein Kratzen am Herzen des Halbdunkels. Ein langsames Scharren, dem eine kurze Stille folgte. Dann erneut ein Scharren und wieder Stille. Der Junge schaute um sich, als erwarte er, daß sich etwas ereignete, und Wut stieg in ihm hoch, weil das Rohr des großen Hydranten so gleichgültig blieb, und Bitterkeit, weil er sich so einsam und verlassen fühlte. Er flüsterte leise: »Ich. Ich. Ich. Ich.« Aber der Zauber wirkte nicht.

Doch plötzlich entschwebte sein Körper in einer bekannten und ersehnten Bewegung in die Höhe, und sogleich fühlte er an der Wange das Gesicht seines Vaters mit den kratzenden Bartstoppeln. Er wußte nicht, was er zu seinem Vater sagen sollte, denn die Scham hüllte ihn ein wie ein Nebel. Aber er fürchtete, seine Augen könnten ihn verraten, wenn er es nicht schaffte, den Mund zu öffnen und etwas zu sagen. Also flüsterte er ihm ins Ohr, als sei es ein Geheimnis: »Unser Großvater ist tot, unser Großvater ist tot.« Anstelle einer Antwort nahm sein Vater ihn in die Arme und trug ihn zum Haus. Am Eingang stellte er ihn auf die Füße und nahm seine Hand. Zusammen gingen sie ins Haus, und als sein Vater ihn in das große Zimmer führte, lag ein geheimnisvolles Lächeln auf seinen Lippen. Sie betraten den Raum, und der Junge schaute sich um, und siehe da, es hatte sich im Vergleich zum Vortag nichts verändert. So als hätte niemals jemand auf dem Boden gelegen. Es gab keine Kerzen oder sonst irgend etwas. Wie immer warfen die farbigen Fensterscheiben violette, grüne und rötlich-goldene Flecken auf Wände und Fliesen. Der Junge begriff nicht, was er da sah, und ebensowenig all die Widersprüche, die in seiner Erinnerung umherwirbelten. Ungläubig wanderte sein Blick von dem Raum zu seinem Vater und wieder zurück. Dann lächelte er seinem Vater zu, als frage er: Ist das möglich? Und sein Vater lächelte zurück, als wolle er sagen: Aber ja.

Erinnerungsfoto

Was früher mich isolierte
vereinzelt mich heute mehr denn je.

Das Kind im Zimmer schläft in guter Geborgenheit,
in seinem Atem ist schon Getöse des Kriegs zu hören.
Und durch mich geht ein Zittern des vorausbestimmten
                                                Schusses –

es erwacht in Entsetzen und seine Stimme aus der Dunkelheit
des Bettes bittet um Wasser, wie ein Verwundeter.
Und das Todespfeifen der leibeigenen Kugel
kreist wie ein Satellit um sein Leben.

Symphonie in weiß

Im dunklen Glanz kann alles geschehen:
Meine Hände werden blau. Mein Herz weiß.
Der Sturm ist ein Seufzertier.
Mein Haar ist Schnee.

Schnee fällt vom Schornstein,
schmilzt vom Ofen herab.
Schnee kriecht unter meine Haut.
Silber wurde die Zeit und flog von mir
wie eine Feder und ich
versinke im Schnee.

Verliebt

Doch siehe da, im Frühling verliebte er sich trotzdem. Als er eines Abends durch den Wizo-Park ging, sah er, wie Zachi Smitanka und Dorit Alusch auf einer Bank lagen und miteinander schmusten. Sofort, noch bevor sie ihn bemerkten, duckte er sich am Wegrand und lief so, in gebückter Haltung, an der Hecke entlang, bis er seine Lücke fand und hindurchschlüpfte. Er kehrte nach Hause zurück und saß still und ohne einen Gedanken fassen zu können in der Dunkelheit seines Zimmers. Gewaltsam schleppte er sich zum Abendessen. Die Mutter stand plötzlich auf und legte ihre Lippen an seine Stirn, einen Augenblick dachte er, sie wollte ihn küssen, weil sie spürte – das Herz einer Mutter –, was er durchmachte, und er schloß hilflos die Augen und zerbrach fast vor der Sanftheit ihrer Lippen, die an seiner Stirn verweilten, die bebten, sich mit Gewalt andrückten; sie hatte ihn schon lange nicht mehr geküßt, und er hatte nicht geahnt, daß er das so sehr wollte. Nein, Fieber hat er keins, sagte sie trocken und setzte sich wieder; warum sieht er dann so aus, brummte der Vater mit verhaltener Wut, wie – so, fragte Aaron leise, so, wie eine Ohrfeige, meinte die Mutter, wie einer, dem man auf dem Gesicht gesessen hat. Aaron seufzte, zuckte die Achseln und sah in Gedanken das lange braune Bein von Dorit Alusch zappeln, wobei er nicht genau einzuordnen wußte, ob dieser Krampf von Schmerzen oder von der Wonne herrührte, wer weiß, wie viele solche Überraschungen es noch auf dem ganzen schwarzen Jahrmarkt geben wird, der auf ihn wartet. Der Vater schwieg. Auch die Mutter sprach kein Wort. Aaron stand vom Tisch auf und sagte, er fühle sich wirklich nicht wohl, zog sich den Schlafanzug an, legte sich ins Bett und versuchte mit aller Gewalt einzuschlafen, ganz, ganz tief zu versinken, unter dem Verstand und der Erinnerung, und anscheinend gelang es ihm auch, denn in dieser einen Nacht, mit der elementaren Kraft der Verzweiflung, der einzigen Weisheit, die er jetzt noch kannte, keimte am Morgen seine erste Liebe in ihm.

Alisa Lieber; Miri Tamari; Rina Fichman; trunken vor Aufregung, als ob er eine heimliche Sendung zu erfüllen und nach einer Geliebten zu suchen hätte, ging er zwischen ihnen umher. Ariela Blitzky; Osnat Berlin; Tami Lerner; alltägliche Mädchen erschienen ihm plötzlich in einem ganz neuen Licht, hellten sich auf, wandten ihm ihre schamhaften Sonnenblumengesichter von der Seite zu; Ruthi Zuckerman; Chani Altschuler; Chani Hirsch; Orna Agami; er liebte sie trotz der Makel, die er an ihnen fand, eigentlich gerade wegen dieser leichten Unebenheiten, die ihm wie heimliche Andeutungen, wie Signale an ihn erschienen; Ruchama Taub; Gila Schalgi; sogar an der dicken Naomi Feingold fand er Gefallen – allerdings nur zehn Tage lang, bis er herausfand, daß ihr kleiner Bruder sechs Zehen am linken Fuß hat; er liebte manche Mädchen ganz, so wie sie waren, aber er konnte sich auch in einzelne Teile eines Mädchens verlieben: in eine schöne Wange, in einen Hals, in eine Geste, in den Klang eines Lachens, und er übersah dabei, was diese Teile begleitete, das Schwerfällige und Unbeholfene; in die kleine Varda Koppler verliebte er sich in einer Woche voller Halluzinationen und finsterer Eifersucht auf den Soldaten, dem sie Briefe schrieb, nur weil er plötzlich bemerkte, daß sie lispelte. Danach entdeckte er das Grübchen von Malka Schlein und die winzige Mulde, die die Impfung in dem hübschen molligen Arm von Adina Ringel hinterlassen hatte. Er war überwältigt von der Erkenntnis, daß in jedem Mädchen, in das er sich vertiefte, sofort irgend etwas sichtbar wurde, das seine ewige

Liebe, seine volle Hingabe verdiente, und er ging wie ein Bote umher, der an dem Geheimnis, das er in sich trug, fast platzte, und lernte sie auf seine stille Art kennen: Esthi Persitz; Aviva Castelnuevo; Nira Vered … die Glas-Sandale war verschwitzt.

Jaeli Kedmi war ein Jahr jünger als er, sie besuchte die siebte Klasse, und seit etlichen Jahren ging sie zusammen mit den Kindern aus seiner Straße von der Schule nach Hause. Sie war klein, schüchtern und dünn, nur ihre Wangen waren pummelig, und mehr als ihr Gesicht oder ihre Stimme kannte er ihre schwarze Mähne, die sich um ihren Kopf lockte. Seit sie neun war, ging sie mit ihnen denselben Weg, und sie gewöhnten sich an ihr Schweigen, an ihre bescheidene Art, sich hinter ihnen zu halten. Sie sprachen sie fast nie an und achteten nicht einmal darauf, Geheimnisse vor ihr zu bewahren: sie war die »Wie-heißt-sie-noch-mal-Jaeli«, auf die man aufpassen muß, wenn man die Beit-Hakerem-Straße überquert, und sie trennte sich an der Bialik-Straße schweigend von ihnen.

An jenem Nachmittag aber begleitete Aaron seine Schwester zum Ballettunterricht ins Tal des Kreuzes, man baute in der Nähe einen neuen Flügel des Israel-Museums, und Aaron interessierte sich für die gewaltigen Felssprengungen, die die Arbeiter jeden Tag um fünf Uhr vornahmen, die ganze Luft wurde um ihn und in ihm erschüttert, und während Jochi ihr Balletttrikot anziehen ging, betrachtete er die jungen Mädchen, die gleich mit dem Unterricht fertig sein würden, und plötzlich sah er unter ihnen Jaeli tanzen. Sie trug ein enges schwarzes Balletttrikot, ihre Arme und Beine sahen jetzt nicht dünn aus, sondern schlank, sie schwangen elegant wie die Schnörkel aus einer spitzen Feder, und ihre gewaltige Mähne, die immer etwas merkwürdig ausgesehen hatte, so schwer und übertrieben lastete sie auf dem winzigen Körper, umrahmte ihr Gesicht jetzt, wo sie tanzte, ernst und würdevoll. Verwirrt tat er einen Schritt zurück, stand am Eingang des Saals und starrte sie an. Rina Nikowa, die langjährige Ballettlehrerin, klatschte in die Hände, und er erschrak, dachte, sie würde auf ihn zeigen. Er versuchte, eine gelassene Miene aufzusetzen, die jedoch schmolz und ihm über das Gesicht floß, so erhitzt, wie er war. Rina Nikowa unterbrach den Tanz und erklärte den Mädchen etwas in ihrem üppigen russischen Akzent. Jaeli sah nicht in seine Richtung. Die Musik setzte wieder ein, die Mädchen übten die Arabeske, und Aaron verschlang Jaelis Gesicht, ihr hübsches, mit scharfer, prägnanter Linie gezeichnetes Gesicht; ihren konzentrierten Ausdruck, als sie den »Katzenschritt« machte; ihre klare Haut; den hochmütigen, ehrgeizigen Zug um ihre Nase; ihre eifrigen, etwas schräg stehenden, mandelförmigen Augen, bei denen es schwerfiel zu entscheiden, ob sie braun waren wie die seinen oder grün, oder auch braungrün; und das leichte, ruhige Lächeln, das um ihre roten Lippen spielte, deren untere etwas üppiger und vorgeschoben war. Aaron spürte, daß sein Herz heftig pochte, daß es geschah, daß da ein großes Licht war, und Jaeli tänzelte leichtfüßig, frei wie ein Vogel – Vogel Vogel, schlug es wie ein Paar Flügel in ihm, und augenblicklich wußte er, daß sie Vegetarierin war, wie auch er es einmal gewesen war, und er wußte auch, daß er diesmal darum kämpfen würde, Vegetarier zu bleiben, um ihretwillen würde er kämpfen, und das Wunderbarste für ihn war, daß Jaeli plötzlich, durch die Kraft eines Blickes und eines Herzschlags, erlöst wurde und wie ein lebendiger Funken aus der schwarzen Klaue des Fremden, des Banalen sprang.

Jochi kehrte mit schwerfälligen Schritten in ihrem Balletttrikot zurück. Damals war es kaum möglich zu übersehen, daß sie einfach dick war, und nur weil sie ohnehin kurz vor der Einberufung ins Militär stand, entfernte Rina Nikowa sie nicht vom Unterricht. Ihre Beine waren zu breit, und ihr Hintern platzte aus dem Trikot. Obwohl sie die glatten Beine von Großmutter Lili geerbt hatte, hatte sie vor ungefähr zwei Jahren damit begonnen, sich die Haare mit Wachs auszureißen, damit sie wachsen würden und sie sie dann wie alle anderen Mädchen ausreißen könnte. Jetzt, als sie langsam an ihm vorbeikam, sah er die kleinen schwarzen Punkte auf ihren Schenkeln, und einen Augenblick lang packte ihn die Wut auf sie, sogar Feindseligkeit, aber welche Schuld trifft denn sie, die Ärmste, das kommt doch alles von Vaters Appetit und Mutters Verstopfung; und trotzdem war er wütend auf sie, als sie sich in die dritte Reihe der neuen Tänzerinnen drängte, eine Taube zwischen Spatzen.

Rina Nikowa klatschte dreimal fest in die Hände. Der Unterricht ist zu Ende, bestimmte sie, und der Schwarm junger Mädchen lief schwatzend in den Umkleideraum. Aaron wich zurück und preßte sich an die Wand, vor Verlegenheit und Erregung rot geworden, betört von den Gerüchen nach Schweiß und neugeborenen Kätzchen und Orangen-Parfüm. Ein Paar Beine blieb vor seinen gesenkten Augen stehen, Beine, die früher bloß als dünn, sogar als mager gegolten hatten und jetzt eindeutig schlank und federnd waren, und einen kurzen Augenblick lang sah er sie an, sein Herz zitterte wegen seiner schlotternden Knie, und ihr Blick in seine Augen war sanft, aber auch trotzig, amüsiert und selbstsicher: ich habe gesehen, daß du mir zugeschaut hast, sagte ihr Blick, ich habe die ganze Zeit für dich getanzt, hättest du geglaubt, daß ich es bin?

Als sie am nächsten Tag von der Schule nach Hause gingen, wagte er es nicht, Blicke mit ihr auszutauschen. Zachi und Gideon marschierten wie immer an der Spitze der lärmenden Bande und diskutierten miteinander, Aaron ging an ihrer Seite, nur knapp hinter ihnen, und hörte sie mit Jaelis Ohren. Erst jetzt begann er zu begreifen, wie gut sie sie alle, die ganze Meute, kannte, wie vertraut sie ihr alle waren, und er fragte sich, was sie wohl von ihm und von seinem Problem hielt.

Zachi erzählte einen Witz, den er im ›Vollständigen Buch der Witze über Levy Eschkol‹ gelesen hatte, und Gideon ereiferte sich darüber und sagte, daß Witze, die dem Premierminister und der Moral schaden würden, zensiert werden müßten, und Chanan Schwiki rief, er solle endlich aufhören, Reden zu halten und Zachi solle noch einen loslassen. Aaron war erschüttert zu hören, wie grob und vulgär sie waren, und wußte nicht, was er machen sollte, um Jaeli in ihrer Unschuld zu bewahren; und als Zachi wie an jedem Tag den blinden Murdoch verrückt machte und ihm statt Geld eine Metallschraube in die Büchse warf, trat Aaron zurück und stand ein paar Schritte abseits, um seinem Protest und seiner Verachtung Ausdruck zu verleihen. Und während der ganzen Zeit ging Jaeli an ihrem festen Platz in der Gruppe, ganz am Ende, die große Schultasche auf ihrem Rücken, ihr Kopf schien ein wenig unter ihrem Haar, das sie wie eine Krone schmückte, gebeugt, und er schaute sie verstohlen an: es sah aus, als würde sie auch jetzt tanzen, ohne sich entsprechend zu bewegen, auch außerhalb von Rina Nikowas Unterricht, und wer war so dumm zu glauben, daß sie einfach nur so hinter ihnen herzog; er schmiegte sich mit seinen Augen an ihre jungen Beine, sie hatte eine rötliche Schramme direkt neben dem Riemen ihrer Sandale, und er zersprang schier vor lauter Liebe. Als die Bande den Supermarkt betrat, hätte er fast zum ersten Mal gewagt, zurückzubleiben und allein durch die automatische Tür zu gehen, er fühlte, daß er jetzt bestehen könnte, daß er sich jetzt, von einem Augenblick zum anderen, von innen her füllte, trotzdem zögerte er, vielleicht ist es noch nicht an der Zeit, und er schloß sich listig einer jungen Frau an, die mit einem Baby hineinging, und beeilte sich, die anderen einzuholen. Die ganze Zeit über lauerte er auf eine Gelegenheit, ihr irgend etwas zu sagen. Kontakt zu knüpfen. Als sie die Beit-Hakerem-Straße überquerten, trödelte er ein wenig, und als sie an ihm vorbeiging, stieß er hart, fast aggressiv aus: »Paß auf, ein Auto«, und sah, daß sich ihr Hals rosa färbte.

Die Liebe machte ihn sanft und froh. Plötzlich erinnerte er sich, wie sehr er sich eigentlich freuen konnte. Morgens, vor dem Anziehen, verschränkte er die Arme im Nacken, schaute ein paar Augenblicke in den blauen Himmel und fühlte, daß er von einem langen Weg zurückkehrte. Dann sprang er voller Begeisterung und Eifer aus dem Bett, dem neuen Tag entgegen. Eines Abends, als er sich mit einem Stachel am Finger verletzt hatte und die Mutter die Nadel zum Desinfizieren über der Herdflamme erwärmte, fing er fast zu weinen an, es würgte ihn, und die Mutter dachte, das sei vor lauter Angst und spottete über ihn; dabei fühlte er doch nur bis hoch zu den Augen Glückseligkeit darüber, daß man sich um ihn sorgte und ihn so sehr liebte. Schlagartig hörte er mit allen heimlichen Experimenten auf, vergaß sie, löschte sie. Als er irgendwann in seiner Schulmappe ein paar Zigarettenstummel fand, warf er sie leichten Herzens fort. Als wären sie irrtümlich dort hingekommen. Er vergaß alles, was einmal gewesen war. Ein neues Blatt. Ein neues Blatt. Wenn man ihn zum Einkaufen in den Lebensmittelladen schickte, bot er sich freiwillig an, bis ins entfernter gelegene Einkaufszentrum zu gehen, um an ihrem Haus vorbeizukommen und verstohlen die Blumen am Strauch der Heckenkirsche zu riechen. Es gab eine Stelle in seinem Bauch, ungefähr unter dem Herzen, die stach und vor Sehnsucht brannte, wenn er an Jaeli dachte; in einer der Pausen war er plötzlich einverstanden, sich dem Fußballspiel der Jungen anzuschließen, und er zeigte ihnen, wie ein echter Champion spielt, und weidete sich an seinem Spiel, am Laufen, er schoß sogar ein Tor, und alle stöhnten, welches Talent hier verschwendet wurde, welche Dummheit es war, daß einer wie Arik Kleinfeld beschlossen hatte, die Schuhe an den Haken zu hängen, und wie man ihn bloß überreden könnte, wieder mit der Mannschaft für die Meisterschaft der achten Klassen am Ende des Jahres zu trainieren. Als er jubelnd und mit gerötetem Gesicht vom Spielfeld zu den Wasserhähnen ging, sah er aus den Augenwinkeln, daß auch sie sich aus der Traube der Mädchen löste und herüberkam, um ebenfalls zu trinken. Sein ganzer Mut verließ ihn. Erschrocken beugte er sich vor und trank aus dem Wasserhahn, und schon sah er ihre Mähne, die schwarze Wolle, über dem Hahn gegenüber, er schloß die Augen und sog mit aller Kraft, bis ihm der sinkende Wasserspiegel des Sees Genezareth einfiel.

Sie schauten sich an, und Aaron, der feuerrot wurde, stieß hervor: »Ich habe dich bei Rina Nikowa gesehen.« Ihre Lippen lächelten ihn an, und ihre Zähne schimmerten wie Perlen. Er verstand nicht, wie sie so ruhig sein konnte. Ruhiger als er. Mit leiser Stimme sagte sie: »Ich möchte Tänzerin werden.« – »Ich habe mal Gitarre gespielt«, sagte Aaron, ein einziges zitterndes Bündel. »Und hast aufgehört.« Sie hat nicht gefragt. Sie hat es gewußt. Vielleicht sogar getadelt oder kritisiert. Sie weiß alles über ihn. Es hat keinen Sinn, sich in ihren Augen besser machen zu wollen. Da stehe ich vor dir. Hilf mir. Du hast bestimmt gesehen, was ich durchmache. Gut, daß man nicht mit Worten reden muß. Aber ich fange an, gesund zu werden. Es ist noch geheim, Jaeli, aber ich fühle es schon. Alles öffnet sich bei mir. Und weißt du, wem ich das zu verdanken habe? »Ich werde wieder spielen«, brachte Aaron die Kraft auf, ihr zu antworten. »Man hat mir eine neue Gitarre zur Bar-Mizwa gekauft. Bald fange ich an.« Jaeli lächelte. Sie glaubte ihm. Der Zauber wirkte. Die Hände der beiden lagen auf den Wasserhähnen und ähnelten einander, und Aaron, der genau wußte, wie seine Hände aussahen, zog sie trotzdem nicht weg, mit aller Macht ließ er sie dort, weil sie alles über ihn wissen sollte. Damit er nichts verbergen und vortäuschen müßte, damit vom ersten Augenblick an absolute und vielleicht sogar schmerzhafte Ehrlichkeit und Offenheit zwischen ihnen herrschen sollte: »Ich heiße Aaron«, brachte er töricht hervor, aber es war ganz und gar nicht so töricht, wie es scheinen mochte: er überreichte ihr wirklich seinen Namen; seinen Namen, in dem alles enthalten war. Sie lächelte. Schob die volle Unterlippe wieder vor, als zwinkere sie ihm mit Interesse, mit Zuneigung zu. Der Hausmeister läutete die Glocke.

Dahinscheiden

Langsam, sehr langsam schied meine Großmutter aus dem Leben. Sie entschwand wie ein Flecken brauner Erde den Augen von Schiffspassagieren entschwindet und vom Horizont verschluckt wird. Während dieser Zeit hielten wir die Regeln der Kaschruth ein und trennten Fleisch von Milch.

Zuerst bekam sie Schwächeanfälle, bei denen ihr Gesicht bleich wurde und ihr das Atmen schwerfiel. Sie setzte dann ihre Lesebrille auf und tröpfelte mit zitternder Hand braune Baldriantropfen in ein kleines grünes Weinglas, gespannt und leise mitzählend, als wolle sie jemanden beschwören oder böse Geister vertreiben. Der Baldriangeruch haftete an ihren Kleidern und durchdrang das Zimmer.

Danach kam der Husten. Zuerst schien es ein harmloser Husten zu sein, als wäre ihr ein Brotkrümel im Hals stecken geblieben. Von Tag zu Tag aber wurde er stärker, hartnäckiger und lästiger, bis er sie am Ende ganz beherrschte und mit Ausnahme kurzer Pausen nicht mehr losließ. In ihren braunen Hausschuhen, die breit wie Gänsefüße waren, lief sie im Haus herum und hustete und hustete. Auch beim Beten und nachts im Schlaf hustete sie. Doktor Gottlieb mit seinen roten Wangen besuchte sie, lächelte ihr zu, klopfte ihr freundschaftlich auf die Schulter, und die Arzneien auf ihrem Nachtschränkchen nahmen immer mehr zu. Noch hielt sie ihre Lebensgewohnheiten, ohne zu klagen, exakt und sicher ein.

Wegen ihres leichten Schlafes stand sie immer früh auf, noch bevor der Wecker klingelte, den sie Abend für Abend aufzog und auf ihr Nachtschränkchen stellte. Langsam und noch müde hob sie ihren grauen Kopf vom dicken Kissen, warf das riesige Daunenfederbett von sich und stand in ihrem leichten weißen Nachthemd von der durchgelegenen Matratze auf. All diese Sachen – das Kissen, das Federbett und die Matratze – hatte sie noch aus Polen mitgebracht, im Wagen, mit der Eisenbahn und dem Schiff, und sie benutzte sie weiter so, wie sie sie Ende des fernen vorigen Jahrhunderts benutzt hatte. Vorsichtig nahm sie den Wecker in die Hand, zog ihn auf und stellte ihn auf seinen Platz auf dem Küchenbrett zurück.

Ihr Sohn Aharon hatte ihn vor vielen Jahren besorgt. Es war ein Blechwecker mit zwei Füßen und einer komischen, wie ein Hütchen aussehenden Glocke, mit länglichen Zeigern, an deren Enden sich Verzierungen wie ausgefranste Buchstaben einer antiken Thora befanden. Ständig ging er nach, blieb oft stehen, und Großmutter schüttelte ihn wie eine Medizinflasche, um ihn wieder zum Leben zu erwecken. Außer zur Zeitangabe war der Wecker an den Schabbatabenden fürs Lichtlöschen in ihrem Zimmer zuständig. Hatte er einmal versagt, so gab sie mir ganz nebenbei rasch einen Wink und tat so, als wüßte sie von nichts. Ich knipste dann schnell das Licht aus.

Die Verbote, die der Schabbat auferlegt, kümmerten mich genauso wenig, wie sie meine Eltern kümmerten. Dennoch war ich über ihr Verhalten erstaunt. Etwas nachdenklich und mit viel Spott war ich stets neugierig zu sehen, wie Gott darauf reagieren würde. Ich wußte, daß er nicht existiert, dennoch fürchtete ich mich ein wenig vor ihm, denn für mich glich er meinem verstorbenen Stiefgroßvater: Ein knochiger alter Mann, braun vom Schnupftabak, der leicht in Wut geriet und im Halbdunkel des Eingangs auf Pharaos hohem Stuhl thronte, Gebete murmelte, gelbe Brühe mit einem riesengroßen Silberlöffel schlürfte und dabei über alles wachte, was im Hause vor sich ging, und auch das kleinste Vergehen bemerkte.

Zuerst entfernte Großmutter das Nachtgeschirr, dann wusch sie sich, betete, räumte das Zimmer auf, ging einkaufen und kehrte mit roten Wangen, schwer atmend und mit ihrer Spatzenportion Lebensmittel zurück. Danach setzte sie sich an den Küchentisch, um Kasse zu machen. Sorgfältig notierte sie mit großen Ziffern die Summen an den Rand einer Zeitung. Jedes Mal befeuchtete sie dabei mit der Zunge die Spitze ihres Kopierstiftes. Es war immer nur der Rest eines Stifts, etwa so lang wie der kleine Finger. Er wurde neben den Parwe-Sachen im Schubfach aufbewahrt. Mit ihren harten Tischlerfingern konnte sie ihn schwer halten. Jiddisch murmelnd, als würde sie beten, notierte sie konzentriert die Zahlen, addierte, kontrollierte und trug dann das Ergebnis in ihrem schwarzen Notizbuch ein. Dabei bemerkte sie stets etwas über die ständig steigenden Preise. Das Leben hatte sie gelehrt, mit Rechnungen umzugehen, alte Strümpfe mit viereckigen Flicken zu stopfen, Kartoffeln dünn zu schälen und darauf zu achten, nicht auf die Gnade anderer Menschen angewiesen zu sein.

Mit Einbruch des Abends betete sie aus ihrem braunen Sidur, dessen Seiten genauso ausgeblichen waren wie ihr Gesicht. Danach saß sie in dem schweren Sessel und las in Ze'ena und Re'ena oder in einem anderen Buch. Manchmal strickte sie auch etwas für die Enkel, besserte ein Kleidungsstück aus oder äußerte Meinungen über die Politik, gab kleine Ratschläge oder schlichtete einen häuslichen Streit. Das machte sie mit dem Betreffenden durch hastiges Flüstern wie nebenbei in der kleinen Kammer, im Duschraum oder in der Ecke des Zimmers aus. So focht sie auch den Kampf meines Bruders aus, der mit einer geschiedenen Frau ging und deshalb für große Aufregung im Hause sorgte, da bei uns eine Geschiedene wie eine Dirne angesehen wurde. Großmutter sah aber darin keine Schande. In dieser Hinsicht war sie sehr freidenkend.

An den Abenden empfing sie Besuch, las Davar oder die braunen Blätter des Amerikaners oder schrieb Briefe an ihren Sohn und ihre Schwester Idel in Amerika, die sie aus den Augen verloren hatte.

Solange es den Kugelschreiber noch nicht gab, schrieb sie mit einem altmodischen Federhalter – einem Federstiel mit einer langen, schmalen Schreibfeder daran, die sie in die Tinte tauchte – und legte Löschpapier darüber. Der Federhalter lag im Schubfach des Tisches neben dem Tintenfaß, den Schreibblöcken, den Luftpostkarten, der Lesebrille, dem Jahreskalender, den langen Haarnadeln, dem Spiegel, dem braunen Kamm und der roten Konfektschachtel, in der sie ihre Perücke für den Schabbat aufbewahrte.

Sie lebte sehr sparsam und war sehr pfleglich mit ihren Gegenständen. Jedes Ding hatte ganz zeremoniell seinen festen Platz, seine Zeit und seinen Rang.

Von Tag zu Tag wurde sie weniger. Wie ein Küken im Ei wuchs der Tod in ihr, und sie schrumpfte immer mehr zusammen. Auf ihren eingefallenen Wangen blühte ständig ein blasses lehmiges Rot. Plötzlich hörte der Husten auf. Großmutter mit ihrer breiten Nase und Nasenlöchern, die zwei Hälften einer Haselnuß zu Pessach glichen, bewegte sich nun ganz leise im Haus. Ihre klugen Augen, die tief in den Höhlen lagen, waren weit aufgerissen, als strenge sie sich an oder als würde sie über etwas Sonderbares staunen. Noch salzte sie das Fleisch, kochte für sich das Essen in kleinen Emailletöpfen, erledigte die Rechnungen, schleppte sich mühsam zum Rabbi, um sich einen Rat zu holen, zündete die Kerzen zu Sterbetagen an, gab alte und weise Sprüche von sich, spuckte mal nach rechts und mal nach links, um das Böse zu verjagen, fing Kakerlaken in Zeitungspapierschnipseln, um sie rasch mit Abscheu und Zähneknirschen in die Toilette zu werfen und hinunterzuspülen.

Manchmal sang sie mit ausgetrockneter, heiserer Stimme auf jiddisch und polnisch. Sie sang und lächelte dabei müde. Es schien, als hätte sie im großen und ganzen Gefallen am Leben.

Freunde kamen sie besuchen. Die wohlhabende Frau Ebels kam in prächtigen Hüten, die mit ganzen Blumengärten, mit bunten Federn und Schleiern geschmückt waren und auf ihre harten Gesichtszüge Schatten warfen. Mit ihrer rauhen, lauten Stimme eines Zigarrenrauchers ließ sie das Haus erzittern. Es kam Laibschu Krupp, der Alte mit dem gebräunten Gesicht und einem Hut wie Mendele Mocher Sefarim auf dem Kopf. Er lachte ungeniert laut und dunkel, schlürfte den kochend heißen Tee, wobei er den Würfelzucker mit seinen starken Zähnen zerbiß. Bei jedem Besuch wiederholte er die Geschichte von den zwei Witwen, bei denen es ihm schwerfalle zu entscheiden, ob er die eine – Inhaberin eines Kiosks – oder die andere – Besitzerin einer Orangenplantage – heiraten solle.

Großmutter wollte sich dazu nicht äußern. Genauso zog sie es vor, zu den Geschichten Schmu'el Silberbaums zu schweigen. Er kam nur ab und zu wie ein leichter Frühlingswind in einem alten Anzug aus grobem Stoff mit einem sauberen Tuch in der Jackettasche und einem großen Ring am Finger. Er trug leichte, gelochte weiße Schuhe, saß auf der Stuhlkante, klopfte mit seinen weißen Fingern auf den Tisch und hielt Vorträge über seine Geschäfte, über die Aussichten, reich zu werden, über Wechsel, Wertpapiere, Grundstücke und Valuta. Großmutter gab sich zurückhaltend. Solche Zaubereien lehnte sie generell ab. Für sie grenzten sie an Betrügereien. Sie glaubte daran genauso wenig wie an Lotterien oder an Wunder. Alles, was aus dem Rahmen fiel, beäugte sie mißtrauisch.

Unter ihren Besuchern waren auch Vorsteher der Synagoge, der Gärtner, der Lebensmittelhändler und Bekannte von früher aus ihrem Städtchen, Nachbarn und Familienangehörige.

Am häufigsten kam Frau Zernebruda. Sie war eine vielbeschäftigte Frau, hager wie ein Dorn, flink wie eine Heuschrecke. Sie trug schwarze, dünne Seidenkleider. Oft saßen sie nebeneinander, Großmutter mit ihrem breiten und Frau Zernebruda mit ihrem Spatzengesicht, in ausschweifende, ruhige Gespräche vertieft.

Großmutter hörte nun auch auf, in die Synagoge zu gehen. Nach wie vor hielt sie aber alle Regeln ein, beachtete die Feiertage, alle Geburts- und Gedenktage der verstorbenen Brüder, der Eltern und der Großeltern.

Und nachdem sie am Schabbatabend die zwei gläsernen, kristallverzierten Leuchter auf den Tisch gestellt und die Chalah mit einem rosa Seidentuch zugedeckt hatte, zog sie ihr Schabbatkleid an, setzte sich hin und begann, ihre Perücke aufzusetzen. Das machte sie konzentriert, bedächtig und feierlich, während sie ihr Aussehen ständig im Spiegel prüfte. Wenn sie fertig war, zog sie die Uhr auf, hängte sie an den gewohnten Platz und zündete, während sie den Segen sprach, die Kerzen an. Dann war Schabbat.

Als man sie ins Krankenhaus brachte, war sie schon ganz zusammengefallen. Von dort kam sie in ein Sanatorium. Eines Tages kehrte meine Mutter mit einem Bündel in den Händen nach Hause zurück. Darin befanden sich Kleider, braune Hausschuhe, einige Bögen des Amerikaners, ein Federhalter, zwei Luftpostkarten, ein Jahreskalender, ein Gebetbuch, eine Lesebrille, Haarnadeln und ein Familienfoto.

Als wir vom Friedhof zurückgekehrt waren, saßen wir in der Küche zusammen; Mutter reichte Tee. Einige Verwandte und Bekannte waren gekommen und saßen ebenfalls dort. Gähnende Leere machte sich breit, doch zugleich auch Erleichterung. Es schien, als wären alle vom Hafen zurückgekommen, von der Verabschiedung eines Familienmitgliedes, das auf Reisen gegangen war. Nun war alles vorbei. Das Radio war an, einer sah in die Zeitung, Mutter bediente, und die Leute am Tisch sprachen leise miteinander. Gelegentlich erwähnten sie Großmutter. Sie taten es, als wäre sie nur für längere Zeit verreist und würde eines Tages wieder zurückkommen. Schließlich hatte sie all ihre Sachen hier gelassen.

Es gab kein Trauerzeremoniell, und die Tage nach ihrem Tod vergingen, ohne daß man sie zählte. Großmutters Zimmertür blieb offen, und man ging hinein und hinaus, als wäre sie noch am Leben. Die Möbel, die Kleider und all ihre anderen Sachen blieben an ihrem gewohnten Platz. Auch das Brett, auf dem das Fleisch gesalzen wurde, die alte Porzellankanne, die einzige, in der sie Rosinenwein für den Schabbat zubereitete, der Blechwecker, dessen Zeiger ständig zehn Uhr vierzig anzeigten, da keiner sich die Mühe machte, ihn aufzuziehen, nachdem Großmutter ins Krankenhaus gebracht worden war.

Eines Tages erschien Frau Zernebruda. Sie wollte Großmutters Kleider und Bettwäsche abholen und an Bedürftige verteilen. Zwei buntgeblümte Seidenkleider, einen Mantel, einen dicken Wollschal und die gestrickte Handtasche, in der Großmutter ihre Brille und das Gebetbuch aufbewahrt hatte, wenn sie in die Synagoge ging, erhielt das jemenitische Dienstmädchen, das einen Teil ihres Geldes bei Großmutter aufbewahrt hatte, um es vor ihrem betrunkenen Mann zu retten. Die Geldbörse und die Handtücher bekam ein alter Mann, der Großmutter regelmäßig besuchte und dem sie ständig Milchsuppe, Zwieback, ein Glas Tee und Obst gegeben hatte. Jetzt, so sagte er, würde er für ihre Seele beten. Die Leuchter und das rosa Seidentuch für den Schabbat nahm Frau Ebels.

Wenige Monate später verkaufte man billig das Kopfkissen, das Federbett, das Bettgestell, den Sessel und den braunen Kleiderschrank. Die Notizbücher mit den Quittungen über Spenden an Thoraschulen und Waisenhäuser, das Gebetbuch, die Stricknadeln, Wollknäuel, Stoffreste und das Nähzeug, das in einer Blechdose mit einem aufgemalten Segelschiff aufbewahrt wurde, lagen unordentlich verstreut auf dem Tisch in der Mitte des Zimmers.

Es war ein ovaler, dunkelbrauner, schwerer Tisch mit geschnitzten Tischbeinen, ein antikes Stück. Zwei Holzstühle, Klosterstühlen ähnlich, mit abgewetzten Holzschnitzereien, die Stengel und Blumen darstellten, standen wie zwei Leibwächter an seiner Seite, dunkle Überreste einer geschlagenen Armee. Sie hatten etwas Fremdes an sich, als entstammten sie einem anderen Jahrhundert. Etwa weit entfernten Kleinstädten mit ihren eigenartigen Namen, die so leicht und natürlich über Großmutters Lippen gekommen waren, und mit ihnen die Namen von Verwandten und verschollenen Familienangehörigen, von Rabbinern, Kaisern und von reichen Leuten. Dort, in jener Ferne, war sie ein kleines Mädchen gewesen, dort hatte sie geheiratet: ihren geliebten ersten Mann und auch den zweiten. Dort hatte sie schwere Stoffballen geschleppt, Maß genommen und alles begutachtet. Dort war sie Tage und Nächte mit Pferdewagen gefahren, mit rauchausstoßenden Eisenbahnen und hatte auf den Märkten bis zur Erniedrigung um ein paar Zloty gefeilscht. Dort hatte sie Kinder zur Welt gebracht, und als die Pogrome und der Krieg über sie herfielen, hatte sie Brot aus Kartoffelschalen für sie versteckt. Dort war sie Gutsherren, Kommunisten, Predigern und deutschen Soldaten Kaiser Wilhelms begegnet, die sich ritterlich zu ihr benahmen und sogar ihrer Tochter, meiner Mutter, eine Puppe geschenkt hatten.

Herr Singer holte den Tisch und die Stühle. Er rauchte eine Zigarette, fuhr mit harter Hand über den Tisch und sagte zufrieden: »Sehr schön, sehr schön.«

Damit meinte er das Holz.

Zwei Arbeiter trugen alles nach unten; Mutter nutzte die Gelegenheit, um sich von den meist wertlosen Gegenständen zu trennen. Jetzt war das Zimmer geräumig und lichtüberflutet. Zurück blieben das Nachtschränkchen, auf dem das Gebetbuch und die rote Konfektschachtel lagen, und an der Wand ein großes Bild von Großmutter in einem dunkelgoldenen Rahmen, der schon an einigen Stellen abblätterte.

Auf dem Bild war sie in ihrem dunklen Schabbatkleid sitzend zu sehen, eine Hand auf der Stuhllehne, die andere auf ihren Knien ruhend, auf dem Kopf die Schabbatperücke; ihr Gesicht war ernst und feierlich. So saß sie jetzt und blickte von der Wand auf ihr leeres Zimmer herunter.

In diesem Jahr richteten wir den Sederabend zu Pessach nicht aus. Wir hatten zwar deswegen ein schlechtes Gewissen, aber die mühevollen Vorbereitungen für das Koschermachen des Hauses hatten den Ausschlag gegeben. Zum Festabend aßen wir ein üppiges Abendbrot, danach ging jeder seiner Wege. Aber das Pessachgeschirr, die verschiedenen Schüsseln, Kannen, großen Töpfe aus Ton, Kupfer und Eisen, die Teller und riesengroßen Tassen aus weißem Porzellan, blau und goldverziert, die alten Löffel, Gabeln und Messer aus Silber, Kellen, Nudel- und Salzbretter, blauen Teekessel, schwarzen gußeisernen Pfannen und noch viel mehr, blieb in Säcken und Körben – groß wie Piratentruhen – auf dem Hängeboden, mit schwarzen Schlössern versperrt, stehen.

Als der Sommer zu Ende ging und die Wohnung renoviert werden sollte, stieg mein Vater auf den Hängeboden und holte das Geschirr herunter. Das meiste wurde verkauft, und das Wenige, das übrigblieb, wurde benutzt. Darunter waren einige Töpfe und Kannen, das Glas für den Propheten Elias, ein Becken zum Händewaschen, in dem man jetzt kleine Wäschestücke einweichte.

Bei dieser Gelegenheit wurde auch Großmutters Zimmer

frisch gestrichen, und man richtete es mit leichten, hellen Möbeln ein. Nur ihr Bild blieb nach wie vor an der Wand hängen. An der gegenüberliegenden Wand befestigte mein Bruder Poster von Pferde- und Autorennen, die er aus Zeitungen ausgeschnitten hatte.

Milchiges und Fleischiges wurden nach und nach vermischt. Das geschah wie von selbst und war nicht mehr aufzuhalten. In der ersten Zeit nach Großmutters Tod hatten wir uns noch an die Gesetze der Kaschruth gehalten, wie zu ihren Lebzeiten. Immer häufiger wurden nun die Mahlzeiten gemischt, sogar treefenes Essen kam auf den Tisch, dennoch nutzten wir weiter das Geschirr für Fleischgerichte und das Geschirr für Milchgerichte getrennt voneinander. Aber auch das hielt nicht lange an. Der Hang zur Bequemlichkeit verdrängte die alten Gewohnheiten, die ohnehin keinen Sinn mehr hatten. Hinzu kam, daß im Laufe der Zeit fast das gesamte Metallgeschirr aus der Form geraten und dadurch unbenutzbar geworden und das Porzellangeschirr nach und nach zerbrochen war. Ich selbst ließ eine herrliche Terrine zum Marinieren von Salzheringen aus der Hand fallen. Der Deckel des Gefäßes war mit einem fetten Hering, schöner als ein lebender, verziert, den ich immer bewundert hatte. Großvater hatte die Terrine als Geschenk für Großmutter aus Leipzig mitgebracht, als er sich dort geschäftlich aufhielt. Anstelle dieses Geschirrs benutzten wir nun Glas, rostfreies und Plastikgeschirr, das nie nach Fleisch- und Milchspeisen getrennt wurde. Es war leicht, schön und blank geputzt wie ein Bräutigam. Zwischen all dem konnte man zuweilen noch eine alte Gabel, groß wie eine Heugabel, finden oder den riesigen Suppenlöffel, dessen Umfang an einen ans Land geschwemmten, gemästeten Fisch erinnerte. Sie ähnelten armen Verwandten, von denen man nichts mehr wissen will. Sie erweckten in mir das unangenehme Gefühl, als ob wir Großmutter in ihrer Abwesenheit überrumpelt hätten.

Der Jahrestag ihres Todes wurde nicht besonders begangen. Er verlief so wie jeder andere Wochentag und wie jeder andere Jahrestag von verstorbenen Großeltern und Onkeln, deren Namen wir tragen und die seit Großmutters Tod von den Kalenderblättern abgerissen und damit ausgelöscht worden waren. Dieses Schicksal widerfuhr auch Frau Ebels, Laibschu Krupp, dem Vorsteher der Synagoge und einigen Bekannten aus dem Heimatstädtchen, die nicht mehr kamen und so vergessen wurden. Ähnlich erging es der leidgeprüften Tante Idel. Von dem Moment an, da Großmutter aufgehört hatte, ihr Briefe nach Buffalo in Amerika zu schicken, war das Schicksal der Tante besiegelt, löste sich in Luft auf und verschwand, ohne Aufmerksamkeit zu erregen, aus unserer Welt.

Nur Mutter und Frau Zernebruda gedachten des Todestages von Großmutter. Frau Zernebruda war an diesem Abend zu uns gekommen, saß in der Küche, trank ein Glas Tee und unterhielt sich gemütlich mit meiner Mutter. Die Blechuhr stand noch genau wie früher auf dem Brett und zeigte, wie sonst auch, auf zehn Uhr vierzig, sei es Tag oder Nacht eines ungewissen Datums. Während der Unterhaltung erinnerte sich meine Mutter an die Schabbatperücke, die sie im untersten Fach des Schrankes zu liegen hatte.

Frau Zernebruda nahm die Perücke mitsamt der roten Konfektschachtel für sich. Mutter wünschte ihr ein langes Leben »bis hundertundzwanzig«. Frau Zernebruda lächelte, bedankte sich und ging.

Einige Jahre später stöberte ich eines Tages im Bücherschrank herum. Plötzlich fiel mein Blick auf ein dickes, braunes Buch. Ich holte es hervor und erkannte sofort das alte Gebetbuch meiner Großmutter. Ich blätterte darin, und sein sonderbarer Geruch – der Geruch alter Bücher – erinnerte mich an den Geruch meiner Großmutter. Ich sah sie in der Küche auf einem Holzbänkchen sitzen, ihre Schultern in einen Wollschal gehüllt, ein zartes Lächeln auf ihrem Gesicht.

Als ich das Buch wieder zuschlagen wollte, bemerkte ich, daß etwas mit Tinte auf das weiße Deckblatt geschrieben war: Dort stand mit Großmutters Handschrift: »Vaters Todestag, Gott hab ihn selig – 16. Tag im Monat Tamus; Todestag der Mutter, Gott hab sie selig – 10. Tag des Monats Elul; Todestag von Aharon, Gott hab ihn selig – 4. Tag Chanukka.«

Ich strengte mein Gedächtnis an, um mich an das Datum ihres Todestages zu erinnern. Es gelang mir nicht. Ich wußte nur, es war an einem kalten wolkenverhangenen Tag gewesen.

Exil

Die Briefe meines Onkels Jires, den ich nie gekannt habe, kamen in überraschender Häufigkeit aus Argentinien, und alle, bis auf den letzten, der noch immer in Vaters »christlichem Gebetbuch« ruht, endeten mit dem Satz: »Jedem, der behauptet, er habe keinen Gruß von mir erhalten, sende ich tausendundeinen Gruß.« In dem nach dem Tode meiner Großmutter wieder einsetzenden Briefwechsel ließ er zum erstenmal Ansätze von Heimweh erkennen. Aber mein ältester Bruder, Jubran, damals Lehrling in Vaters Schusterwerkstatt, versuchte, diese Ansätze auszunutzen, mit der Bitte um eine Sendung argentinischen Leders – als Beweis für die Echtheit dieser Sehnsucht sozusagen. Das Schweigen, in das Onkel Jires sich nach diesem Brief hüllte, dauerte bis Mitte der sechziger Jahre, als meine Schwester den Briefwechsel wieder in Gang setzte. Doch auch diese Briefe wurden wieder seltener und glichen Signalen von einem sinkenden Schiff. Einige Monate nach seinem letzten Brief erfuhren wir durch ein Schreiben von einem seiner Freunde im Dorf, der im Jahre 1928 sein Reisegefährte gewesen war, daß er arm und einsam in einem Altersheim gestorben sei und eine Menge Schulden hinterlassen habe und hartnäckigen Gerüchten nach auch eine einheimische Frau – neben seiner ersten Frau Almasa, die niemals argentinischen Boden betreten, jedoch mit eigenen Augen das Schiff gesehen hatte, das vom Hafen Beirut aus mit meinem Onkel in See gestochen war.

Onkel Jires war der einzige von Großvater Jubrans Söhnen und Töchtern – sechs an der Zahl –, der dieselben »Grillen im Kopf« hatte, wie meine Großmutter es nannte, die vielleicht auch Grund für die große Wanderung waren, die jener erste Familienvater zu Beginn des vergangenen Jahrhunderts unternommen hatte. Aus einem entlegenen Dorf im südwestlichen Syrien namens Chabab war er in ein entlegenes Dorf in Galiläa gekommen, in dem ich geboren werden sollte. Mehr als Wanderlust schien es Furcht zu sein, die unseren ersten Familienvater veranlaßt hatte, sein Land zu verlassen. Eine rivalisierende Familie des Dorfes trachtete nach seinem Leben. Bereits als Knabe ging er deshalb auf Wanderschaft, in Begleitung seines Vaters, der nach seiner Heirat Priester geworden war, weil er mit einer angenehmen Stimme gesegnet war. Diese Stimme sollte ihm in einem der religiös gemischten Dörfer in Untergaliläa das Leben kosten. Die Leute dieses Dorfes waren von seiner wohlklingenden Stimme so angetan, daß sie ihn, anfangs durch Überredung, dann mit Gewalt, zu überzeugen suchten, seine Talente nicht in der baufälligen Dorfkirche zu verschwenden, er könne seine begnadete Stimme vor einer größeren Gemeinde ertönen lassen. Mit den himmlischen Winden könne er sie von den Höhen des heimischen Minaretts in alle vier Ecken des Dorfes senden. Um es kurz zu machen: der Priester wurde auf das Minarett gebracht, um zu dessen Füßen seinen Tod zu finden. Man kann von ihm wohl sagen, daß er sein Leben um der höheren Ehre willen geopfert hat, aber zu wessen Ehre das nun geschah, ist nie ganz klar geworden. Onkel Jussef, dem Überbringer dieser Nachricht, war in den Moscheeangelegenheiten nie ganz zu trauen, denn zu Beginn des Jahrhunderts waren er und die anderen Bewohner Fassutas selbst den Verfolgungen und Mißhandlungen der Moslems aus dem nahen Deir el Kasi ausgesetzt, das später den hebräischen Namen Elkosch erhielt. *Bala tul-Sire* – um die Geschichte nicht hinzuziehen, wie mein Onkel zu sagen pflegte –, wurde der Sohn noch rechtzeitig aus dem Dorfe in Untergaliläa hinausgeschmuggelt und ließ sich bei seinem Vetter in Fassuta nieder, dem

Dorf meiner Kindheit, das sowohl auf den Ruinen der Kreuz-
ritterfestung Fassove als auf denen von Mifschata erbaut war,
dem jüdischen Dorf, in dem sich nach der Zerstörung des
Zweiten Tempels eine Gruppe von abtrünnigen Priestern,
genannt *charim*, niedergelassen haben soll. Es hieß, sie hätten
die Gebote des Zehnten und des Ruhejahres nicht eingehal-
ten und seien zu vier Strafen verurteilt worden: Pest, Schwert,
Hunger und Gefangenschaft, wie der hebräische Dichter
Elieser Hakalir aus dem siebten Jahrhundert geschrieben
hatte:

> Die mit Juwelen geschmückte Braut
> > ist aus ihrem Land vertrieben,
> um der Sünde willen wider die Brache
> > und den Zehnten,
> Vierfach gestraft ihrer Sünde wegen,
> wurde sie ihrer Pracht entkleidet:
> die Charim von Mifschata.

Der Sohn ruhte nicht, bis er in den von den Kreuzrittern
»Bellevue« benannten Ort kam, von dem geschrieben steht:
Bellum videre quod Sarracenie vocatur Fassove. Die Dorfbe-
wohner nannten den Ort Fassuta, ein Wort, das sowohl jüdische als auch Kreuzrittertradition verriet. Er heiratete und
gründete eine Familie. Großmutter Aljah heiratete den Sohn
dieses Wanderers, und es gelang ihr nicht, die Wanderlust in
der Seele dieses ihr zugefallenen Abkömmlings zu dämpfen.
Ihr Sohn Jires war, wie gesagt, der einzige, der jene »Grillen«
geerbt hatte, die ihren Mann zweimal in die Ferne getrieben
hatten. Wer einen Zigeuner heiratet, sagt das Sprichwort,
wird ihm am Ende die Trommel halten. Aber Großmutter gelang es nie, ihrem Mann häusliche Ruhe einzuflößen, selbst
dann nicht, als sie Onkel Jires stillte. Das Stillen gab Anlaß zu
langen Debatten, nachdem er beschlossen hatte, in das ferne

Argentinien zu gehen. Als alle Stricke rissen, hoffte sie auf sein Mitleid, während sie ihm vorhielt, wie sehr sie beim Stillen gelitten und daß sie ihm ihre Milch offenbar umsonst gegeben habe. Da rechnete mein Onkel nach und fand heraus, daß die Menge Milch, die er gesaugt hatte, zwei Eimer ausmachte. Ungefähr zehn Tage vor seiner Abreise stand er früh auf, band Onkel Jussefs Esel los und verließ mit ihm das Dorf. Nach einer Stunde kehrte der Esel allein, zwei Eimer Milch schleppend, zurück. Großmutter bedeckte ihr Gesicht mit dem Kopftuch und sagte nichts. Vierzig Jahre später wird seine kleine Schwester, die, die den Tischler nicht heiraten wollte, sagen: »Mein lieber Bruder, als du im Sterben lagst, war da niemand an deiner Seite, dir ein Glas Wasser zu reichen?«

Die Frau meines Onkels, Almasa, erschrak, als sie das Wasser sah. Das war im November 1928.

Almasa, die von vornherein nicht von der Auswanderung begeistert war, stand jetzt im Hafen von Beirut am Pier und blickte dem auslaufenden Schiff nach – in ihren Armen Anton, den ältesten Sohn meines Onkels. Er war neun Monate alt. Auch als mein Onkel ein halbes Jahr später eine Schiffskarte schickte, fuhr sie nicht, sondern blieb in Beirut bei entfernten Verwandten und verdiente ihren Lebensunterhalt als Haushaltshilfe in wohlhabenden Häusern. Nach einem Jahr erreichte eine Nachricht das Dorf, wonach jener Anton erkrankt und gestorben war. Sein Tod zerstörte die letzte Bindung zwischen Almasa und ihrem Mann und zwischen ihr und ihrer im Dorf verbliebenen Familie. Aber an den Abschied am Pier sollte sie sich noch bei der Rückkehr in ihr Heimatdorf Ende der sechziger Jahre erinnern, als man ihr sagte, mein Onkel habe sie in seinem letzten Brief um Verzeihung gebeten, »Licht meiner Augen« genannt und ihr Heimkehr und Wiedersehen versprochen. Beim Spaziergang durch die Dorfstraßen hält sie in ihren Armen das Federkissen, auf dem Anton geschlafen hat. Sie klettert auf den Feigenbaum im Hof des Hauses, in dem sie ein Zimmer gemietet hat. Sie erinnert sich an den Stoffstreifen, den mein Onkel vor seiner Abfahrt an den Feigenbaum neben unserem Haus gebunden hatte, wissend, daß sie zurückbleibt und daß, wenn er zurückkehren würde und das Band losgebunden fände, dies ein Zeichen sei, daß seine Frau ihn betrogen hatte. Sie reißt ihre Kleider in Streifen, wickelt sie um ihre Arme und hat eine einzige Bitte: nach ihrem Tode möge man Antons Kissen in ihren Sarg legen. Ich, der ich jetzt diese Zeilen niederschreibe, bin nach diesem Kind benannt worden.

Zum ersten Mal hörte ich davon durch Onkel Jussef. Ich war noch ein Kind und stand auf dem Felsen mitten in der *Duwara*, dem Garten hinter seinem Haus, und schaute zu, wie er die Rebstöcke beschnitt. Der Sage nach verdeckt dieser Felsen einen der Eingänge zu der riesigen Höhle, über der sich das Dorfzentrum befindet. Der Erzählung meines Onkels nach war diese Höhle nur ein einziges Mal geöffnet worden; in den sechziger Jahren des vergangenen Jahrhunderts, um den Bewohnern Zuflucht zu gewähren, als Gerüchte über Religionskriege im Libanon Fassuta erreichten. Angesichts der zur Kreuzritterzeit in den unterirdischen Hallen versteckten Goldschätze verloren manche Dörfler ihren Verstand. Aber niemand glaubte ihnen ihre Vermutung, denn nachdem die Höhle wieder verschlossen worden war, konnten sie ja keine Beweise erbringen. Mehr als einmal sah meine Cousine den Felsen im vollen Mondlicht leuchten und bemerkte sogar A-Rassad, den Hahn, den die *Djinnis* mit der Bewachung des Höhleneingangs betraut hatten. Die Feder jedoch, die A-Rassad einmal in siebzig Jahren hinterläßt, hat noch niemand gesehen: Denn wer ist weise genug, den geheimnisvollen Kalender der Djinnis zu kennen, nach dessen Berechnungen es gerade immer siebzig Jahre sein sollen?

Außer »Grillen im Kopf« hatte Onkel Jires nichts aufzuweisen, um seinem neuen Leben entgegenzutreten. Abgesehen von Unmutsäußerungen darüber, daß seine Frau Almasa ihm nicht folgen wollte, füllten die üblichen Floskeln eines Emigranten seine ersten Briefe. »Mir geht es gut, mir fehlt nichts außer dem Strahlen eurer Gesichter« – das war gewöhnlich sein Eröffnungssatz. Und der Schlußsatz enthielt immer die tausendundeinen Grüße an jeden, der behauptete, von ihm nicht gegrüßt worden zu sein. Bis zum heutigen Tage erinnern sich die Dorfältesten an den schönen jungen Mann, der anscheinend als erster die Idee eines Kulturklubs gehabt hatte. Es ärgerte Onkel Jires, daß die Dorfjugend kein Interesse hatte, Tradition und Folklore zu bewahren. Nach einer Hochzeit im Dorf Ikrit (das 1948 evakuiert werden und ein Ort der Sehnsucht bleiben sollte), geriet er in Zorn über die Dorfjugend, die Schande über Fassuta brachte, weil sie sich nicht in den Kreis der *Debka-A-Schamalije* einreihen konnte, jene nördlich-stürmische Debka, und mit einem Armesünderblick in unser Dorf zurückkehrte. Noch in derselben Nacht kündigte er an, eine Gruppe zur Erlernung der Debka zu gründen und zu leiten. Er war auch einziger Musikant und Solist der Gruppe, der wunderbar die *Midschwes* spielte, die zweirohrige Hirtenoboe, eine arabische Version des Dudelsacks. Was für den Dudelsack der Lederschlauch, ist für die Midschwes der Mund des Spielers. Mein Onkel wäre natürlich sehr traurig zu hören, daß es heute im Dorf nur noch einen Spieler dieses wundervollen Instruments gibt und daß auch ihn die elektrischen Instrumente von den Hochzeiten verdrängen. Auch mein Vater spielte in seiner Jugend die Midschwes. Zum Kummer meiner Großmutter übte er viele Stunden, aber ihr Kummer kam nicht etwa vom sehnsüchtig-seufzenden Ton der Midschwes; um sie richtig zu spielen, muß man zunächst einen trockenen Strohhalm in ein Glas Wasser stecken und hineinblasen. Je länger man Wasserblasen erzeugen kann, desto größer sind die Aussichten, ein tüchtiger Midschwes-Spieler zu werden. Großmutter gefiel das nicht, sie betrachtete es als reine Zeitvergeudung, Luft in ein Wasserglas zu blasen. Mein Onkel ließ seinen Sohn zurück, aber die Midschwes nahm er nach Argentinien mit, und wenn ihm jemand auf seinem Totenbett ein Glas Wasser gereicht hätte, wären dann nicht auch die Blasen der Erinnerung in seinem Hirn aufgestiegen?

Ich kehrte zurück ins Dorf

Ich kehrte zurück ins Dorf
wo ich zum ersten Mal weinte
ich kehrte zurück zum Berg
dort ist die Landschaft Natur
und kein Platz für ein Bild
ich kam zurück in mein Haus aus Stein
Stein, aus dem Felsen geschlagen von meinen Vätern
ich kehrte zu mir zurück –
und das war die Absicht.

Ich kehrte zurück ins Dorf.
Denn ich träumte die schwere Geburt
des *sat'ar*, vergessen in meinem Wörterbuch,
und die Geburt der Ähren
schwerer noch, in verlassener Erde voll Stein.
Denn ich träumte die Geburt der Liebe.

Ich kehrte zurück ins Dorf.
Wo ich war in meinem früheren Leben
aus zehntausend Weinstöcken eine Wurzel
in der guten Erde
bis der Wind kam, der mich
weit verwehte, und bekehrt
zurückbrachte in die Inkarnation.

O mein zweiunddreißigster Traum
dort sind die Pfade, die es nicht mehr gibt
und Häuser gewachsen wie der Turm zu Babel

o schwerer Traum mein Traum
kein Zweig aus deiner Wurzel wird Früchte tragen.

Wo sind die Kinder der Armut
in zerrissenen Blättern?
Wo ist mein Dorf
die Pfade hatten Namen
und sind jetzt Asphalt?

O mein Dorf,
und jetzt eine Kleinstadt, zivilisiert
ich kehrte zurück ins Dorf
das Hundegebell erstarb
und der Taubenschlag ist ein beleuchteter Turm.
Mit denen ich das Heulied singen wollte
in den Tönen der Nachtigall, alle Fellachen
sind Arbeiter, in den Hälsen ist Rauch
wo sind sie die waren und nicht mehr sind?

O schwerer Traum mein Traum
ich kehrte zurück ins Dorf
flüchtend vor der Zivilisation
und kam ins Dorf, als sei ich
von einer Diaspora in die andere gelangt.

Über das Schlachten von Kindern

a.

Kleine Kinder Auge in Auge
sprach das eine zum andern, das andere zum einen
in der stillen Sprache des Todes.
Ich konnte nichts verstehn –
Kinder zart in ihrem Leben
zarter im Tod.
Das sagte der Dichter
nicht arabisch nicht hebräisch
in keiner Sprache
geschlachtete Kinder haben keine Lippen
der Himmel bezeugt es
und es scheint daß sie sprachen
und ich konnte nicht verstehn
Kinder zart in ihrem Leben
zarter im Tod.
Das sagte der Dichter
mein Gott im Himmel
der du doppelt verstehst
und in Weisheit alles gemacht hast
unergründlich ist mir deine Weisheit.
Ich beschuldige dich nicht.

b.

Einen Augenblick lang wird vergessen
was nicht vergessen werden darf
der Mensch hat Verstand
das Tier hat Gehirn
aber ich weiß nicht
wer es leichter hat
wenn der Dichter des Todes Geheimnis entlarvt
Tod hier Tod dort
Kind hier Kind dort
zerrissen in ihrem Leben in ihrem Tod
dies ist das Weinen, das nicht begonnen hat
dies ist das Weinen, das nicht geendet hat.

A. B. Jehoschua

Ein Tag im Sommer

Doch dieser Sommer gebar einen weiteren – den Sommer der
Sommer, wie man ihn nannte –, mächtig und lodernd, sogar
die Nächte waren glühend heiß. Es begann Mitte Juli: Als
hätte eine verborgene, aber energische Hand den Meeres-
horizont mit einer trüben weißen Wand abgesperrt, verwandelte sich ein wohltemperiertes Mittelmeerland in eine wüste
Gegend. Schon frühmorgens beim Aufstehen spürte man,
wie der Wind die Luft verbrannte. Die Quecksilbersäule
sprang hoch und schien dann wie festgeklemmt. Der Wetter-
bericht ging oft sogar wichtigen politischen Nachrichten
voran, und die Meteorologen, die zu Stammgästen der Medien wurden, versuchten in langatmigen, teils entschuldigen-
den, teils drohenden Ausführungen das Unerklärliche zu erklären. Zudem war die Reisesteuer verdoppelt worden, so
daß viele, die eigentlich ins Ausland hatten flüchten wollen,
sich nun gezwungen sahen, den Sommer im Lande zu verbringen. In ihrer Verzweiflung bevölkerten die Menschen
scharenweise die Strände, auch Molcho begann dort nach jah-
relanger Abwesenheit wieder umherzulaufen. Da er hoffte,
durch Gewichtsabnahme seine Chancen verbessern zu können, hatte er sich eine gemäßigte Diät auferlegt, bei der er an
manchen Tagen nur diese neuen kernlosen Wassermelonen
mit der getigerten Schale zu sich nahm, jeden Morgen aber
feindselig auf die Waage starrte, die nur einen sehr langsamen
Gewichtsverlust anzeigte. Leise Trauer umhüllte ihn angesichts der Speisen, die er sich versagen und zu seinem Leid-
wesen manchmal sogar wegwerfen mußte. Die zaghafte Lust,
die im Frühling in ihm erwacht war, erschien ihm immer noch

fremd, ja spazierte gewissermaßen schüchtern und verhalten neben ihm her wie eine weiche, wohlgeborene, aber heimatlos gewordene Siamkatze, die sich ihm aus der Ferne zugesellt hatte, um nun gelegentlich samten und beharrlich seine Beine zu umstreichen. Es ist wirklich höchste Zeit, sagte er sich und begann nun eingehend die am Strand hingestreckten Frauen zu mustern, statt wie einst achtlos an ihnen vorüberzueilen. Im allgemeinen gefielen sie ihm nicht, er fand sie feucht, müde, behaftet mit Mängeln, aber zuweilen schnappte sein Blick geradezu schmerzhaft schöne Einzelheiten auf, wenn er so in den Nachmittagsstunden zwischen den im Sand verstreuten Körpern hindurch am Strand entlangbummelte. Gerade die jungen, mit ihren Kleinkindern beschäftigten Frauen machten einen wohltuenden Eindruck auf ihn. Sie wirkten zwar ein wenig erschöpft und verwirrt, besaßen aber eine besondere Ausstrahlung, während die Ledigen trotz ihres oft gepflegteren Aussehens nur hartnäckig und energisch ihrer Bräunungssucht zu frönen schienen. Wenn man bloß einzelne Teile nehmen könnte, dachte er manchmal, ein Bein von hier, das Haar von dort, dazu jene Schulterpartie und dieses Lächeln da, um sich daraus eine passende Frau zusammenzubasteln – dann könnte man es vielleicht versuchen, sie wirklich zu lieben, und bei diesem Gedanken ging er dann ins Meer, das gegen Abend einer warmen, salzigen Badelauge glich, arbeitete sich durch die zu dieser Jahreszeit gewaltige Brandung, deren Gischt er unwillkürlich in den Mund bekam, bis er in tiefes, ruhigeres Gewässer vorstieß und schweigend neben anderen, ebenfalls einsamen Schwimmern und Schwimmerinnen – meist stämmigen älteren Frauen mit helmartigen Bademützen – dahinzog, manchmal auch leise urinierte, das Gesicht unschuldig der Sonne zugewandt, die in diesen Sommertagen überhaupt nicht richtig unterging, sondern in weißliche Dunstschleier verdampfte. Dann ließ er sich ganz langsam wieder dem Strand zutreiben und sich von den hohen Wellen wie eine Leiche auf den Sand werfen, wo er sich zu neuem Leben aufraffte und, noch naß, zwischen seinen Mitmenschen herumlief, um sich anzupreisen: Hier habt ihr meinen Körper vor euch, in voller Wirklichkeit, der Tod hat mich nicht angerührt, findet eine Frau für mich. Er suchte nach Bekannten und fand sie ohne weiteres in dieser Saison, frühere Nachbarn, Freunde seiner Frau, Ärzte und Angestellte des Krankenhauses, Arbeitskollegen, hier am Strand liegend oder sitzend, vor denen er dann stehenblieb, sich über die Brust strich und ein kurzes Gespräch anfing, ausgehend von der furchtbaren Hitze als Beweis dafür, daß wirklich etwas mit dem Wetter passiert sein mußte, da es doch schien, als habe der Sommer einen zweiten, noch heißeren hervorgebracht. Man musterte ihn dabei mit leichtem Lächeln oder manchmal auch mit einigem Ärger, als habe nicht die Hitze, sondern irgendeine zügellose Begierde ihn an den Strand getrieben, fragte kurz nach seinen Kindern und erkundigte sich auch nach der Großmutter, wenn man von ihr wußte, wobei man sich unweigerlich über deren gutes Befinden wunderte, wohl aus der Überzeugung, der Tod ihrer Tochter hätte sie längst erdrücken müssen. Zu seiner Aufmunterung erzählte man ihm dann von neuen Krebsfällen in der Stadt, von sterbenden und bereits verstorbenen Patienten, von denen er zum Teil längst wußte; oft hatte er die Betroffenen zu Beginn ihres Leidens verstört in der onkologischen Abteilung des Rambam-Krankenhauses umherirren und durch Seitentüren hinausschlüpfen gesehen. Molcho blieb aber trotzdem mit halbem Ohr lauschend stehen, den Blick gen Osten auf die Bergrücken des Karmel gerichtet, über den seit den ersten Waldbränden zu Sommerbeginn häufig graue Rauchschwaden zogen. Er spürte deutlich, daß es den Menschen immer noch schwer fiel, zu entscheiden, ob er nun arm oder glücklich dran war, während sie wieder und wieder nachforschten, wann genau sie gestorben sei, um dann verblüfft festzustellen, daß nicht einmal ein Jahr vergangen war. Bald wurden sie seiner jedoch überdrüssig, was er feinfühlig erkannte und ihn dazu brachte, zu seinem Platz zurückzukehren, sich abzu- trocknen, etwas überzuziehen, um nach Hause zu gehen, in Erwartung des grausam langen, endlos erhellten Abends, an dem er sich langsam durch den ersten Band von ›Anna Ka- renina‹ hindurchfressen würde, den er schon mehrmals gern beiseite gelegt hätte, wenn da nicht das Drängen seiner Toch- ter gewesen wäre, die jetzt aus der Armee entlassen und für längere Zeit in Europa unterwegs war: Nur nicht aufgeben, Vater, es ist wirklich ein gutes Buch, versuch einmal, es bis zu Ende zu lesen.

Aber zu Beginn des Monats August brachte der aus dem Sommer geborene Sommer noch einen dritten, geradezu teuflisch heißen Sommer hervor: Die Luft erstarb, die Sonne verflüssigte sich, und der Himmel umschloß in un- geheuerlich blauvioletter Wölbung das All. Tiefschwarze äthiopische Juden, die erst kurze Zeit vorher in Israel einge- wandert waren, verstärkten mit ihren Protestmärschen auf den Hauptstraßen der Stadt die ohnehin brodelnde Atmo- sphäre noch mehr. Wenn Molcho morgens mit ausgedörrten Lippen erwachte, pflegte er seiner Frau zuzuflüstern: Wie gut, daß du schon gestorben bist, diese Folter ist dir wenig- stens erspart geblieben. In den Medien geisterten Gerüchte über rätselhafte Explosionen auf der Sonne, aber in Europa regnete es, und in den gelehrten Erörterungen führte man das gleißende Übel auf einen hartnäckigen Hochdruckkeil an der türkisch-iranischen Grenze zurück. Im Fernsehen zeigten die Meteorologen ihn sogar auf ihren Skizzen als einen formlosen, geruchsfreien Körper, ein gekrümmtes einzelliges Wesen, so daß Molcho auf einmal das Gefühl durchzuckte, diese mysteriöse, einfache Gestalt sei auch mit ihr verbunden, sei wohl das letzte Zeichen, das sie ihm aus den Tiefen des Alls von ihrem peinvollen Weg ins völlige

Nichtsein zuschickte, und ein leises Grauen packte ihn angesichts dieses dünnen, abstrakten Gebildes, das einst seine Frau gewesen war.

Mitten in der Nacht wachte er ruhelos auf; auch in den umliegenden Häusern brannte Licht, denn viele Menschen konnten wegen der Hitze keinen Schlaf finden. So trat er auf den Balkon hinaus, betrachtete den gelben Hof, der den Mond umgab, und dachte – jetzt nicht mehr ängstlich, sondern tieftraurig – an seine Frau, die zum abstrakten Gebilde, zur einsamen Zelle geworden war, die mit letzten Kräften ihre Identität bewahrte. Er bebte bei dem Gedanken, daß auch sie bald von den tiefen, düsteren Weiten aufgesogen würde. Verlieben muß ich mich, grübelte er, nur auf diese Weise kann ich meine nutzlosen zerstörerischen Sehnsüchte überwinden, nur so werde ich diese Müdigkeit vertreiben, die mich überkommt, wenn ich eine Frau anfassen möchte. Danach kehrte er ins Bett zurück, und am Morgen rief er wie gewohnt seine Mutter an, die sich erst bitter über die Gluthitze beklagte, die in Jerusalem noch zusätzliche Kraft besaß, und dann plötzlich den Wunsch äußerte, ein paar Tage zu ihm zu kommen, damit er sie vielleicht auch ein wenig an den Strand mitnahm. Erschrocken versuchte Molcho sie abzuwimmeln: Aber hier ist die Luft doch so feucht, erklärte er, du wirst abends nicht einschlafen können, in Jerusalem kühlt es ja wenigstens bei Nacht etwas ab. Vielleicht solltest du dir besser eine Klimaanlage kaufen; ich bin bereit, nach Jerusalem zu fahren, um dir bei der Wahl zu helfen. Seine Mutter wollte jedoch keine Klimaanlage, sie wollte einige Tage in seinem Haus verbringen, und er konnte sie nicht daran hindern. Am nächsten Freitag zog er sie also schweißtriefend aus dem Taxi, das sie bis vor seine Haustür gebracht hatte, half ihr, die Kleider im früheren Zimmer des Studenten aufzuhängen, und setzte sich dann schweigend mit ihr auf den dem Meer zugewandten Balkon.

Abends sprach er, zwischen den beiden Großmüttern sitzend, mit leiser, wuterfüllter Stimme den Segen über Wein und Brot zu Ehren seiner Mutter, die Fleischbällchen mitgebracht hatte und unaufhörlich redete, wobei sie die Geduld der anderen Großmutter ausnutzte, die ihr mit derselben verwunderten und innerlich belustigten Aufmerksamkeit zuhörte, wie es seine Frau immer getan hatte. Von der hohen Luftfeuchtigkeit überwältigt, begab sich seine Mutter aber doch irgendwann ins Bett, aus dem bald ein leises Schnarchen ertönte. Am Sonntag nach Arbeitsschluß brachte er sie ans Meer hinunter, setzte sie dort an einer etwas einsameren Stelle zwischen zwei Strandabschnitten auf einen kleinen Klappsessel, um sie so ein wenig vor den herbeiströmenden Menschenmassen zu verbergen, und überließ sie dann sich selber – groß, schwer und etwas komisch mit ihren kurzen nackten Beinen –, während er ins Meer hinausschwamm, dann ausgiebig die Küste nach Norden und Süden abwanderte und erst gegen Sonnenuntergang, als der Strand sich etwas zu leeren begann, wieder zu ihr zurückkehrte, um sich neben sie zu setzen. Geistesabwesend grub er unter ihrem Stuhl eine lange Rinne in den feuchten Sand, während er mit halbem Ohr ihrem gewundenen Redestrom folgte – über ihre Geldsorgen, seinen verstorbenen Vater, ihre Kindheit in der Jerusalemer Altstadt –, und auch über ihre Nachbarn und Freundinnen nebst Kindern und Kindeskindern, über Menschen, denen sie zufällig begegnet war und die voller Interesse nach ihm gefragt hatten.

YORAM KANIUK

Epilog über den Tod eines Freundes

An diesem 8. Juli 1996, eine Woche nach den Wahlen in Israel, während unsere abgespannten Mienen immer noch unsere Sorge angesichts dessen, was die Zukunft uns bringen würde, ausdrückten, fand in Nazareth eine Zeremonie statt, welche die vierzig Tage, die seit Emil Habibis Tod vergangen waren, anzeigte. Es war die dritte Gedenkfeier in der Woche: Die erste fand in Haifa statt, die zweite in Tel Aviv. Ich hatte die Ehre, eingeladen zu sein, auf der Feier in Nazareth, die Emils Familie ausrichtete, ein paar Worte zu sprechen. Für mich wie für alle, die ihn geliebt haben, ist Emil Habibi, der den Beinamen Abbu Salam trug (Salam ist der Vorname seines ältesten Sohnes und bedeutet Friede auf arabisch), viel zu früh von uns gegangen. Vor vierzig Tagen ruhte er in seinem Sarg; ich sehe ihn noch vor mir, zu stark geschminkt, Baumwollstückchen ragten aus einem leblosen Mund, er trug einen Anzug und Schuhe, die wahrscheinlich aus Pappe waren. Er ist in Kfar Samir beerdigt worden, dem protestantischen Friedhof am Stadtrand von Haifa, der Stadt, in der er geboren wurde, die er liebte und in der er – obwohl er seit Jahren, offiziell zumindest, in Nazareth lebte – begraben werden wollte. Denn Emil Habibi war Haifa. Diese Hafenstadt, in der zwei Völker miteinander leben, überragt vom Karmel, von dem aus man in der Ferne, jenseits der Türme des schönsten Küstenfleckens, Akko, die Hügel des Libanon erkennt, hatte ihn gewissermaßen geformt. Da die Küste sehr schmal ist, liegen die Ausläufer des Berges am historischen Knotenpunkt der Wege, die in den Libanon, nach Damaskus, westwärts zur Küste, nach Jaffa, Aschdod und bis nach Alexandria führen.

Am Fuße des Berges, an der Wegkreuzung zwischen traditionsbewußter Vergangenheit und dem frischen Wind der Freiheit, der längs des Meeres weht, hat Haifa, ebenso wie Jaffa oder Akko, weil es niemals heilig gewesen ist, weil es niemals eine religiöse Geschichte gehabt hat, viel dazu beigetragen, den Typus des säkularen Palästinensers zu formen, der sich von der traditionellen palästinensischen Identität entfernt hat, die man auf den Höhen, in Jerusalem, Bethlehem, Nazareth oder Hebron findet.

Die kosmopolitische Atmosphäre Haifas mit seinem Hafen als Öffnung zur Welt war schon bei der Ankunft der Briten im Land spürbar. Die alliierten Streitkräfte hatten es zu ihrer Metropole gemacht, indem sie dort Hunderte von Militärlagern, Flughäfen, Raffinerien und Industrieanlagen einrichteten. Eine wohlhabende arabische Bevölkerung mischte sich mit den deutschen Christen, die schon seit langem dort ansässig waren (sie wurden in der Folge von den Engländern vertrieben); man begegnete dort auch Bosniaken, die von den Türken und Ägyptern hergebracht worden waren. Haifa war die kleinste kosmopolitische Stadt der Welt. Das arabische Leben brodelte im unteren Teil, während sich auf den Hängen des Karmel eine sozialistisch eingefärbte jüdische Gemeinschaft entfaltete, die Emil nicht wenig beeinflußt hat. Ja, Haifa und er waren eins, die Stadt war wie er, intelligent hinter ihrer scheinbaren Naivität, gewitzt und schön, mit dieser unverbaubaren Sicht von der Höhe des Karmel, dieser Landschaft, deren unterdrückte Wut stets durch die Ironie gezügelt wird.

Im übrigen, hast nicht du, lieber Emil, uns die Geschichte von dem arabischen Fischer erzählt, der am Strand von al-Tantura in der Nähe von Haifa mit den Fischen sprach? Ein jüdisches Kind kommt und fragt ihn – dich: In welcher Sprache sprichst du? Auf arabisch. Verstehen die Fische denn Arabisch? Und der Mann – du – bejaht es: Die großen Fische, die alten, diejenigen, die vor der Gründung des Staates Israel da waren, verstehen Arabisch! Und was ist mit den kleinen? fragt das Kind nach. Verstehen sie Hebräisch? Und der Mann antwortet: Arabisch und Hebräisch, das Meer hat keine Grenzen...

Ich denke an diesen Mann, der keine andere Grenze als das Meer hatte. Erst nach seinem Tod habe ich begriffen, wie wenig ich ihn in Wirklichkeit kannte. Und ein schmerzlicher Gedanke ging mir durch den Kopf: Er und ich, wir gehören zwei verschiedenen Völkern an; auf jeder Seite sind Zehntausende von Menschen in dem blutigen Konflikt gestorben, der uns zu Gegnern werden läßt, wir sind die Pole zweier Völker, die am Ende sind, zweier Völker, die meilenweit davon entfernt sind, sich gegenseitig zu verstehen. Und ich habe begriffen, daß ich, wenn ich einen Epilog zu diesem Buch* oder zu dem, was sich dahinter verbirgt, nämlich unsere Geschichte – ich meine die Geschichte, die uns miteinander verbunden hat, die uns mehr als fünfzig Jahre gemeinsam oder getrennt für eine jüdisch-arabische Koexistenz hat kämpfen lassen –, schreiben wollte, den Punkt berühren mußte, an dem Alptraum und Märchen sich treffen. Und, liebe Leser, wieviel Glauben Sie mir auch immer schenken mögen, ich bitte Sie zu glauben, daß die Einschränkung, die ich vorbringen werde und die in mir sticht wie jener Dornbusch auf dem Berg Gilboa, der einmal im Jahr erblüht, um eine wunderschöne Blume zu schenken und bis zum nächsten Sommer wieder tot zu sein, nichts mit Politik zu tun hat: Die Zeit des Friedens wird kommen. Allem und jedem zum Trotz wird ein palästinensischer Staat an der Seite des irsaelischen entstehen. Und doch wird es, so scheint mir, in naher Zukunft kein wirkliches Verständnis zwischen den beiden Völkern geben. Die

---

* Emil Habibi und Yoram Kaniuk: Das zweifach verheißene Land. München 1997.

Juden können die Deutschen für das hassen, was sie den Ihren angetan haben, aber nicht einen Augenblick haben die einen – sie mögen rachsüchtig oder versöhnlich sein – wie die anderen – sie mögen beschämt sein oder bewußt die Augen verschließen – aufgehört, sich zu verstehen. Die Juden und die palästinensischen Araber, die im Unterschied zu den Juden und den Deutschen keine gemeinsame Vergangenheit haben, die nicht diese Jahrtausende gemeinsam erlebter Schandtaten kennen, werden große Mühe haben, sich zu verstehen.

Haifa war natürlich nur ein Dorf, als Emil geboren wurde, aber es war ein echtes arabisches Dorf. Jerusalem mit seinem Aussehen eines kleinen Marktfleckens und seinen paar Moscheen spielte in der arabischen Wahrnehmung keine besondere Rolle, war aber Teil des gemeinsamen Hauses. Schon immer lebten dort zahlreiche Juden, die eine religiöse Minderheit bildeten. Aber trotz der herausragenden Stellung von Zion in ihren Gebeten und Sehnsüchten gab es bei den Juden immer nur ein Kommen und Gehen. Die wahre jüdische Identität hatte sich in der Diaspora entwickelt: im Irak, in Persien, in Europa, in Nordafrika. Was hat all das mit Emil zu tun? Emil war einer der ersten, auf die der Begriff *sumud* zutraf, ein Wort, das für die Araber die Tatsache bezeichnet, daß man einem Land unmittelbar und unerschütterlich angehört, unabhängig von der Macht, die es kontrolliert. Vielleicht glaubte mein Freund ganz tief in seinem Innern, daß Israel und Palästina eins seien und daß dieser Boden niemals beherrscht werden könne? Die Herren gehen, mögen sie Juden, Hethiter, Ägypter, Syrer, Griechen, Philister, Römer sein, wer steht nicht auf der Liste? Das Land hat sie alle erbrochen, ihr Blut wurde vergossen, keine Erde der Welt ist so sehr jahrtausendelang in blödsinnigen Kriegen mit Blut getränkt worden. Immer auf denselben Wegen, immer an denselben Orten. Emil war kein Mensch der Straßen – als die Araber Israels 1948 flohen oder vertrieben wurden, blieb er. Die Palästinenser der Diaspora kritisierten ihn heftig, doch er blieb. Er gehört zu den wenigen, die damals als Kollaborateure bezeichnet wurden, die aber gerade durch ihre Unerschütterlichkeit, ihr Hängen an dem wenigen Land, das ihnen nach den israelischen Beschlagnahmungen blieb, die Begründer des modernen palästinensischen Volkes geworden sind!

Gegen Ende des 19. Jahrhunderts veränderte sich etwas. Auf der Suche, wie sie selbst sagten, nach einem Heil in ihrer historischen Heimat begannen die Juden nach Palästina auszuwandern, um dort zu leben und nicht mehr wie vorher nur um dort zu sterben. Um die kühne Formulierung des israelischen Schriftstellers Itzhak Orpaz zu bemühen, diese Juden kamen nach Palästina als »weltliche Kreuzfahrer«. Von diesem Augenblick an hörten die beiden Völker auf, sich zu verstehen. Die Kompromisse, die Teilung sind etwas Politisches. Niemals hat das Wesen dessen, was Israel oder Palästina heißt, dauerhafte Grenzen gehabt. Juden und Araber können lernen, ihr gegenseitiges Nichtverstehen zur Grundlage – oder vielleicht zur listigen Voraussetzung – einer politischen und möglicherweise sogar humanen Lösung zu machen, aber tief in ihren Herzen wird diese absolute und grausame Negierung des anderen bestehen bleiben.

Das Problem sind nicht der Krieg, die Grenzen, die Konzessionen, sondern es ist dieses *sumud* angesichts des überlieferten Erbes der neuen Einwanderer. Deutschland ist nicht gegründet worden, es hat sich entwickelt und ist Deutschland geworden. Frankreich ist nicht gegründet worden. Syrien ebenfalls nicht. Das neue Israel dagegen wurde nach zweitausend Jahren blühenden jüdischen Lebens in der Diaspora auf der Grundlage einer Idee gegründet, die besagte, man müsse die Juden durch die Rückführung in ihre historische Heimat retten. Die Hebräer sind als Hebräer, als Einheimische vertrieben worden und als Juden zurückgekehrt. Die Thora und der Talmud wurden in der Diaspora redigiert. Die Religion hat sich außerhalb der Grenzen Zions strukturiert. Deswegen ist die Geschichte des Auszugs aus Ägypten exemplarisch. Der Judaismus ist mehr eine Art und Weise, auf fremdem Boden zu überleben, als ein Erbe. Die Araber sagen: Eure Vorfahren haben tatsächlich in diesem Land gelebt – und wenn schon?! Aber die Hethiter, die Kanaanäer, die Ägypter, die Byzantiner, die Römer, die Kreuzfahrer, die Christen auch.

Der Mehrheit der Araber und Juden gelingt es nicht, eine politische Umsetzung dieses totalen Unverständnisses zu finden. Alle Bemühungen bleiben vergeblich. Man will klarsichtig sein und verstehen, aber man ist nicht imstande, es tatsächlich zu tun. Ganz tief in der Seele beider Völker dieses Landes klafft der Graben weiter. Etwas, das dem menschlichen Versuch ähnelt, sich vorzustellen, daß die Sonne in fünf Milliarden Jahren erlöschen wird.

An dem Tag, an dem Emil Habibi starb, war es heiß. Am nächsten Tag, in dem Augenblick, da sein Sarg in die Erde gesenkt wurde, war das Wetter entgegen allen Wettervorhersagen und dem Klima, das normalerweise zu dieser Jahreszeit herrscht, kalt und grau, es regnete sogar ein wenig. Als die Beerdigung vorüber war, kam der Frühling zurück. Das erlaubt uns zu verstehen, was der liebe Gott über den Tod dieses außergewöhnlichen und geliebten Menschen zu sagen hatte. Viele von denen, die ihn liebten, nahmen an der Beisetzung in Kfar Samir teil, viele von denen auch, die ihn in den letzten Jahren kritisiert und auf dem Weg allein gelassen hatten, den er immer noch als einer der letzten gehen wollte, dem Weg des Kompromisses, des Sichabfindens mit der Tatsache, daß auf diesem Boden zwei Staaten entstehen, zwei Völker miteinander leben. Und daß das ungeteilte Jerusalem die Hauptstadt dieser beiden Staaten ist. Auf dem Friedhof hielt sich eine Frau ein wenig abseits, mit Tränen in den Augen und einer Blume in der Hand, eine große Dichterin, schön und treu, die Emil in den letzten Jahren sehr nahegestanden hatte. Wie in seinem Leben wird er im Tod frei, romantisch, kühn geblieben sein, aber auch ein Gefangener.

Habibi erhielt gleichzeitig den Israel-Preis und den El-Quds-Preis, und diese doppelte Auszeichnung bezahlte er teuer. Doch trotz des Kummers, der Verleumdungen und der Drohungen hörte er niemals auf, sich zu diesen beiden Auszeichnungen zu bekennen. Er besaß das seltene Talent, seine Geschichten nicht zu schreiben, sondern sie sich selbst schreiben zu lassen, während ihr Autor im Hintergrund blieb, nicht klüger als seine Erzählung, vorsichtiger jedoch, wachsamer, alles kontrollierend. Er ließ seinen »Opsimisten« sich als einen Naiv-Listigen präsentieren, einen Feigling voller Menschlichkeit, aber auch als den Helden seines Volkes. Als einen »Peptimisten«.

Emils Romane stehen, abgesehen von ihrer orientalischen und überirdischen Schönheit, in einer sehr reichen arabischen Literaturtradition und in der Tradition der englischen realistischen Literatur, die er sehr liebte. Tatsächlich hat sich dieser Kommunist vom positivistischen Realismus nicht gängeln lassen. Jdanov war vielleicht für sein politisches Handeln gut, gut für die Knesset, aber nicht für sein Schreiben. In seinen Erzählungen verbindet sich das Phantastische mit dem Schmerz, den er über das Schicksal seines Volkes und die erlittenen Prüfungen empfand, Prüfungen, die nichts Phantastisches haben. Seine Bücher sind mit Humor und Ironie geschrieben, nicht mit der Peitsche der absoluten Gewißheit. Anstatt ein Prophet zu sein, ist Emil lieber in die Rolle des ewigen Kindes geschlüpft, das ruft, daß der König nackt ist. Mit Hilfe der Distanzierung versuchte er, über das Individuum – insbesondere den Naiven – die conditio humana im allgemeinen zu rechtfertigen. Ohne daß er mit seinen Mitteln sparsam umginge, schwanken seine Geschichten zwischen ostentativer Naivität und Hellsicht und spielen mit der geheimnisvollen Beziehung zwischen beiden. Emil Habibi kannte sehr wohl die Einsamkeit des ewigen Fremden – war er nicht episkopalischer Christ, Israeli, Palästinenser?

1947 unterstützte er den Teilungsplan und war gezwungen, sich bei Juden zu verstecken, um sein Leben zu retten. In seiner tragischen Wahrnehmung der politischen Notwendigkeit – gerecht oder ungerecht, je nachdem, auf welche Seite man sich stellt – war er nicht gemäßigt, sondern im Gegenteil extremistisch, selbst wenn der Kompromiß als solcher ihm inakzeptabel schien. Als Araber wußte er, daß es hier Juden gab. In seinem tiefsten Inneren wußte er, was ich erst bei seinem Begräbnis begriffen habe: daß keine wirkliche Aussicht besteht, den Graben zuzuschütten, daß man aber so tun muß, als sei es möglich!

Emil starb am 2. Mai 1996. Fünfundsiebzig Jahre nach der Ermordung von Josef Chaim Brenner am 2. Mai 1921, die den Beginn des fünfundsiebzigjährigen Krieges zwischen Juden und Arabern bedeutete. Eines Krieges, den Emil sein ganzes Leben lang zu beenden versucht hat. Im Unterschied zu vielen Schriftstellern, deren Werk sich durch trübes Pathos auszeichnet, begreift man bei der Lektüre seiner Bücher – und nicht durch eine gelehrte vergleichende Untersuchung – den Adel, die schmerzliche und einsame Tiefe eines Mannes, wie er einer war.

Nach dem Selbstmordattentat in einem Autobus in Tel Aviv veröffentlichte er, wie ich bereits erwähnte, einen leidenschaftlichen Artikel, in dem er seine arabischen Brüder aufrief, diese Tat zu verurteilen. Sie taten es nicht. Er gestand mir, daß er daran zerbrochen ist. Er hatte das Gefühl, praktisch allein zu sein. Ich vermute, daß er sich auch von seinen jüdischen Freunden eine etwas mutigere Reaktion auf den Exodus Hunderttausender von Libanesen erhofft hatte, die vor den gnadenlosen Bombardements der blödsinnigen militärischen Operation »Trauben des Zorns« flohen.

Emil Habibi war Realist, Träumer, Gläubiger und Skeptiker. Er kam aus Haifa und ist nach Haifa zurückgekehrt.

Ein Modell der Seelenlandschaften seiner zerrissenen Heimat, war dieser Held mit dem so reinen Herzen das Abbild ihrer Tragödie. Ihrer Fröhlichkeit auch. Wenn er einen Araber beschrieb, der am Tag der Unabhängigkeit des jüdischen Staates eine israelische Fahne aus seinem Fenster hängte, lachte und weinte er. Gesegnet sei sein Andenken.

Eroberung der Moderne

S. Yishar

Der Gefangene

Auf den felsigen Bergflanken zwischen dem Unterholz von
Terebinthen und den Bergrosenbüschen waren Schafhirten
mit ihren Herden verstreut und auch in den vor Licht flirren-
den Talmulden mit dem goldgrünen Glanz der raschelnden
Hirse, unter der die nußgroße Erdklümpchen bei jedem Fußtritt
zu grauem Mehl zerbröckelten und einen Geruch von alter,
reifer und guter Erde ausströmten. Auf den Halden und in
den Tälern zogen Schafherden dahin, und die Ölbäume auf
den Hügelkuppen beschatteten hier und dort vereinzelte Gestalten. Es war klar, daß wir nicht weiter vordringen konnten,
ohne Aufsehen zu erregen und somit den Zweck unserer Pa-
trouille zu vereiteln.

Wir setzten uns auf die Steine, um ein wenig zu rasten und
den ausbrechenden Schweiß im Sonnenlicht zu kühlen. Wie
ein goldener Bienenstock summte alles von Sommer. Wind-
gewellte goldene Bergfelder, von Ölbäumen bestandene Hügel und ein glühender, von tiefem Schweigen erfüllter Himmel blendeten die Augen und verführten unseren Sinn, so
daß wir uns nach einem lösenden Wort sehnten. Irgendwo
durch die Felder führten Hirten ruhig ihre Herden in der un-
bekümmerten Schlichtheit von Feldern und Bergen und der
Sorglosigkeit guter Tage, als noch nichts Böses in der Welt
war. In der Ferne grasten stille Herden – Herden aus den Tagen Abrahams, Isaaks und Jakobs. Umkränzt von Ölbäumen
wie mit patinaüberzogenem Kupferwerk döste ein abgelege-
nes Dorf in den Mulden der Hügel, die sich wie Schafe vor
dem fernen Gebirge zusammendrängten. Aber bereits warfen Ränke ihre schrägen Schatten über die Landschaft.

Unser Leutnant schaute lange durchs Fernglas, sog an seiner Zigarette und überlegte. Einerseits hatte es keinen Sinn, weiterzugehen; andererseits kam es nicht in Frage, mit leeren Händen zurückzukehren. Einer von all den Hirten oder einer der Jungen oder vielleicht auch mehrere von ihnen mußten gefaßt werden. Man mußte etwas unternehmen, etwas in Brand stecken. Dann konnte man mit etwas Handfestem zurückkehren, mit einer vollendeten Tatsache. Der Leutnant war mittelgroß, mit eingesunkenen Augenhöhlen, dichten Brauen und beginnender Glatze; die zurückgeschobene Mütze gab seine Stirn mit den schütteren, feuchten Haaren dem Winde frei. Wir folgten seinem Blick. Was immer er auch gesehen haben mochte, wir sahen eine Welt aus grün-fusseligen Hügeln, Felsblöcken und fernen Ölbäumen, eine Welt, durchkreuzt von goldenen Tälern mit Kornfeldern, eine Welt, die uns mit Frieden erfüllte. Die Sehnsucht nach guter, fruchtbarer Erde drängte einen zurück zum grauen Staub, zur Arbeit mit gekrümmtem Rücken, zum mühseligen Schuften in hochsommerlicher Hitze – etwas anderes sein als einer in dieser Gruppe, die der Befehlshaber kühn in die Nachmittagsstille hinauszuwerfen gedachte.

Und tatsächlich, der Plan war fast schon in seinem Innern gereift; denn wir hatten eben im Schatten einer jungen grünen Eiche einen rastenden Hirten entdeckt, dessen Herde vor ihm in den Hirsestoppeln weidete. Sogleich formte sich ein Kreis in der weiten Welt: alles außerhalb des Kreises blieb ausgegrenzt, und darin der einzelne Mann, der lebendig einzufangen war. Und schon zogen die Jäger aus. Der Großteil der Abteilung sollte hinter den Büschen und Felsen auf der rechten Seite Deckung nehmen, während der Leutnant mit zwei oder drei Leuten von links unten her das Wild anpirschen, es plötzlich überfallen und denen im Hinterhalt oben in die Arme treiben sollte. Wir stahlen uns durch das Gold der zarten Ähren, zertrampelten die Terebinthensträucher, die

die Schafe angeknabbert hatten, und unsere Nagelschuhe traten auf die warme, graue Erde. Wir »nutzten das Gelände«, die »Bodenformation«, den »natürlichen Pflanzenwuchs« und den Schutz des »toten Geländes« und stürmten im Galopp auf den Mann zu, der auf einem Stein im Schatten der Eiche saß. Von Panik ergriffen, schnellte er hoch, warf seinen Stock fort und rannte kopflos wie ein gehetztes Reh, bis er hinter dem Grat verschwand, geradewegs in die Arme der Jäger.

Ach, war das lustig! Der Höhepunkt des Vergnügens! Unser Leutnant ruhte nicht, sondern glänzte schon wieder mit einem neuen scharfsinnigen, überraschenden Einfall: »Wir nehmen auch die Herde! Wenn schon, denn schon!« Voller Genugtuung klatschte er in die Hände und rieb sich die Handflächen, als wollte er sagen: Keine schlechte Sache! Einem anderen lief das Wasser im Mund zusammen: »Das gibt 'nen Gulasch, sag ich euch!« Und alle erwachten wir voll wahrer Unternehmungslust, angefeuert durch Siegesfreude und die Aussicht auf Tatenlohn: los !

Doch der Lärm erschreckte die Schafe. Einige warfen die Köpfe hoch, manche versuchten zu fliehen, und die anderen warteten ab, was der Rest tun würde. Wie führt man übrigens Schafe an? Wir benahmen uns lächerlich, und das sagte uns auch der Leutnant. Tölpel und Schlemihle wie wir, behauptete er, taugten zu nichts anderem, als jede anständige Sache zu verderben. Er erhob seine Stimme mit Brr-rr-r und Grr-rr-r und Ta-ata-a und all den Lauten und Tönen, die seit eh und je zwischen Hirt und Herde ausgemacht sind. Einen von uns ließ er blökend als Leithammel voranziehen, und je zwei und zwei sollten auf beiden Seiten ihre Gewehre wie Hirtenstäbe schwingen und einen Hirtengesang anstimmen und drei, vier auf dieselbe Weise den Zug abschließen. Mit etwas Schneid und lautem Gelächter würden wir so unsere zaghafte, befangene Tolpatschigkeit überwinden und endlich anständige Soldaten werden.

In dem Durcheinander hatten wir ganz vergessen, daß hinter einem Felsblock am Abhang, zwischen zwei Gewehrkolben und zwei Paar Nagelschuhen, ein Gefangener zitternd wie ein Hase hockte. Er war um die vierzig, mit einem über den Mund hängenden Schnurrbart, einer blöden Nase und leicht geöffneten Lippen – und Augen, die allerdings mit seiner eigenen Kafiya verbunden waren, damit er nichts sähe, obwohl ich nicht weiß, was er nicht hätte sehen dürfen.

»Steh auf!« befahlen sie ihm, als der Leutnant sich die Beute von oben bis unten ansehen wollte, und fuhren fort: »Hast geglaubt, wir würden nichts fangen, was? Und ob wir gefangen haben! Sogar ohne eine einzige Kugel. Bei uns gibt's keine Faxen. Seht her, er hat kapiert: Hände hoch! So ist's recht!«

»Ihr seid tipptopp«, lobte der Leutnant seine Leute.

Stellt euch vor – die Herde samt dem Hirten! Die würden staunen, wenn wir anrückten! Fabelhaft! Dann nahm er den Gefangenen in Augenschein: ein untersetzter Kerl in einem verblichenen gelblichen Gewand, hinter seiner Augenbinde ängstlich japsend, in zerschlissenen Sandalen, die mit dem hufartigen Fuß eins bildeten, und hochgezogenen Schultern, die »jetzt ist's aus« zu sagen schienen.

» Macht ihm die Augen frei, aber fesselt ihm die Hände! Er soll die Herde vor uns anführen!« brillierte unser Leutnant mit noch einem jener glänzenden Einfälle, die die Kampftrunkenheit so reichlich in ihm auslöste, und uns durchzuckte einen um den andern ein Freudenfunke. Gut. Man löste die schwarze Kordel von der Kafiya und band ihm damit die Hände fest zusammen. Dann schob man dem Verängstigten das Tuch von der Nase hoch und befahl: »*Nabi el-rhanam kudamna!*« Führe die Herde vor uns her!

Ich weiß nicht, was der Gefangene dachte, als es vor seinen Augen hell wurde, was er in seinem Herzen fühlte, was sein Blut raunte und tobte und was er in seiner Hilflosigkeit durchlebte – ich weiß nur, daß er zu seinen Schafen schnalzte und gurrte, als wäre nichts vorgefallen. Er stieg von Fels zu Fels zwischen den Büschen hinab, wie eben ein Hirt von Fels zu Fels zwischen den Büschen hinabsteigt, gefolgt von der verängstigten, eingeschüchterten Herde. Mit rauhkehligen Rufen, begleitet von den Stößen unserer Gewehrkolben, stampften wir ausgelassen lachend hinter ihnen her ins Tal hinunter.

Wir waren mit alledem so beschäftigt, daß wir die anderen Hirten gar nicht bemerkten, die auf den enggedrängten, still-goldenen Hügelkämmen auftauchten, lautlos ihre Herden sammelten und uns aus der Ferne beobachteten. Wir hatten auch nicht beachtet, daß die Sonne immer goldgleißender wurde und tiefer sank, bis sie uns auf einmal, als wir um einen Felsvorsprung bogen, eine Woge blendenden Lichts entgegenschleuderte. So wirkte die staubige Flammenscheibe wie eine ernste Mahnung von droben aus höchster Warte. Wir hatten natürlich für all das keine Zeit. Die Herde! Der Gefangene! Während die Schafe blökend auseinanderliefen, schrumpfte jener stumm zusammen, und eine Art Verblödung und Stumpfheit befiel ihn. Seinem erschütterten Sinn schien alles hinter ihm verloren und alles vor ihm hoffnungslos. Immer stiller, immer trübseliger und immer betäubter trottete er dahin.

Es würde zu weit führen, hier zu erzählen, wie wir durch Talrinnen wanderten, zwischen stillen goldenen Höhen in friedlicher Sommerreife; wie die verängstigten Schafe öfter als sonst stolperten; wie unser Gefangener – in Schweigen gehüllt, verstummt wie eine entwurzelte Pflanze – etwas erbärmlich Elendes an sich hatte, eine latente Furchtsamkeit, die seinen Kopf umwehte wie die ihm gewaltsam, in einem Handstreich brutaler Abschätzigkeit über die Brauen geschobene Kafiya, ängstlich verschreckt und abstoßend verächtlich zugleich; wie die Hirse an Gold, die Sonne an ruhigem Stolz zunahm; wie die Feldwege zwischen Ackerrain und Bergesrand sich mit der stummen Ergebenheit grasender Lämmer den Pfaden der rechtschaffen Wandelnden fügten – kurz gesagt: Wir näherten uns unseren Gefilden.

Allmählich konnte man den Stützpunkt erkennen, ein erobertes arabisches Dorf: abgerissene Echos. Ein verlassener Ameisenhaufen. Modergeruch der Verwahrlosung. Stinkendes, lausiges, verflohtes Dasein. Armseligkeit und Stumpfheit jämmerlicher Dörfler. Fetzen menschlicher Existenz. Auf einmal hebt man die Säume ihrer Heime und Höfe hoch, enthüllt ihr Geheimstes. Unversehens stehen sie in ihrer Nacktheit da, armselig zusammengeschrumpft und übelriechend. Plötzliche Leere. Schlagartiger Tod. Fremdheit, Feindseligkeit, Verwaisung. Durch den Staub der Tageshitze schielt Trauer – oder Langeweile? Einerlei, was es ist.

Dort oben jedoch, in den schmierigen grauen Schützengräben, patroullieren die zu Wachsoldaten gewordenen Zivilisten. Ihr Essen ist kein Essen, ihr Wasser kein Wasser, ihr Tag kein Tag und ihre Nacht keine Nacht. Zum Teufel mit allem, was wir tun und was sein wird, zum Teufel mit allem, was einmal gut, schön und anständig war, zum Teufel! Wühlen wir nur tüchtig im Schmutz, lassen wir uns Bärte wachsen und führen wir eine Lästerzunge! Sollen uns doch die verschwitzten Kleider am ungewaschenen, Furunkel übersäten Körper haften! Wir werden auf streunende Hunde schießen, ihre Kadaver verwesen lassen, im klebrigen Staub hocken, im stinkenden Kot schlafen und auf alles pfeifen – ganz egal!

Der Stützpunkt zeichnete sich immer deutlicher ab. Stolz marschierten wir mit unserer Prachtbeute voran. Unsere Schritte klopften im Takt. Die blökende Herde wälzte sich verstört vorwärts. Dem Gefangenen wurde das Tuch wieder über der Nase festgebunden (wegen des geheimen Stützpunkts). Er schleppte seine Sandalen nach, als er unter unseren herzhaften Rüffeln unbeholfen vorwärtsstolperte. Sonst herrschte eitel Freude und Zufriedenheit. So eine Leistung!

Wir waren verschwitzt, verstaubt, dafür jedoch Soldaten, wahre Männer! Unser Leutnant war im siebten Himmel. Stellt euch vor, wie sie uns willkommen heißen würden. Wie wir vor Vergnügen in brüllendes Gelächter ausbrechen würden, wie Fässer, die aus den Reifen platzen.

Grinsend und schwitzend trat einer auf unseren Leutnant zu und deutete auf den Gefangenen mit seinen verbundenen Augen: »Dieser da? Erledigen? Laß mich!«

Unser Leutnant nahm ein paar Schluck Wasser, wischte sich den Schweiß ab und sagte, immer noch lachend: »Du scher dich weg! Das ist nicht deine Angelegenheit.«

Der Kreis, der sich ringsum gebildet hatte, brüllte darüber vor Lachen. Die Schützengräben, die Sorgen, keine Ordnung, kein Urlaub, das ganze Drum und Dran, was bedeutete es schon, verglichen mit all dem!

Einer knipste das Ganze. Beim nächsten Urlaub würde er die Bilder entwickeln. Einer schlich sich von hinten an den Gefangenen heran, fuchtelte lüstern mit der Faust und zog sich unter wieherndem Gelächter gleich wieder zu den übrigen zurück. Einen gab es, der einfach nicht wußte, ob das eigentlich schön sei oder nicht, ob es sich auch schicke oder nicht. Fragend ließ er die Augen umherschweifen auf der Suche nach einer bekräftigenden Antwort, ganz gleich, welcher. Ein anderer neigte einen Wasserkrug über seinen Schlund, fing mit entblößten Zähnen den Strahl auf und hielt dabei mit dem Zeigefinger seiner Linken die Zuhörer in Bann: gleich würde er den letzten Tropfen hinunterschlucken und mit seiner Geschichte fortfahren! Einem im Unterhemd stand vor Verwunderung und Neugierde der Mund mit den faulen Zähnen offen. Viele Zahnärzte, schlaflose Nächte, enge, stickige Zimmer, eine dürre, giftige Frau, Arbeitslosigkeit und Parteiarbeit hatten ihm sein ewiges »Nun, was wird sein? Was wird sein?« nur noch mehr eingehämmert. Es gab Männer mit fester Arbeit und solche, die auf der Karriereleiter emporstiegen, es gab unverbesserliche Pechvögel und Schlemihle und wieder andere, die ins Kino und ins Theater liefen – Habima, Ohel, Hamatate – und die Wochenendbeilagen zweier Zeitungen lasen. Und manche gab es, die ganze Passagen von Horaz, dem Propheten Jesaja, Chaim Nachman Bialik und auch Shakespeare auswendig kannten, und manche, die ihre Kinder, ihre Frau, den eigenen Garten und ihre Pantoffeln über alles liebten. Solche, die Protektion verabscheuten, immer darum besorgt waren, daß es beim Schlangestehen gerecht zugehe, und beim leisesten Anflug von Benachteiligung Zeter und Mordio schrien. Solche, denen der Zorn über Steuern und hohe Wohnungsmiete alle Gutmütigkeit vergällt hatte. Solche, die gar nicht das waren, was sie schienen, und solche, die genau das waren, wofür man sie hielt. Sie alle umstanden in frohem Kreis einen Gefangenen mit verbundenen Augen, der gerade eine schwielige Hand ausstreckte – eine, von der man nie weiß, ob sie schmutzig oder die Hand eines Bauern ist – und sagte: »*Fi sigara?*« Zigarette? mit lauter, rauher, überraschender Stimme – als ob zum Beispiel eine Hauswand sich öffnete und zu sprechen begann –, was sofort den Beifall der zum Lachen Aufgelegten erregte und die gegen Frechheit Empfindlichen mahnend den Finger heben ließ.

Vielleicht hätte sich noch einer die Sache mit der Zigarette überlegt, aber alles endete anders, viel militärischer. Zwei Gefreite und ein Obergefreiter kamen vom Hauptquartier herunter und führten den Gefangenen ab. Da er nicht sehen konnte, stützte er sich unschuldig auf den Arm des einen Gefreiten, der wiederum seinen Arm in aller Unschuld hilfreich ausstreckte. Er lenkte sogar mit ein paar Worten die tappenden Schritte des Gefangenen. Einen Augenblick lang sah es aus, als mühten sich beide gemeinsam, Hindernisse zu überwinden, und stützten einander wie zwei Freunde, die zusammengehen, zusammen sind – so sehr, daß, vorm Haus angelangt, der irre Gefangene erneut röchelte: »*Fi sigara?*« Diese paar Silben verdarben sofort alles. Der stützende Begleiter zog seine Hand, die beinah in den Arm des Gefangenen eingehakt gewesen war, zurück, hob zornig die Augenbrauen und schüttelte sich beleidigt frei. »Habt ihr das gesehen?« Es geschah so unerwartet, daß der blinde Kerl über die Stufen vor dem Haus stolperte, beinahe der Länge nach hinfiel und mit Schwung ins Zimmer polterte. Verzweifelt suchte er sich vor dem Sturz zu bewahren, stieß einen Stuhl um und prallte am Tisch ab. Unbeholfen und plump, von seiner eigenen Heftigkeit und von dem, was noch kommen würde, überwältigt, ließ er die Arme hängen und ergab sich stumpf in sein Schicksal.

Hinter dem Tisch saßen in strenger Haltung einige Offiziere. Doch dieses unerwartete Hereinstürzen des Gefangenen brachte alle ihre Vorbereitungen durcheinander, zerstörte die ganze Stimmung und verwirrte die Wache an der Tür samt den beiden Gefreiten und dem Obergefreiten, so daß alles von neuem organisiert werden mußte.

Der Offizier, der in der Mitte saß, war groß, muskulös, mit borstigem Haar und scharfen Zügen. Zu seiner Linken saß niemand anders als unser Leutnant. Jetzt sah man, daß er ziemlich kahl und an den Schläfen grau war, nur die vereinzelten Haarbüschel auf seinem Kopf waren dunkel. Eine zerdrückte Zigarette im Mund, schwitzte und keuchte er, der Held des Tages, wobei er doch erst am Anfang seiner glorreichen Taten war. In einiger Entfernung, von den übrigen auffällig distanziert, lehnte ein Bursche an der Wand. Er blickte durch die leicht gesenkten Lider wie einer, der eine höchst bestimmte Wahrheit weiß, jedoch abwartet, auf welche Weise gerade diese bestimmte Wahrheit schließlich zutage käme.

»Wie heißt du?« eröffnete der Große unvermittelt das Verhör. Aber der Gefangene war immer noch über seinen abrupten Auftritt verstört und überhörte die Frage. Der Bursche an der Wand schürzte triumphierend die Lippen: Genau das hatte er erwartet.

»Wie heißt du?« wiederholte der Große gedehnt.

»Wer? Ich?« schrak der Gefangene auf und hob unsicher die Hand zur Augenbinde, ließ sie aber auf halbem Weg sinken, als hätte er sich verbrannt.

»Dein Name?« fragte der Borstenhaarige ein drittes Mal mit betonter Nachsicht.

»Hassan«, rasselte der Gefangene und neigte den Kopf, beflissen, seine ungewohnte Blindheit durch besonderen Eifer wettzumachen.

»Hassan was?«

»Hassan Achmed«, gurgelte er willig und nickte bestätigend. Er war ins rechte Geleise gekommen.

»Wie alt?«

»Oh... so ungefähr... weiß nicht genau«, stammelte er, zuckte die Achseln und rieb sich verlegen die Hände, im Bemühen, behilflich zu sein.

»Wie alt?«

»So etwa. Weiß nicht, *ya sidi*«, röchelte Hassan durch seine wulstigen Lippen. Aus irgendeinem Grund kicherte er, wobei sein hängender Schnurrbart auf und ab wippte. »Zwanzig, vielleicht auch dreißig«, trug er bereitwillig zum gemeinsamen Unternehmen bei.

»Nun, und was ist bei euch im Dorf los?« fuhr der Große mit jener betonten Gelassenheit fort, die mehr den kommenden Sturm ankündigte, als daß sie seine Ruhe verriet. Es war die Gelassenheit einer kleinen, originellen List; sie schlängelt sich von weitem heran, bis sie plötzlich falkengleich mitten in die Brust, in die Hauptader trifft.

»Im Dorf arbeitet man, *ya sidi*«, schilderte der Gefangene das Dorfleben, während er von irgendwoher Schlimmes witterte.

»Man arbeitet, was? Wie immer?« forschte der Große, indem er sich wie eine Spinne näherte, der ein zitternder Faden ihres Netzes Beute verheißt.

»*Na'am, ya sidi.*« Ja. Die Beute war dem Gewirr der Fäden entronnen.

Es war klar, daß er hier lügen würde. Zweifellos würde er lügen. Es war seine Pflicht zu lügen, doch wir würden ihn durchschauen, den elenden Hund. Wir würden es ihm zeigen. Es war uns klar, daß man auf diese Weise nichts aus ihm herausbekam. Aber er würde uns nicht an der Nase herumführen, nicht uns! Er würde schon noch reden.

»Wer ist bei euch im Dorf?« Der Adler kreiste drohend über seiner Beute.

»Eh?« Der Gefangene begriff nicht und leckte sich unschuldig die Lippen wie ein Tier.

»Juden? Engländer? Franzosen?« forschte der Große wie ein Lehrer, der seinem Schüler eine Falle stellt. Man mußte ihn packen!

»*La, ya sidi*, keine Juden, nur Araber«, antwortete jener ernst, gar nicht wie einer, der Ausflüchte sucht. Er langte wieder geistesabwesend nach dem Tuch über seinen Augen, als wäre nun die Gefahr vorüber. Der Inquisitor warf seinen Gefährten im Zimmer einen Blick zu: Habt ihr gesehen, es fängt schon an. Man muß nur wissen, wie man's anpackt!

»Bist du verheiratet?« holte er zu einem Flankenangriff aus. »Hast du Kinder? Wo wohnt dein Vater? Wie viele Brüder hast du? Woher nehmt ihr das Trinkwasser im Dorf?« Er spann sein feinmaschiges Netz, und der Gefangene gab sich alle Mühe, bereitwillig zu antworten. Er fuchtelte übertrieben und sinnlos mit den Händen, schüttelte den Kopf und stammelte mit schwerer Zunge belanglose Einzelheiten, die ihn selbst aus dem Konzept brachten und die Verhörer in Wut versetzten: eine Geschichte von zwei Töchtern und einem Sohn, der – nicht ohne Verschulden seiner Schwestern – von zu Hause fortgegangen, krank geworden und aus dieser Welt geschieden war. Dabei kratzte sich der Gefangene in größter Unschuld mit dem Daumen an den Rückenrippen oder krallte alle vier Finger um den Daumen, bis er in seinem Gestammel das richtige Wort fand. Er war uns schon allen tüchtig über.

Es entstand eine Pause. Der Wachsoldat an der Tür trat von einem Fuß auf den anderen.

Vom Ausdruck des Burschen an der Wand und der Art, wie sich unser glatzköpfiger Leutnant vom Tisch erhob, wurde es plötzlich klar: nicht etwa, daß der Gefangene nichts mehr zu sagen habe, sondern daß jetzt nur noch Prügel helfen würden.

»Hör mal, Hassan«, versetzte der Große, »gibt's in eurem Dorf Ägypter?«

(Jetzt wird er sprechen. Jetzt geht's los. Jetzt wird er sicher lügen.)

»Ja«, antwortete der Gefangene enttäuschend einfach.

»Ja«, echote der Fragesteller leicht vorwurfsvoll, als hätte man ihm etwas vorweggenommen. Er zündete sich eine Zigarette an und dachte nach, wie er zum nächsten Zug ausholen solle.

Unser Leutnant begann im Zimmer auf und ab zu schreiten, rückte den Stuhl gerade, stopfte sein Hemd in die Hose, drehte uns den Rücken zu und starrte sichtlich unzufrieden aus dem Fenster. Der Bursche an der Wand strich sich mit der Hand übers Gesicht und zwickte sich nach jedem Mal die Nase, wobei er vernehmlich schnaufte und eine kluge Miene aufsetzte. Man muß eben wissen, wie man die Sache anpackt.

»Wie viele sind es?«

»Na ... so ... nicht viel.«

(Aha, jetzt beginnt er zu lügen. Da haben wir's. Man muß zuschlagen.)

»Wie viele ?«

»Zehn, vielleicht fünfzehn.«

»Hör mal, Hassan, es ist besser für dich, du sprichst die Wahrheit.«

»Es ist die Wahrheit, *ya sidi*, alles ist wahr.«

»Lüg nicht!«

»*Na'am, ya sidi.*« Er wußte nicht, was mit seinen verwundert ausgestreckten Händen anfangen, und ließ sie sinken.

»Bei uns redet man nicht um den Brei herum!« fuhr der Große auf. »Wie viele Soldaten gibt's bei euch?« fügte er hinzu, weil er das für wichtig hielt.

»Fünfzehn.«

»Lüge.«

Der Glatzköpfige am Fenster wandte sich um. Seine Augen lächelten. Er genoß den letzten süßen Moment der Vorfreude, zögerte ihn genießerisch hinaus, wobei er im lächelnden Mundwinkel seiner zusammengepreßten Lippen eine Zigarette anzündete. Auch die übrigen fünf im Zimmer warfen einander heimlich von Vorfreude erfüllte Blicke zu. Die Wache an der Tür trat wieder von einem Fuß auf den andern.

»So wahr ich lebe, fünfzehn!«

»Nicht mehr?«

»Ich schwöre es, nicht mehr.«

»Woher weißt du, daß es nicht mehr sind?« Der Verhörende wollte beweisen, daß man ihm nicht so leicht einen Bären aufband.

»Nicht mehr.«

»Und wenn es doch mehr sind?« (Was kann man auf so eine Frage antworten?)

»Es sind nicht mehr.«

Irgendwoher löste sich plötzlich ein lange verhaltener Fußtritt, schräg und ungeschickt versetzt, weil es am nötigen Raum zum Ausholen fehlte. Der Gefangene stieß mehr aus Überraschung als aus Schmerz einen Schrei aus und sackte über den Tisch. Das Ganze glich eher einem unfairen Spiel als einem Kreuzverhör; es mutete überraschend und unnatürlich an.

»Jetzt sprich, aber sieh zu, daß du dich an die Wahrheit hältst!«

»*Ya sidi*, ich schwör's bei meinen Augen, bei Allah, fünfzehn.«

Der Bursche an der Wand fürchtete offensichtlich, daß jemand diese grobe Lüge glauben könnte. Er hielt einen langen
Stock in der Hand, betastete ihn prüfend, ließ ihn elegant
durch die Finger gleiten wie ein Ritter, der sein Schwert zieht,
und legte ihn mit vielsagendem Schweigen auf den Tisch.

Die Fragen folgten dicht aufeinander, ohne Atempause.
Die Fußtritte flogen immer leichter und natürlicher, einer
nach dem andern, kalt, ohne Wut, dafür um so besser gezielt.
Und obwohl sie hin und wieder erneut fehl am Platze schienen, fand sich doch ein Grund, sie erneut auszuteilen.

Denn willst du die Wahrheit – schlag zu! Lügt der Kerl –
schlag zu! Spricht er die Wahrheit (glaub ihm nicht) – schlag
zu, damit er später nicht lüge. Schlag zu, für den Fall, daß es
noch eine andere Wahrheit gibt. Schlag zu, weil er dir zu
Füßen liegt. Ein Baum, den man schüttelt, läßt die reifsten
Früchte fallen, und ein Gefangener, den man schlägt, gibt die
größte Wahrheit von sich. Das steht fest. Und ist einer nicht
einverstanden, diskutier nicht mit ihm. Er ist ein Defätist. So
einer soll die Finger vom Kriegführen lassen. Hab kein Mitleid: schlag zu! Mit dir hat man auch kein Mitleid. Außerdem
ist der Goj an Schläge gewöhnt.

Nun kam die Rede auf die Maschinengewehre im Dorf. Ein
brennender Punkt. Da muß man zuschlagen. Ohne Schläge
kommt man hier nicht weiter, sonst wird jüdisches Blut vergossen, das Blut unserer Jungen. Dieser Punkt muß aufge-
klärt werden. Man preßte den Gefangenen nochmals und
abermals aus, bis es einen anwiderte, und es verblieb nur die
Gewißheit, daß er log. Man befahl ihm, die Befestigungen im
Dorf zu beschreiben. Hier geriet er völlig durcheinander, er
hatte Mühe mit der Ortsbestimmung, mit der Abstraktion,
mit der Geometrie, mit der Mathematik. Er fuchtelte mit den
Händen herum, scharrte mit den Füßen, trippelte hin und

her, versuchte mit weit ausholenden Gebärden zu überzeugen. Doch das Tuch über seinen Augen ließ alles in einem düsteren Nebel verschwimmen. Denen im Zimmer war klar, daß das Ganze nichts als ein Lügengewirr war.

»Du bist ein Lügner!« rief der Verhörende in seiner Verzweiflung. »Ich seh's deinen Augen an, daß du lügst!« Drohend schüttelte er die geballte Faust vor der Augenbinde des Gefangenen.

Man kam nicht vorwärts. Es war langweilig. Alle hatten es schon satt. Man verrannte sich in ein kaltes, schwerfälliges Kreuzverhör, ohne jegliche Begeisterung. Selbst die Schläge fielen lustlos. Überraschend landete pfeifend ein Stockhieb auf dem Rücken des Gefangenen, ein mißtönender, phantasieloser Schlag.

Gut. Jetzt kamen die Kanonen an die Reihe. Der Gefangene behauptete, daß ihre Läufe nicht länger wären als der Abstand von seiner Schulter bis zur Handfläche. Dabei hackte er mit seiner Linken wie mit einem Beil auf seine rechte Schulter und dann auf seine Handfläche, um zu zeigen: von hier bis da. Unaufhörlich schlug er voller Hingabe und Aufopferung drauflos, um jeden Zweifel auszumerzen, nicht sicher, ob es nun genug sei oder ob er fortfahren solle. Um seine Lippen und um den Schnurrbart lag der Ausdruck eines Blinden, der sich verirrt hat.

Die Fragen versiegten. Der Wachsoldat an der Tür trat immer noch von einem Fuß auf den andern und blickte von Zeit zu Zeit zum Himmel hinauf; vielleicht suchte er am flimmernden Firmament etwas, das er in diesem düsteren, schmutzigen Zimmer nicht fand. Er ahnte, daß sich etwas Schreckliches ereignen würde. Es gab keinen Ausweg. Gleich würden sie ihm zurufen: »Nimm das Aas und erledige es!«

»Also«, sagte der Große, lehnte sich in seinem Stuhl zurück, um sich von der Angelegenheit zu erholen, und drückte unwirsch seine Zigarette auf dem Boden aus.

»Ich werde ihn schon erledigen«, meldete sich der Kahl-köpfige freiwillig und schnippte seine Zigarette mit den Fingern durch die Tür hinaus.

»Er ist ein Vollidiot«, faßte der eine Gefreite zusammen.

»Er spielt nur den Idioten«, entgegnete der zweite.

»Man muß wissen, wie man mit so einem redet«, sagte der Jüngling an der Wand und kräuselte die Lippen ob dieser schmählich geleugneten Wahrheit.

Der Gefangene hatte die Atempause gewittert. Er leckte sich die dicken Lippen, streckte seine klobige Hand aus und sagte »*Fi sigara, ya sidi?*« Natürlich achtete niemand auf den Trottel. Nach einer Weile zog der Idiot seine Hand zurück, stand bockstill und seufzte: »*Ach, ya rab*«, was bedeutet: O mein Gott.

Was jetzt? Wohin? Zum Steinbruch im Dorf? Oder wäre vielleicht ein wenig Folter angebracht, um ihm die Zunge zu lösen und das Lügen auszutreiben? Oder gab es noch einen anderen Weg? Wie wird man ihn los? Oder vielleicht ... wenn man ihm eine Zigarette gäbe und ihn nach Hause schickte: Scher dich weg und laß dich nicht mehr blicken!

Schließlich telefonierte einer mit dem Oberleutnant höchst-persönlich. Es wurde beschlossen, den Gefangenen in ein anderes Lager zu überführen (mindestens drei im Zimmer rümpften angewidert die Nase über diese unziemliche, zivile Kompromißlösung), in ein Lager, in dem Gefangene verhört werden und jeder ausgeteilt bekommt, was ihm gebührt.

Der Wachsoldat an der Tür, der, ohne zu wissen, warum, nicht mit ganzem Herzen bei der Sache gewesen war, holte den verstaubten Jeep und den maulenden Fahrer vom Dienst. Der war empört, daß man ihn außer der Reihe rief, was er mit Leichtigkeit an Hand vieler Argumente und auch anderer Redewendungen bewies. Nicht etwa, daß es ihm etwas aus-machte, wieder einmal in bewohnte Gegenden zu fahren und menschliche Gesichter zu sehen; aber es war ihm um Grundsätzliches zu tun, um das Prinzip der Sache! Ein anderer Soldat, der mangels Transportgelegenheit seinen Auftrag bisher hatte verschieben müssen, setzte sich neben den Fahrer. Nun wurde ihm eine weitere Aufgabe zugeteilt: den Gefangenen begleiten. (Vorn das Maschinengewehr, hinten der Gefangene – so würden sie durch die Straßen der Stadt fahren!) Mit zwei Aufträgen würde man diese Fahrt, Gott bewahre, nicht als Urlaub zählen! Er lud das MG.

Der Gefangene wurde in den Jeep geschubst. Er tappte herum, stieß überall an und fand schließlich auf dem Boden etwas Platz zum Kauern. Vor ihm saßen zwei Soldaten und hinter ihm der Wachhabende von der Tür, in dessen Tasche die offiziellen Papiere, der Transportbefehl und die übrigen Schriftstücke steckten. Der Nachmittag, der vor langer Zeit zwischen Bergen, Eichen und einer Herde begonnen hatte, ging zur Neige, doch keiner wußte, wie er enden würde.

Und schon hatten sie das verrottete Dorf verlassen, schon waren sie aus dem Wadi hinaus in die Felder gelangt, schon fuhren sie durch die Felder, und schon holperte der Jeep eilends auf allen vieren springend dahin, manch vorher Fernes kam heran und wurde nah, und es war gut, so im Sitzen die in immer rötlicheres Licht getauchten Felder zu sehen, mitgerissen vom Strom goldener Wölkchen, einem Licht, das hoch über all jenen Dingen schwebte, die dir und mir so wichtig sind, auch wenn den Fahrer absolut gar nichts scherte, und den schnurrbärtigen Kameraden neben ihm erst recht nicht. Sie rauchten und pfiffen und sangen abwechselnd die Schlager, ›In der Negevwüste fiel ein tapfrer Mann‹ und ›Deine schönen grünen Augen‹. Was der Kerl auf dem Boden des Jeeps dachte, wußte man nicht, denn er war blind, tierisch blöd und stumm.

Hinter uns wirbelte eine Staubwolke wie ein flackernder Rauchschweif, in dessen Rändern sich das rosige Licht verfing. Der kleinste Graben, die geringste Unebenheit ließen den dahinflitzenden Jeep springen. Die Felder dehnten sich ins Unendliche, gaben sich in selbstvergessenem Wonnerausch der Dämmerung hin, verschenkten sich an etwas Fernes, Traumhaftes.

Und urplötzlich, mit einem Mal kam einem ein merkwürdiger Gedanke: »Seine Frau ist zweifellos verloren.« Bevor man sich noch fragt, woher, versteht man mit einem Schlag, daß hier, an dieser Stelle, ein Urteil gefällt wurde, das so viele Namen trägt, darunter auch Schicksal.

Mit ein, zwei Schritten wäre man aus diesem Dilemma heraus! Man könnte die zweite Stimme zu den Liedern der beiden da vorn singen, könnte mit dem Abendlicht in ferne Gefilde, zur gelbroten Sonne entschweifen – wenn man nicht gleich wieder zurückkehrte und sähe, was aus diesem verlockenden Ausbruch erwachsen ist: Der Mann, der dir zu Füßen hockt, sein Leben, sein Wohlergehen, sein Heim, drei Seelen, das ganze Lebensgefüge, sind in deine Hand gelegt, als wärst du ein kleiner Gott, der da im Jeep sitzt. Der abgeführte Gefangene, die geraubte Herde, die Menschen im fernen Bergdorf – hier fügen sich Lebensfäden zusammen, werden abgeschnitten oder verstricken sich ausweglos, weil du auf einmal Herr ihres Schicksals bist. Wenn du willst, hältst du den Jeep an und läßt ihn frei, und alles nimmt eine andere Wendung. Aber warte... Der Bursche auf dem Rücksitz des Jeeps hat plötzlich eine Eingebung: Halt! Befreit den Gefangenen!

Wir halten den Jeep hier beim Wadi an. Wir lassen den Mann aussteigen, öffnen ihm die Augen, wenden ihn den Bergen zu, weisen geradeaus und sagen zu ihm: Geh nach Hause, Mensch, hier geradeaus. Nimm dich vor diesen Hügeln in acht! Dort sind Juden. Paß auf, daß du uns kein zweites Mal in die Hände fällst! Der Mann nimmt die Beine in die Hand und läuft heimwärts. Er kehrt nach Hause zurück. Ganz einfach ist es. Denk dir nur: das entsetzliche, bedrückende Warten, das Los seiner Frau (einer Araberfrau!) und ihrer Kinder, ihr Rätseln um den Schicksalsspruch, das bange Wird-er-zurückkommen, das zage Was-wird-nun – alles würde gut ausgehen, man würde wieder aufatmen, das Leben wäre neu geschenkt. Komm, junger Mann, befreien wir ihn!

Warum nicht? Wer hindert einen daran? Es ist einfach, anständig, menschlich. Steh auf und laß den Fahrer anhalten! Schluß mit den geschwollenen Phrasen über Humanität – diesmal liegt es in deiner Hand. Diesmal ist es nicht die Verruchtheit irgendeines Dritten. Diesmal ist einzig dein Gewissen im Spiel. Laß ihn aussteigen, und du hast ihn gerettet. Heute liegt die Entscheidung, jene gräßliche und große Entscheidung, von der wir immer so ehrfurchtsvoll sprachen, in deinen eigenen Händen. Diesmal hast du nicht die üblichen Ausflüchte: »Ich bin Soldat«, »es ist Befehl« und »wenn die mich gefangen hätten?«, ja, nicht einmal das »Was werden die andern sagen?« Du stehst nackt der Pflicht gegenüber, und sie ist ganz und gar dein.

Halte also an, Fahrer. Laß den Mann laufen. Begründungen sind unnötig. Es ist sein Recht und deine Pflicht. Wenn dieser Krieg einen Sinn hat, so soll er sich jetzt erweisen. Mensch, Mensch, sei ein Mensch und schick ihn nach Hause. Pfeif auf all die konventionelle Grausamkeit. Laß den Mann laufen. Auch wenn schrille, dumme Plakate alle Schandtaten von vornherein vergeben – befreie ihn. Halleluja, laß den Hirten, laß diesen Fellachen zu seiner Frau heimkehren.

Es gibt keinen anderen Weg. Jahre können vergehen, bis er, durch ein Wunder befreit, in die Berge zurückkehren wird, um seine Frau und seine Kinder zu suchen. Inzwischen sind sie hungrige Flüchtlinge geworden, heimgesucht von Elend und Krankheit, tiefer und tiefer gesunken zu einem Häufchen menschlichen Staubes. Wer weiß, was ihnen diese Zwischenzeit bringt, wo sie inzwischen bleiben. Mag auch sein, daß der Mann unterdessen aus irgendeinem Grund (oder aus gar keinem Grund) ins Jenseits befördert wird.

Warum läßt du nicht anhalten? Es ist deine Pflicht, eine Pflicht, vor der es kein Entrinnen gibt. Es ist so sonnenklar, daß es schwerfällt zu warten, bis du endlich handelst. Sag dem Fahrer ein Wort, erzähle ihm und deinen Kameraden, daß der Befehl so lautet, binde ihnen irgendeine Geschichte auf – nicht einmal nötig; man braucht nichts zu erklären. Was sein wird, wird sein. Du bist bereit, die Verantwortung zu tragen. Befreie ihn!

(Wie kann ich denn? Er ist nicht mein. Er ist nicht in meiner Hand. Es ist nicht richtig: Ich bin nicht sein Herr. Ich bin nur ein Bote, nicht mehr. Warum ich? Seit wann bin ich für die Hartherzigkeit anderer verantwortlich?)

Genug. Das ist schmähliches Auskneifen. So drückt sich jeder Schuft vor Entscheidungen und versteckt sich hinter dem abgedroschenen: »Es bleibt keine Wahl.« Wo ist deine Ehre? Wo die vielgepriesene Gedankenfreiheit? Wo ist die Freiheit, es lebe die Freiheit, die Freiheitsliebe! Laß ihn laufen! Mehr noch: sei bereit, für dieses »Verbrechen« einzustehen. Es ist eine Ehre. Wo sind all deine Reden und Proteste, deine Erbitterung gegen Kleinlichkeit und Unterdrückung, deine Worte über den Weg zu Wahrheit und Freiheit? Heute ist dein Fälligkeitstag, und du sollst zahlen, mein Sohn. Es liegt in deinen Händen.

(Ich kann nicht, ich bin doch nur ein Bote. Und übrigens: es ist Krieg, und dieser Mann ist von der anderen Seite, die gegen uns kämpft. Mag sein, daß er ein unschuldiges Opfer der Ränke seiner Leute ist. Aber es ist mir verboten, steht nicht in meiner Macht, ihn freizulassen. Wo kämen wir hin, wenn jeder nach Lust und Laune Gefangene befreien würde? Und vielleicht weiß er wirklich etwas Wichtiges und stellt sich nur blöd?)

Glaubst du das wirklich? Ist er denn ein Soldat? Hast du ihn mit dem Schwert in der Hand gefangengenommen? Wo habt ihr ihn gefunden? Er ist kein Krieger, er ist ein elender, verstunkener Zivilist. Diese Gefangenschaft ist eine Lüge – laß dir keinen Sand in die Augen streuen. Es ist ein Verbrechen. Habt ihr ihn verhört? Jetzt laß ihn laufen. Man wird nicht mehr aus ihm herausholen, als das, was er schon gesagt hat. Willst du die Wahrheit um den Preis einer weiteren Aussage unterdrücken? Die Wahrheit heißt: Befreie ihn!

(Der Entschluß fällt mir schwer. Ich getraue mich nicht. So viele Unannehmlichkeiten sind damit verbunden: mit dem Fahrer sprechen, dem Kameraden Erklärungen abgeben, mich später rechtfertigen, in eine Zwickmühle geraten, und alles wegen eines lumpigen Hassan. Dabei steht noch keineswegs fest, ob man ihn freilassen soll, bevor er gründlich ausgehorcht wurde.)

Eitles Geschwätz! Jemand mit nur einem Bruchteil deiner Begriffe von Wahrheit und Freiheit würde auf der Stelle anhalten, den Mann freilassen und seinen Weg fortsetzen, als wäre nichts geschehen – einfach, entschlossen, ohne sich darauf etwas einzubilden. Aber du mit deinem Wissen, deinen Kenntnissen, Grundsätzen, Beweisen und Träumen, du wirst es nicht tun. Du bist ein Schöngeist, wirst zuerst überlegen, Feuer und Flamme sein, bereuen, grübeln und auch hinterher in einem Meer von Grübeleien untergehen: Warum habe ich es nicht getan? Und dann wirst du die Bitterkeit deines unerfüllten Wesens über die ganze Welt ausschütten, diese scheußliche, rohe Welt – aber bloß nichts tun! Handle also! Schreite dieses eine Mal zur Tat. Besteh die Probe. Zieh in den Kampf. Gewiß doch!

(Er tut mir leid. Schade, daß sie gerade mich für diesen Auftrag gewählt haben. Ich würde handeln, wenn ich nur keine Angst hätte – ich weiß nicht, wovor. Wenn ich wenigstens allein mit ihm wäre. Es pulsiert schon die Lust in mir, da, es liegt in meinen Händen, aber ich kann nicht, kann nicht den Anfang machen. Es übersteigt meine Kraft. Wenn ich daran denke, daß ich Erklärungen abgeben muß, mit den Leuten diskutieren, mich mit der Sache herumschlagen, beweisen, mich rechtfertigen, so kann ich einfach nicht. Was soll ich machen?)

Hör mal, Bürschchen, diese erbärmlichen Nichtigkeiten wiegst du gegen ein Menschenleben auf! Wie sähst du die Sache, wenn du auf dem Boden des Jeeps hocktest, wenn deine Frau zu Hause wartete und alles um sie her zusammenstürzte und wie Spreu im Wind verflöge? Sie wartet brennenden Herzens, mit Tränen, mit geballter Faust, schicksalsergeben, aufbegehrend, im Gebet.

Er hat alles gesagt, was er zu sagen hatte, erzählt, was zu erzählen war. Was willst du noch mehr? Und wenn er auch hundert- und tausendmal log, wer ist er und was ist er? Ein armseliges Nichts, eine unterwürfige Kreatur mit vermummter Fratze, ein nichtiger, wertloser Sack, der vor Angst vergeht und Fußtritte als etwas Natürliches hinnimmt (tritt ihn – er ist ein Araber, ihm macht das nichts aus). Doch du, sein kleiner Gott, mußt ihn befreien, selbst wenn dich der Mann auslacht, selbst wenn er oder die andern es als Schwäche auslegen, selbst wenn dich deine Kameraden verhöhnen oder dich hindern, ihn zu befreien, selbst wenn man dich vors Kriegsgericht, vor zwanzig Kriegsgerichte stellt. Es ist deine Pflicht, dieser schweinischen Tretmühle zu entkommen. Sei du wenigstens einer, der – wenn auch unter Qualen – bereit ist, unter diesem Misthaufen hervorzukriechen, der sich angehäuft hat, als wir noch gute Bürger waren, und der jetzt offiziell und feierlich als Weltenlauf und Maßstab für alle jene gilt, die nach dem großartigen Titel »Soldat« lechzen, denn dem Soldaten ist alles erlaubt, was sonst verboten war.

Ach, du, Hassan Achmed mit deiner Frau, die Halima oder Fatima heißt, mit deinen zwei Töchtern, mit deiner Herde, die man dir stahl und der du eines schönen Nachmittags entrissen wurdest – wer bist du, und was ist dein Leben? So einer wie du taugt dazu, allen Schmutz aus unseren Herzen zu saugen, möge die Hölle ihn holen.

Natürlich, du läßt ihn nicht frei. Klar. Schöne Worte.

Es ist nicht einmal Feigheit, es ist schlimmer als das: Mitschuld. Du verkriechst dich hinter einem stinkenden »Was tun? Es ist Befehl!«, während es diesmal noch einen Ausweg gibt. Die Entscheidung liegt bei dir. Es ist ein großer Tag. Ein Tag der Rebellion. Ein Tag, an dem endlich die Entscheidung in deinen Händen liegt. Du kannst einem bedrängten Menschen das Leben schenken. Stell dir vor: nach deinem Herzen handeln, nach deinem Glauben und deiner Wahrhaftigkeit, für das Allergrößte – die Befreiung eines Menschen.

Befreie ihn.

Sei Mensch.

Befrei ihn!

Es ist schon klar, daß nichts geschehen wird. Klar, daß du dich drückst, daß du die Augen abwendest. Klar, daß alles verloren ist. Schade um dich, Gefangener, er hat nicht die Kraft zu handeln.

Oder vielleicht doch? Jetzt gleich. Hier. Es dauert nur einen Augenblick. Halte an, Fahrer. Steig aus, *ya* Hassan, geh nach Hause. Tu was. Sprich. Laß anhalten. Sag's. Jetzt gleich. Das ist der Augenblick. Du mit deinem ewigen Weltschmerz, sei endlich der Mann, der du immer sein wolltest.

Das Feld war eine einzige große Goldscheibe. Meilenweit hatte sich alles in einen schimmernden Zauberkreis verwandelt: ohne Wadis, ohne Hügel, ohne Anhöhen und Abhänge, ohne Dörfer und Bäume. Alles war zu einer einzigen glatten goldenen Platte ausgewalzt, über die sprühender Goldstaub flimmerte, eine riesige, runde Fläche bis ins Unendliche hinein, selbst wenn im Rücken (wohin man nicht blickt), im Abendnebel, der sich über die Berge senkte, vielleicht eine andere, nagende Trauer herrschte, das Wer-weiß der schmählichen Ohnmacht, das Wer-weiß im Herzen einer wartenden Frau, das Wer-weiß des Schicksals, ein sehr persönliches Wer-weiß und das andere, gemeinsame, das unvollendet mit uns bleiben wird, lange nachdem die Sonne untergegangen ist.

Kleine Ruth

Manchmal erinnere ich mich an dich, kleine Ruth,
Daß wir uns in ferner Kindheit trennten, daß man dich
                           in den Lagern vergast hat
Wenn du jetzt lebtest, wärest du eine fünfundsechzigjährige
                                     Frau
Eine Frau an der Schwelle des Alters. Mit zwanzig wurdest
                               du vergast
Und ich weiß nicht, was dir in deinem kurzen Leben – seit
                               wir
Uns trennten – geschehen ist. Wohin bist du gelangt,
                         welche Rangzeichen
Wurden dir verliehen für deine Schultern, deine Ärmel
Deine kühne Seele, welche glänzenden Sterne
Steckte man dir an, welche Orden, welche
Liebesmedaillen hängte man um deinen Hals
Welcher Friede ist in dir, Friede sei mit dir.
Was geschah mit deinen unverbrauchten Lebensjahren?
Sind sie noch immer in schöne Pakete verpackt
Werden sie meinem Leben hinzugefügt? Hast du mich
                             verwandelt
In deine Liebesbank wie die Banken in der Schweiz
In denen der Schatz verwahrt wird auch nach dem Tod
                         seines Besitzers?
Soll ich all das meinen Kindern vererben
Die du nie gesehen hast?

Du hast mir dein Leben gegeben, wie ein Weinverkäufer
Trunken macht, wenn er selbst nüchtern bleibt

Todesnüchtern wie du, und abgrundbewußt
Einem Lebenstrunkenen wie mir, in seinem Vergessen.
Manchmal denke ich an dich in Zeiten
Wo ich es nicht vermute und an Orten, nicht für
                           Erinnerung bestimmt.
Sondern dem Vergehenden und Vorübergehenden,
                          das nicht bleibt;
Wie in einem Flughafen, wenn die Reisenden ankommen
Und müde neben dem kreisenden Fließband stehen
Das ihre Koffer und Pakete bringt
Sie erspähen das ihre mit Freudenrufen
Wie bei der Auferstehung der Toten und gehen in ihr
                          Leben hinaus.
Und ein Koffer ist da, der zurückkommt und wieder
                          verschwindet
Und wiederkehrt, langsam, langsam, in die sich leerende
                          Halle
Und wieder und wieder zieht er vorbei
So zieht deine stille Gestalt an mir vorbei
So erinnere ich mich an dich, bis
Das Band anhält. Und steht still – Sela.

Ein arabischer Schäfer sucht ein Lamm
am Berg Zion

Ein arabischer Schäfer sucht ein Lamm am Berg Zion,
und am Berg gegenüber suche ich meinen kleinen Sohn.
Ein arabischer Schäfer und ein jüdischer Vater
in ihrem momentanen Mißgeschick.
Unsere Stimmen treffen sich über dem
Sultansteich in der Mitte des Tals,
keiner von beiden möchte, daß der Sohn oder das Lamm
in den schrecklichen Vorgang des Pessachliedes
›Ein Lämmchen‹ hineingezogen wird.

Später fanden wir sie zwischen den Sträuchern,
und unsere Stimmen kehrten zu uns zurück,
wir weinten und lachten in unseren Herzen.

Die Suche nach einem Lamm oder einem Sohn
war immer der Beginn einer neuen Religion
in diesen Bergen.

Touristen

Kondolenzbesuche machen sie bei uns,
sitzen in Jad wa' Schem, machen an der Klagemauer
                                    ernste Gesichter
und lachen hinter schweren Vorhängen in Hotelzimmern.

Lassen sich mit bedeutenden Toten an Rahels Grab
                                    fotografieren,
an Herzls Grab und am Munitionshügel,
weinen über die Heldenschönheit unserer Jungen
und gelüsten nach der Härte unserer Mädchen,
hängen ihre Unterwäsche
zum schnellen Trocknen
in ein blaues, kühles Badezimmer.

Einmal saß ich auf den Treppen neben dem Tor zum Davids-
turm, die zwei schweren Körbe stellte ich neben mich. Dort
stand eine Touristengruppe um ihren Führer, und ich diente
ihnen als Markierungszeichen. »Seht ihr diesen Mann mit
den Körben? Etwas rechts von seinem Kopf befindet sich ein
Bogen aus der Römerzeit. Etwas rechts von seinem Kopf.
Aber er bewegt sich, er bewegt sich!« Ich dachte mir: Die Erlösung kommt nur, wenn man ihnen sagt: Seht ihr dort den
Bogen aus der Römerzeit? Es spielt keine Rolle, doch daneben, etwas nach links und unter ihm, sitzt ein Mann, der Obst
und Gemüse für seine Familie gekauft hat.

Geschenke der Liebe

gab ich dir für
deine Ohrläppchen, deine Finger,
ich vergoldete die Zeit auf deinem Handgelenk,
behängte dich mit lauter Glänzendem,
auf daß du mir im Winde schaukelst,
über mir leise klingelst
und meinen Schlaf beruhigst.

Ich kleidete dich aus mit Äpfeln, wie es geschrieben steht,
auf daß wir rollten auf ein Lager roter Äpfel.

Ich bedeckte deine Haut mit rosa Gewebe,
sehr dünn, durchsichtig wie Geckobabys,
die schwarze Diamantaugen haben in den Sommernächten.

Durch dich war es mir möglich, ein paar Monate
zu leben, ohne eine Religion zu brauchen
oder eine Weltanschauung.

Du gabst mir einen Brieföffner aus Silber.
Doch solche Briefe öffnet man nicht so –
man reißt, reißt, reißt!

Raub-Erinnerungen

Ich denke in diesen Tagen an den Wind in deinem Haar
und an die Jahre, die ich vor dir auf die Welt kam,
und an die Ewigkeit, in die ich früher gehe.

Und an die Kugeln, die nicht mich töteten,
sondern Freunde, die
besser waren als ich, weil sie nicht
weiterlebten wie ich,

und an dein Stehen nackt vor dem Herd im Sommer
und daran, wie du dich beugtest, um besser zu sehen,
über das Buch im letzten Tageslicht.

Siehe, wir hatten mehr als ein Leben.
Jetzt muß man aufwiegen alles mit schweren Träumen
und Raub-Erinnerungen hetzen auf das,
was einmal Gegenwart war.

Der Zeuge

Es gelang mir nicht, mich auf Schlomeks Ankunft an unserer Schule in gebührender Weise vorzubereiten, obwohl ich mit der Klasse tagelang darüber gesprochen habe. Ich sagte zu den Schülern, seht, diese Woche kommt ein jüdischer Knabe aus dem Krieg in Polen zu uns, ich vertraue euch und bin sicher, daß wir ihm einen warmen Empfang bereiten werden, damit er das Gefühl erhält, hier zu Hause zu sein. Unsere Schule, sagte ich, gleicht unseren Herzen. Sein Schicksal war bitter, sagte ich. Er wird kommen, um zu uns zu finden. Trotz allem. Pflanzen, bauen und gebaut werden.

Vielleicht hätte ich weniger Worte machen sollen. Die achte Klasse war damals aufsässig, und vielleicht richtete sich diese Aufsässigkeit gegen mich, ihren Erzieher. Manchmal stand ich vor dieser Klasse und fühlte, daß meine Worte unaufrichtig waren. Solange die Worte in mir steckten, schien ein Licht in ihnen zu leuchten, das erlosch, sobald sie nach außen drangen. Oder meine Stimme traf auf eine Wand zwischen den Schülern und mir, die die Absicht des Herzens verkehrte und den Ton der Stimme zurückwarf, lächerlich, undurchsichtig und ohne Echo. Ich bin sicher, daß es keinen Lehrer gibt auf der Welt, der solche Tage in seiner Klasse nicht kennt. Doch ich, ich bin ein sensibler Mensch. Ruta, unsere psychologische Beraterin, die ich auf dem Weg aus dem Speisesaal traf, sagte zu mir: »Sag, Jotam, bist du sicher, daß du sie nicht fast schon zu gut vorbereitet hast?«

Ich war nicht sicher. In nichts bin ich sicher, wenn ich mit Ruta spreche, dieser spröden und sarkastischen Frau. Aber auf eine so ungewöhnliche Situation mußte ein Erzieher seine

Klasse natürlich vorbereiten. Der Weltkrieg war schon seit zehn Monaten im Gange, die Schüler verfolgten alle Bewegungen der Deutschen, Polen und Franzosen auf einer großen Landkarte, die seit September an ihrer Barackenwand hing, sie hörten Radio, als hätte ein sportlicher Wettkampf begonnen, der kein Ende nahm. Aber bis dahin waren wir mit dem Krieg nicht direkt in Berührung gekommen. Unmittelbar, meine ich. Boas dachte, der neue Junge würde ihm erklären, was der Unterschied zwischen einem Stuka und einer Messerschmitt sei. Einige Mädchen, deren Eltern polnischer Herkunft waren, meinten, sie würden eine Erklärung dafür verlangen, daß die berühmte polnische Reiterarmee so rasch besiegt worden war. Joram und Eli sagten, daß sie sich mit dem neuen Jungen darüber beraten müßten, wann England die Niederlage Dünkirchens überwinden und konkret in den Kampf auf dem Kontinent eingreifen werde. Es wurde also ein Fachmann erwartet.

Aber wie immer gab es Verspätungen bei den öffentlichen Verkehrsmitteln, und Schlomek kam nicht morgens zu einem langen Gespräch mit mir, bevor wir den Klassenraum gemeinsam betraten. Erst mittags hielt der Südjudäa-Bus auf unserer Kasuarinenstraße. Ich hatte ihn nicht kommen hören, und als Schlomek mein Zimmer betrat, stand ich vor dem Spiegel und ordnete mein Haar. Es ist nichts dabei, wenn ein Erzieher sich kämmt, im Gegenteil, ein Mensch ist verpflichtet, hübsch und ordentlich auszusehen, und ich habe viele Locken, die schwer zu bändigen sind. Eine Art Reichtum zum Schaden des Besitzers. Dennoch war mir nicht wohl dabei, daß unsere erste Begegnung so und nicht anders verlief. Es blieb keine Zeit, und ich konnte ihn nur mitnehmen, um ihn noch schnell vor der Mittagspause in die Klasse zu bringen.

Ich weiß nicht, womit ich gerechnet hatte, aber diese Art von Schlomek hatte ich nicht erwartet. Erstens war er nicht sonderlich blaß – zwar sehr dünn, aber nicht blaß. Wie sich zeigte, hatte er mehrere Wochen auf dem Deck eines Schiffes verbracht und war braun geworden. Zweitens konnte er nur wenig Hebräisch, das Hebräisch einer »Tarbut«-Schule, ein Hebräisch, das bei uns in gewissem Sinne nur die Alten sprechen dürfen, während ein Junge, der so spricht, sich das Recht der Erwachsenen anmaßt. Auch seine Kleidung war erwachsener als die meine: Er kam in langen Hosen, in sehr, sehr ordentlichen Hosen mit einer schmalen Falte vorne auf jedem Hosenbein; wer trägt hier bei uns schon lange Hosen, außer den ganz Alten mit den weißen Beinen, die wie rasiert aussehen! Sommer wie Winter laufen wir alle mit nackten Beinen herum, die behaart sind und gebräunt. Die über Berge und Hügel springen, das sind wir, die mit den Beinen der Ziege, das sind wir. Manchmal berührt bei uns der Fuß eines Mädchens das Haar an den Beinen eines Knaben, und schon springt ein Funke über. Ich will damit sagen, daß es in unseren Klassen viel gesunde Lust gibt. Ruta hat hier allerdings Einwände. Ruta meint, daß man bei uns in diesen Dingen frühreif sei, weil die Kinder fern von ihren Eltern aufwachsen. Wühle ein wenig in den Geschichten der Kinder auf der Landschule, und in den meisten Fällen wirst du sehen, daß etwas dran ist. Ich denke anders als Ruta. Manchmal sehe ich die Mädchen der zwölften Klasse, oder sogar die der elften Klasse, zur Abendzeit am Zaun der Obstplantagen entlangspazieren, und der Duft der Orangen ist der Duft der Orangen, natürlich, und ich bin nicht sicher, ob ihre Reife daher kommt, daß ihre Eltern weit weg oder geschieden sind oder keine Kinder im Haus wünschen. Sie sind von einer großen Natürlichkeit. Ruta begreift diese Natürlichkeit nicht. Ich kann Beispiele nennen. Michal aus der elften Klasse ist ein sehr natürliches Mädchen. Ran Sluzki, der Erzieher der Klasse, versteht sie einfach nicht. Wenn ich ihr Erzieher wäre, würde ich für sie den offiziellen Lehrplan sicherlich etwas umbiegen. Natürlich nicht allgemein, sondern nur in ganz bestimmten Fällen. Einmal habe ich das im Lehrerzimmer gesagt, und ich denke, die meisten stimmten mir zu.

Schlomek konnte mir also gerade noch erzählen, daß er in einer recht großen Stadt geboren wurde, Schüler der »Tarbut«-Schule war und bei Kriegsbeginn mit seiner Familie in ein Dorf geflohen war, als wir schon an der Tür zur Klasse angelangt waren, die müde, schwitzend, hungrig und ungeduldig da saß.

Ich bat die Englischlehrerin um Verzeihung und sagte: »Hier, Freunde, ist also euer Bruder.«

»Ich bin nich' sein Bruder«, hörte man Boas' Stimme, und drei oder vier andere brachen in nervöses Gelächter aus. Schlomek sah Boas erstaunt an, dann sah er mich an.

»Schlomek«, sagte ich, »bitte erzähle uns, wie die Kriegssituation dort aussieht, wo du herkommst.«

Schlomek sah mich lange und sehr erstaunt an, dann sagte er traurig: »Es gibt keinen Krieg.«

»Was heißt das, es gibt keinen Krieg«, erhoben sich die Stimmen der Klasse, »was redest du da?«

»Es gibt keinen Krieg«, sagte Schlomek. »In der Stadt und im Dorf ist der Deutsche, und keiner dort kämpft mehr, denn der Deutsche ist sehr stark.«

Boas spuckte einen Strohhalm aus und sagte: »Angsthasen.«

»Keine Angsthasen. Aber vor ihnen besteht weder Kraft noch Stärke.«

»Doch sicher«, sagte Boas. »Ich bin sicher, daß es Leute gibt, die sogar unter der Besatzung gegen die Deutschen kämpfen. Ich bin sicher, daß nicht alle Angsthasen sind wie mancher, der hier steht.«

Schlomek sah mich an, und sein Staunen wuchs. Ich sagte: »Boas, urteile nicht über deinen Freund, ehe du an seiner Stelle warst.«

Boas antwortete nicht einmal. Schlomeks Eintritt in die Klasse verlief keineswegs wie vorgesehen. Ich war unruhig, und mein Haar, das ich nicht mehr mit dem Kamm und der besonderen Lotion, die ich in meinem Zimmer aufbewahre, behandelt hatte, weil Schlomek plötzlich ins Zimmer trat, vergrößerte meine Unruhe, als wäre ich nackt und nicht bereit.

»Schlomek«, sagte ich, »erzähle von deinem Zuhause und von deiner Familie.«

Ein langer Augenblick verging, ehe er sprach. Es schien, als wage er schon nicht mehr, den Mund zu öffnen. Dann sagte er weich wie ein ruhiges Gebet: »Meinen Vater haben sie an einem Baum erhängt. An Pessach haben sie ihn erhängt. Meine Mutter und meine beiden Brüder wurden erschossen, als sie hinausgingen, um Brot zu erbitten. Vier Tage und vier Nächte haben wir ihnen kein Begräbnis bereitet, denn der Winter war lang, es lag Schnee, und die Erde war sehr hart. Wir konnten nicht« – er machte mit der Hand die Bewegung des Grabens, und ich sagte: »Graben, ihr konntet nicht graben.« – »Wir konnten nicht graben«, sagte Schlomek und fuhr in derselben bittenden und klagenden Weise fort: »Noch viele wurden dort ermordet. Da ist mein großer Bruder Eliahu, und da ist mein kleiner Bruder Josef. Und da ist mein Vater Jizchak, und da ist meine Mutter Bilha.«

»Bis hier der Wochenabschnitt der Thora«, hörte man Eli flüstern. Die Klasse blieb einen Augenblick stumm, dann riefen viele Stimmen durcheinander: »Was erzählt er da? Was will er uns vormachen? Seit wann ermorden die Deutschen einfache Bürger, die Brot holen gehen? Hat er nicht selbst gesagt, daß es keinen Krieg gibt, nur die Besatzung, was soll dann das ganze Gerede?«

»Ruhe!« rief ich mehrmals, aber umsonst. »Ruhe! Seid doch ruhig!«

»Also wirklich, er soll uns keine Geschichten erzählen«, sagte Rina, deren Vater ein Musikwissenschaftler aus Deutschland war. »Ich begreife, daß im Krieg alles Mögliche passiert, aber daß Bürger einfach umgebracht werden – das leuchtet nicht ein. Das erfindet er bloß.«

»Ich denke, ich denke, er hat vielleicht einen Schock«, sagte ein kleines eifriges Mädchen eilig, »so etwas gibt es, wißt ihr, im Krieg bekommt man manchmal einen Schock und redet alles Mögliche. Das geht vorbei, und danach erinnert man sich an nichts mehr, an gar nichts.«

Schlomek sah sie an, dann sah er wieder mich an.

»Du kannst dich setzen, Schlomek«, sagte ich. Ich war betreten. Ich wußte, daß es mir nicht gelungen war, der Klasse Herr zu werden.

»Wo ist mein Pult?« fragte Schlomek, und dieses Mal erzürnte er mich fast. Wo ist mein Pult, aber wirklich. Ich setzte ihn neben das gütigste Mädchen der Klasse, Edna, die klein war und glattes Haar hatte wie ein Säugling; außerdem besaß sie wohl ein aufrichtiges Herz, auf jeden Fall war sie keine von den Boshaften. Ich sorgte dafür, daß Schlomek von Boas weit entfernt saß. Allerdings stellte sich heraus, daß Schlomek groß war und der kleine Eli hinter ihm verdeckt wurde, also mußte ich noch manches an der Sitzordnung ändern, was gegen Ende des Schuljahrs ganz unangebracht ist. Indessen sah ich, daß Edna heimlich einen Kaugummi aus der Tasche zog und ihn Schlomek gab. Er wußte nicht, was er damit machen sollte.

Da läutete es zu Mittag. Die ganze hungrige Meute stürzte hinaus, wobei sie die Englischlehrerin und mich mitriß. Schlomek näherte sich mir, und obwohl ich ein wenig verlegen war, tat ich etwas und legte die Arme um seine Schultern. Er suchte meine Nähe, was ich bei Jungen nicht mag. Es ist unnatürlich.

»Die Freunde mögen mich nicht«, sagte er sehr traurig.

»Sie werden sich an dich gewöhnen«, sagte ich mit ungeheurem Optimismus, »und du wirst dich an sie gewöhnen. Bald wirst du wie wir alle aussehen und wie wir alle sprechen, und niemand wird bemerken, daß du nicht von hier bist. Auch die Kleider sind wichtig.«

»Die Kleider?« Er verstand mich nicht.

»Bei uns laufen alle Jungen in kurzen Hosen herum«, sagte ich, »und nur die aus der Diaspora tragen lange Hosen. Morgen früh, Schlomo, gehst du ins Kleidermagazin und sagst Batia, daß sie dir kurze Hosen geben soll, und die ziehst du an.« Ich klopfte ihm auf die Schulter: »Bald wirst du ein Sabre sein, Schlomo, keine Sorge, alles kommt in Ordnung.«

Ich war nicht sicher, daß alles in Ordnung kommen würde. Keineswegs. Schlomeks Worte zeigten, daß er zur Übertreibung neigte und eine zügellose Phantasie besaß. Ich nahm an, daß er seine Familie während der Bombenangriffe verloren hatte, oder daß er unter Schuldgefühlen litt, weil er sie bei seiner Flucht, über die ich noch nichts wußte, zurückgelassen hatte; vielleicht wußte er überhaupt nichts über ihr Los und ging darüber hinweg, indem er bewegende Geschichten über ihren merkwürdigen Tod erfand. Manche unserer Knaben und Mädchen denken sich Geschichten über ihre Eltern aus, weil sie Probleme mit ihrer Familie haben, aber im allgemeinen sind es Geschichten darüber, wie geachtet und geehrt Vater oder Mutter sind. Ein bescheidener Geschäftsmann wird in der Phantasie der Kinder zum Millionär aus Kanada. Die Mutter, die auf Familienfesten singt, wird zur Opernsängerin. Trotz meiner Erfahrung als Erzieher begegnete mir hier zum ersten Mal ein Kind, das sich in dieser Weise die Ermordung seiner Eltern ausdachte. Ruta würde gewiß etwas zu den ödipalen Komplexen zu sagen haben, und was die Brüder betraf, so handelte es sich vielleicht um die Probleme des mittleren Kindes. Das ist aber nicht mein Gebiet. Ich würde mich wohl mit Ruta beraten müssen, und das gefiel mir nicht. Eine Klasse, in die sich Ruta zu sehr einmischt, ist hier keine gute Klasse. Bis jetzt war meine Klasse gut. Das heißt: normal.

Im Lehrerzimmer trösteten sie mich: Bald wird dein Schlomek wie alle sein, man wird keinen Unterschied bemerken, sagten sie. Alle Kinder verzichten auf solche Phantasien, sobald sie sich eingefügt haben und selbstsicher geworden sind. Erinnerst du dich nicht daran, wieviel sich Boas ausgedacht hat? Oder Rina? Rina hat ein halbes Jahr lang Geschichten über Verwandte erfunden, die es nicht gab und nie gegeben hat, bis sie integriert war und sich beruhigte. Ich hörte zu und akzeptierte, was sie sagten.

Am nächsten Morgen zeigte sich, daß Schlomek nicht gewartet hatte, bis das Kleidermagazin geöffnet wurde. Er hatte aus einem Zimmer eine Schere entwendet und seine langen Hosen abgeschnitten, bis sie ganz kurz waren, wie es sich gehört. Im Dunkeln hat er es getan: er hatte nicht gewagt, Licht im Zimmer zu machen.

Ich gestehe, daß ich mich in den folgenden Tagen nicht viel um Schlomeks Angelegenheiten kümmerte, denn ich hatte ein privates Problem, das ich nicht lösen konnte. Nur einmal wurde ich gebeten, einzugreifen. Es ging um das Bett. Schlomek wollte das Bett, das der Tür am nächsten stand, im Zimmer, das der Barackentür am nächsten lag. Er bestand darauf und war durch nichts davon abzubringen. »Man könnte meinen, du willst fliehen«, sagte ich zu ihm, aber vergebens: Er teilte mir einfach mit, daß er an keinem anderen Ort schlafen werde. Wir gaben nach, obgleich dies weitere Umstellungen erforderlich machte. Aber ich bemühte mich, Schlomek so weit entgegenzukommen, wie ich konnte.

Mein privates Problem war im Grunde eine Gewissensfrage: Ich fragte mich, ob es zwischen der zwölften und der elften Klasse einen Unterschied gibt. Wir gingen an unserer Schule davon aus, daß die Mädchen der zwölften Klasse in jeder Hinsicht erwachsen sind, und vor einigen Jahren gab es bei uns einen Sportlehrer, dessen Freundin ein Mädchen aus der Zwölften war, ohne daß es ihm zur Schande geriet. Michi, ich meine Michal, war noch in der Elften, und das bereitete mir psychische Probleme und schlaflose Nächte. Manchmal schien es, als lächele sie mir zu und verstehe alles. Ich bedauerte oft, daß Ran Sluzki ihr Erzieher war, und nicht ich. Aber gerade in dieser Woche erkrankte der Lehrer für Literatur, und ich wurde gebeten, an seiner Stelle eine Stunde in der Elften zu geben. Es war ein Tag, den ich gewiß nie im Leben vergessen werde. Ich unterrichtete Tschernichowski: Mein ist der Gesang und mein ist die Melodie. Ich gebe zu, daß ich aufgeregt war: Dieses Gedicht inspirierte mich immer, und an diesem Morgen war mir, als ob ich schwebte. Wer bist du, mein Blut, das in mir rollt, sagte ich, und jetzt kam meine Stimme nicht leer zurück. Die Klasse lauschte mit äußerster Spannung, es war einer dieser Augenblicke, in denen einem die Klasse gehört, in denen einem die ganze Welt gehört. Wer bist du, mein Blut, das in mir rollt. Schön war meine Stimme, das wußte ich, und jetzt war sie schöner denn je, als sei eine besondere Kraft in sie eingeströmt. Auch mein Haar hatte nichts Beschämendes an diesem Morgen. Und dann wies ich auf Michi, ich meine Michal, damit sie eine Strophe lese. Sie sah mich sehr direkt an, als sei sie von dem gleichen Sturm ergriffen wie ich, und sagte: »Steig auf den Berg, steche den Rasen, alles was du siehst – ist dein!«

Dies war einer der Augenblicke, in denen der Beruf des Lehrers einen belohnt. Ich fühlte, daß eine schwere Sendung auf mir lag und ausbrechen wollte. Hätte uns zu dieser Stunde ein Aufruf der nationalen Organisationen erreicht, so hätte ich gewiß an der Spitze der Klasse gestanden und sie führen können, wohin immer man uns rief. Dies ist die Kraft der Dichtung.

Es war schwer, nach dieser großartigen Stunde zu prosaischen Dingen überzugehen, doch auch an Prosa mangelt es nicht an unserem Institut. Es ging darum, daß der Brauch es verlangte, Kuchen zu backen, jeden Freitag einen Kuchen für jede Baracke. Die beiden Köchinnen und der Direktor stritten sich aber um die Arbeitszeit. Im Sommer wie im Winter rannten die beiden freitags um zwölf Uhr zur Kasuarinenstraße, stiegen in den Südjudäa-Bus und fuhren nach Hause. Hatte der kurze Freitag nicht ausgereicht, weil der Ofen Probleme bereitete – er ist wirklich alt und funktioniert nicht immer –, so fehlte stets in zwei oder drei Baracken der Kuchen für Schabbat. Ich bin der Ansicht, daß die Köchinnen zu wenig vom brüderlichen Geist durchdrungen sind, und gerade in dieser Woche wurde ich gebeten, mit ihnen darüber zu sprechen. Ich versuchte es, aber vergebens. Sie widersprachen mir. Sooft ich den beiden Köchinnen, die jeden Freitag zur Bushaltestelle eilten, danach begegnet bin, versuchte ich auszudrücken, wie sehr ich es mißbillige, daß sie alles im Stich lassen und panisch davonlaufen, was in einer pädagogischen Einrichtung ganz und gar unangebracht ist. Meine ganze Abscheu legte ich in meinen Gesichtsausdruck. Ich glaube nicht, daß man sich über meinen Gesichtsausdruck täuschen konnte. Und schließlich muß man nicht alles und jedes in Worte fassen.

So war ich in geistige und materielle Dinge vertieft, wenn man so sagen darf. Schließlich lebt der Mensch nicht vom Brot allein. Ich gebe zu, daß ich Schlomek an diesem Tag und in der folgenden Zeit nicht viel Aufmerksamkeit schenkte. Einmal sah ich, wie er mit funkelnden Augen zwischen einigen Schreihälsen der Klasse stand, und ich ging hin, um zu fragen, was geschehen war.

»Schlomek lügt wieder«, sprang Joav mir entgegen wie ein wilder Hahn. »Diese Lügen kann schon keiner mehr ertragen, jetzt erzählt er, daß sie während der Belagerung zwei Wochen lang nur Kartoffeln gegessen haben, das ist doch

Bluff, nicht wahr? Sag, Jotam, das ist doch Bluff? So etwas gibt es doch gar nicht?«

Schlomek stand da mit geschlossenen Lippen, er glühte, aber er erwiderte nichts.

»Schlomek«, sagte ich, »komm her.«

Er löste sich aus der Gruppe und kam zu mir. Ich ging mit ihm den Korridor entlang, hin und her. Vielleicht suchte er wieder meine Nähe, aber ich gestattete es ihm nicht: Er sollte hart und männlich werden.

»Schlomo«, sagte ich sanft zu ihm, »wenn du wie einer von uns werden willst, dann mache die Klasse nicht zornig.«

»Mein Lehrer«, sagte Schlomek, und er weinte fast, »glaub mir, ich schwöre bei meinem Leben, daß wir nichts gegessen haben außer ein paar Kartoffeln.«

»Jotam«, sagte ich, »nicht: mein Lehrer!«

»Jotam.«

»Weißt du, Schlomo«, sagte ich, »nicht immer ist die absolute Wahrheit so wichtig. Jeder Mensch hat seine eigene Wahrheit. Du bist hier unter Freunden, und wir alle wollen, daß du dich ihnen angleichst, daß du wirklich wirst wie sie und sie dich lieben. Kennst du den Ausdruck ›Freundschaft oder Tod‹?«

»Kenne ich«, sagte Schlomek und rieb sich die Augen. »Aber in unserer Schule wurde er anders erklärt. Freunde: das sind die Lernenden. Diejenigen, die Thora lernen.«

»Und was sind wir, wenn nicht Lernende«, gab ich zurück. »Siehst du?«

Er lächelte. Sein Lächeln war bitter und sehr flüchtig; Ruta sagte einmal, er lächle wie ein Soldat, der auf dem Schlachtfeld ein Streichholz anzündet und es sofort mit der Hand verdeckt.

»Ich sehe«, sagte er müde.

Er gab sich Mühe. Ich weiß, wieviel Mühe er sich gab. Seine körperlichen Fähigkeiten waren recht gut, was ihm half, sich durchzusetzen. Einmal siegte er sogar beim Fünfhundertmeterlauf, und er strahlte vor Glück. Ich bin zwar klein, gehöre aber doch zu denen, die an den Satz vom »gesunden Geist in einem gesunden Körper« glauben, und ich habe in meinem Leben viele Schüler gesehen, die dank ihrer guten Körperbeherrschung viele seelische Probleme gelöst haben. So ist zum Beispiel bekannt, daß in einer gemischten Schule, wo Knaben und Mädchen gemeinsam lernen, die Zimmer teilen und die Duschen nicht getrennt sind, während der Adoleszenz viele seelische Probleme entstehen können; man kann aber andererseits förmlich sehen, wie eine gute Stunde hartes Rennen am Morgen bewirkt, daß unsere heranwachsenden Jungen ihre seelischen Probleme vergessen. Daher ermutigen wir an unserer Schule zum Sport, und obgleich es heißt, der Fremde soll dich loben und nicht dein eigener Mund, so bin ich doch sehr stolz auf manchen Pokal, den wir von den regionalen Sporttagen mitgebracht haben, und vielleicht darf ich sagen, daß meine Klassen nie unter den letzten waren, absolut nicht.

Einmal fragte ich die kleine Edna: »Nun, was ist mit Schlomeks Geschichten?«

»Weiß ich nicht, Jotam«, sagte sie, »irgendwelche Geschichten aus der Bibel. Das ist ein bißchen zu hoch für uns.«

»Quält ihn deswegen nicht«, sagte ich, »mit der Zeit wird er von selbst damit aufhören.«

»Wir quälen ihn nicht. Nur ein paar gestörte Jungen.«

Ich streichelte ihren Kopf: »Diese Jungen werden einmal Helden sein. Und auch Schlomek wird sich anpassen und wie ein Held werden. Nur Geduld, und alles kommt in Ordnung.«

Viele an unserer Schule tragen Spitznamen, und auch Schlomek bekam einen: Kaftorek. Warum Kaftorek? Da hatten die Mädchen ihre Hand im Spiel. Ich würde nicht sagen, daß sie besonders verrückt nach Schlomek waren – er war nie Anführer der Klasse wie Boas oder Joav, aber sie haßten ihn auch nicht. Schlomek war einer dieser Jungen, die sich nicht scheuen, hin und wieder ihre Zeit mit Mädchen zu verbringen, und er hielt ihnen sogar mit zwei Händen die Wolle, während sie ihre Knäuel aufwickelten. Einmal fragten die Mädchen Schlomek nur so nebenbei aus Vergnügen, wie die Wochentage auf polnisch heißen, und besonders gefiel ihnen das Wort für Dienstag: Wtorek. Sie werden sich wundern, woher ich dieses Detail kenne, aber ein guter Erzieher weiß im allgemeinen besser, was sich in seiner Klasse abspielt, als die Klasse annimmt. Und Sie werden sich vielleicht auch darüber wundern, daß ich, Jotam Raz, ein polnisches Wort kenne, doch auch meine Eltern kamen aus Polen und brachten mich her, als ich fünf Jahre alt war. Dies sieht mir zwar gewiß keiner an, da ich ein ausgesprochener Sabre bin, aber es ist doch so. Vielleicht ist es kein Grund, sehr stolz zu sein, aber eine Schande ist es auch nicht, denn schließlich kamen in der Generation der großen Pioniere viele Erbauer unseres Landes von dort. Und selbst ich, Jotam Raz, ehemals Rozowski, in jeder Beziehung Sabre und Erzieher von Sabres, erinnere mich noch undeutlich daran, daß Wtorek »Dienstag« heißt. Die Mädchen sagten Wtorek, Wtorek, Ftorek, Kaftorek. Und Schlomek blieb Kaftorek.

Gegen Ende des Jahres unternahmen wir einen Klassenausflug in die Wälder. Als wir unser Lager aufgeschlagen hatten, kam Schlomek zu mir und fragte, wann wir im Wald wären. Ich sagte ihm, daß dies der Wald ist. Schlomek schaute sich um und grinste, ein Grinsen, das mir nicht gefiel. Es mag ein kleiner Wald sein, vielleicht noch nicht sehr dicht, aber es ist unser Wald, ein Wald des Keren Kajemet, mit eigenen Händen haben ihn die Pioniere gepflanzt. Ich dachte, daß Schlomek in seinen Wertungen des Landes etwas großzügiger hätte sein können.

Doch im ganzen sah ich, daß die Geduld sich bezahlt machte. Schlomek fügte sich ein. An zwei Zwischenfälle gegen Jahresende erinnere ich mich noch, in einem entschied ich gegen ihn, im anderen für ihn, und ich denke, daß ich so ausgeglichen und angemessen reagierte. Schlomek versah Hofdienst, und Boas warf absichtlich Müll ins Gras. Schlomek sammelte ihn auf, schließlich riß seine Geduld und zitternd vor Zorn wandte er sich an Boas: »Wer Dreck macht, soll ihn bitte auch aufsammeln.«

»Sonst noch was«, sagte Boas und warf das Einwickelpapier eines angekauten Brötchens weg.

»Bitte heb das auf«, sagte Schlomek und bebte.

»Ich denke überhaupt nicht daran«, sagte Boas.

Schlomek machte einen Fehler. Aus Zorn machte er einen Fehler.

»Bei uns benimmt man sich anders«, sagte er.

»Ich bin sicher, daß man sich bei euch in der traurigen Diaspora anders benimmt«, sagte Boas, »also geh doch zurück in die Diaspora und hör auf, uns hier verrückt zu machen!« Schlomek fiel über ihn her. Es war ein merkwürdiger Kampf, denn Boas war unangefochten König der Klasse, und wenn er nicht überrumpelt worden wäre, hätte er Schlomek bestimmt geschlagen, aber Boas war überrascht, und schon lag er am Boden, Schlomek schlug ihn, und einige Mädchen standen über den beiden und kicherten vor Überraschung und Verlegenheit, dreist riefen sie: »Kaftorek, Kaftorek, bravo Kaftorek, gib's ihm, gib's ihm.«

Ich hatte keine Wahl. Manchmal muß ein Erzieher abwarten, wie sich die Dinge entwickeln, und manchmal muß er eingreifen. Boas war der Anführer der Klasse, alle richteten sich nach ihm. Vieles in der Klasse hatte ich auf Boas aufgebaut, außerdem war ich der Ansicht, daß die führenden Männer der Hagana, wenn sie nächstes Jahr in diese Region kommen würden, Boas zu Recht als Kommandanten auswählen würden. Ich betrachtete ihn als Vorbild, da er Mut und gesunden jüdischen Stolz besaß, also viele der Eigenschaften, die wir mit unserer Erziehung fördern wollten. Da ich nicht zulassen konnte, daß sein Führungsanspruch in Frage gestellt wurde, trennte ich sie.

Boas stand auf und rief zu Schlomek hinüber: »Was für ein Glück für dich, daß Jotam gekommen ist, du Schwachkopf!«

Später hörte ich, wie er den Jungen erzählte, daß Schlomek, dieser Angsthase, Jotams Hilfe gebraucht hätte, sonst wäre nichts von ihm übriggeblieben. Auf seine Weise rächte er sich auch an den drei Mädchen, die Zeuginnen der Geschichte gewesen waren und Schlomek angefeuert hatten. Ich mischte mich nicht ein. Ich halte mich an die Regel, die ich Schlomek erläutert habe: Nicht immer ist die absolute Wahrheit das wichtigste. Als Erzieher hatte ich die Aufgabe, hier eine neue Generation aufzubauen, eine starke, großzügige und grausame Generation. Der nationale Gesichtspunkt war für mich immer wichtiger als der individuelle. Auch wenn es nicht um Schlomek gegangen wäre, hätte ich mich so verhalten, und ich denke nicht, daß ich ausgerechnet ihn hätte bevorzugen sollen, da er sowieso eine Ausnahme war. Ein Erzieher muß manchmal unpopulär entscheiden können.

Doch in einem anderen Fall entschied ich für ihn. Von allen Seiten kam man zu mir und beklagte sich über ihn, da er, wo er nur Platz fand, etwas einritzte, aufschrieb, hinkritzelte: auf die Zimmerwand, die Türen – und sogar in Baumstämme ritzte er es ein. Es war immer dasselbe: J-39, B-37, E-12, J-8. Ich nahm an, daß diese Buchstaben und Ziffern ein persönlicher Code waren, doch achtete ich Schlomeks Privatsphäre und fragte ihn nie, was er da schrieb. Manchmal muß ein Erzieher davon absehen können, sich in Privatangelegenheiten eines Heranwachsenden einzumischen. Die Hormone erteilen ihre eigenen Befehle, und manchmal kommen solche Befehle in merkwürdigen Inschriften zum Ausdruck. Obwohl ich schon sechsundzwanzig bin, ertappte ich mich selbst einmal dabei, wie ich fast unbewußt den Buchstaben »M« in die Rinde einer Kasuarine ritzte. Ich beherrschte mich und schrieb die anderen Buchstaben nicht, denn schließlich bin ich kein Junge mehr, sondern Lehrer und Erzieher. Ich verzieh Schlomek also, was die geheimnisvollen Buchstaben betraf. Schließlich sind das menschliche Schwächen, die jeder versteht.

Was ich prophezeit hatte, traf ein: Als sich Schlomeks Stellung in der Klasse verbessert hatte und er sich einzufügen begann, verschwanden auch seine Lügen und Phantasien. Ich brauchte, Gott sei Dank, Ruta nicht um Hilfe zu bitten, und mein Klassenbogen blieb, wenn man so sagen darf, makellos.

Dann begannen die großen Ferien.

Es ist bei uns üblich, daß in den großen Ferien alle Schüler, die nach Hause fahren können, abreisen; die anderen bleiben zusammen mit wenig Personal in der Schule. Ich hatte Ferien verdient und fuhr weg; Schlomek blieb natürlich im Internat, und auch Ruta blieb und unternahm während meiner Abwesenheit hinter meinem Rücken Versuche, ihn zum Sprechen zu bringen. Das erfuhr ich natürlich erst nach den Ferien, und ich war zornig auf sie.

»Du brauchst nicht zornig zu sein, Jotam«, sagte die spröde Frau, »dein Schlomek hat keinen Ton gesagt. Verschlossen war er, als habe er sein Herz unter einem Stein vergraben. Ich habe ihn immer wieder gefragt, warum er nicht spricht, und er hat auf diese hinterhältige Weise gelächelt und gesagt: Ruta, du kriegst kein Wort aus mir heraus. Ich fragte ihn, wovor er sich fürchtet, und er schüttelte den Kopf: Hier darf ich nicht sprechen, Ruta, und du legst mich nicht rein. Du wirst es nicht glauben, Jotam, aber er machte danach auf dem Weg schon von ferne einen Bogen um mich, als sei ich für ihn der gefährlichste Mensch an der ganzen Schule.«

»Der Wille eines Menschen gereicht ihm zur Ehre«, sagte ich zu Ruta. »Vielleicht ist dies ein Zeichen, daß Schlomek neu geboren wird. Du selbst hast von dem ›Grabstein‹ gesprochen, und ich bin ein Mensch, der Worten gegenüber sensibel ist, Ruta. Schlomek hat seine Vergangenheit begraben, und das betrachte ich als einen positiven Schritt nach vorne. Menschen werden hier neu geboren. Das weißt du so gut wie ich.«

Ruta schaute mich an und schwieg, dann nagte sie am Rest ihres Daumennagels und sagte: »Wir an dieser Schule sind ein bißchen zu klein, Jotam, um Kinder sein zu dürfen.«

Sprach es und ging. Ich verstand ihre Worte nicht, aber ich kenne Ruta seit acht Jahren, und ich weiß, daß sie manche Dinge nur äußert, um originell zu sein. Gewollt originell, wie man sagt. Aus den einfachsten Dingen macht sie komplizierte Angelegenheiten. Ich dagegen liebe es, Dinge zu vereinfachen. Zuviel Psychologie hat noch keinem Menschen die Rettung gebracht.

Nach den Ferien konnte Schlomek wirklich als integriert gelten. Zwar schickten ihn die bösen Buben der Klasse in den Neujahrstagen einmal auf den Hügel, um die erste Meereszwiebel zu holen, *schau doch, dort, dort, man sieht sie genau, schau doch hin, Kaftorek, da ist eine sehr schöne* – und dann stellte sich heraus, daß es nur von kleinen Schnecken übersäte Gräser waren. Schlomek wußte nicht, wie eine Meereszwiebel aussieht und brachte die Gräser. Doch ich hatte schon Beweise dafür, daß er sich einfügte. Er verwechselte bereits Maskulinum und Femininum, zum Beispiel sagte er »Schtem-èsreh 'elef« wie ein echter Sabre, und ich widersprach nicht. Mag Schlomek ruhig falsch »Schtem-èsreh 'elef« sagen, Hauptsache er fügt sich ein, sagte ich. Wenn er nur gemocht wird. Ich weiß, daß meine Klasse die Reinheit der

Sprache nicht mag. Vielleicht bin ich in sprachlichen Dingen wirklich zu genau. Vielleicht muß man nachgeben, auch ein Erzieher muß der Jugend zuweilen nachgeben können. Schließlich gehört die Zukunft ihnen und nicht uns. Darüber liege ich in ständigem Streit mit dem Lehrer für Literatur – vielleicht deshalb, weil er sich meistens mit Dingen der Vergangenheit beschäftigt und nicht mit der Zukunft, während ich ein Erzieher bin, ein Erzieher, der den Boden bereitet für die Zukunft.

Ich sah auch, daß Schlomek errötete, wenn er gefragt wurde, wie alt er gewesen sei, als er ins Land kam, und daß er – unbestimmt und ohne weitere Erklärungen – »klein« sagte, wie alle von uns, die nicht das Glück haben, im Land geboren zu sein. Auch ich antworte so, obgleich meine Mutter darauf besteht, daß ich elf war, als ich kam. Vor allen Leuten behauptet sie das und ärgert mich damit sehr. Sie ist eine alte Frau und versteht nur begrenzt etwas von natürlichen Dingen.

Indessen ging der Krieg weiter, und wir bewegten Fähnchen auf unserer großen Karte, nachts hörten wir den Big Ben und um Mitternacht aus Moskau das »Groß ist meine Heimat«, und wir wußten, die freie Welt lebt, sie besteht und verteidigt sich, sie wird nicht fallen und nicht untergehen vor dem brüllenden Bedränger, und wir zünden die Chanukka-Kerzen an, Winter ist es wie jeden Winter.

Ein großer Kummer traf mich nach den großen Ferien, und noch immer schmerzt mich jede Erinnerung daran. Ich sagte schon, daß ich kein komplizierter Mensch bin, und ich werde die Wahrheit ganz schlicht sagen: Michal wurde schwanger, meine Michal wurde schwanger von einem dieser mannhaften Schüler; er wurde daraufhin von der Schule entfernt, und sie wurde von ihren Eltern weggeholt und nach Hause gebracht. Doch nicht nur, daß mich die Sache selbst schmerzte – so schmerzte, daß sich viele Nächte lang meine Zähne in mein

Kopfkissen gruben –, hinzu kam noch, daß Ran Sluzki, ihr Erzieher, ich meine der Erzieher ihrer Klasse, davon hätte wissen müssen und nichts gewußt hat. Geschah es doch vor seinen Augen. Gott möge Ran Sluzki verzeihen, ich verzeihe ihm nicht, nicht als Mensch und nicht als Erzieher. Bei mir wäre diese Sache nicht möglich gewesen, es wäre nicht möglich gewesen, daß sich wichtige Dinge, die einen meiner Schüler betreffen, vor meinen Augen abspielen, ohne daß ich davon weiß. Wie war Ran Sluzki mit Blindheit geschlagen.

Gerade in jenen Tagen hatte Michal mir gegenüber eine gewisse Offenheit gezeigt, eine Art Aufrichtigkeit. Kurz vor Chanukka hielt ich die Wache im Hof und fand sie allein auf dem Weg – dich, die meine Seele liebt, sah ich in einen kurzen dicken Mantel gehüllt, und nur die entblößten Füße waren gerötet vor Kälte. Traurig war sie, und ich dachte, wie sehr diese Traurigkeit zu ihr paßt. Sie sprach über dieses und jenes, dann sagte sie kurz vor ihrer Baracke: »Bist doch ein guter Kerl, Jotam.«

So sprach meine Michal und ging. Und mir schwindelte bei diesem Wandel unserer Beziehungen, es schien, als sei sie auf einmal erwachsen geworden. Noch vor einem Jahr hätte sie nicht gewagt, auf dem Hof so mit mir zu reden, und sie hätte nicht gewagt, diesen Satz zu sagen, den sie gesagt hat. Schließlich war sie eine Schülerin und ich der Lehrer. Michal war erwachsen geworden, erwachsen, dachte ich im Dunkel meines Zimmers, und ich brauche nichts mehr zu befürchten, morgen werde ich zu ihr gehen und ihr meine Freundschaft anbieten, die Freundschaft eines erwachsenen und erfahrenen Mannes. Doch schon am nächsten Tag kamen ihre Eltern, Michal verließ unsere Schule, und ich, der ich sie geliebt habe und von dem sie so grausam weggerissen wurde, wühlte in meinen Taten und dachte sogar, dies sei meine Strafe für die Geschichte mit der Köchin.

Ich fürchte, daß ich aus Scham nicht die ganze Wahrheit

über die Köchin gesagt habe. Wir hatten eine Köchin aus Rußland und noch eine junge Jemenitin aus Sche'arim, die sehr arm war und verbittert, da ritt mich in den Nächten während der Obsternte der Teufel, als Michal noch in der Zehnten und Elften war, fern wie ein Engel Gottes. Sie werden fragen, ob ich das Mädchen aus Sche'arim geliebt habe. Natürlich habe ich sie nicht geliebt, ich haßte sie und mich selbst, wie ein Mann haßt, wenn er nicht liebt und nicht weiß, warum er das alles eigentlich tut. Ich bin kein religiöser Mensch, aber bis heute denke ich, daß diese abscheuliche Geschichte, die mehr als ein Jahr dauerte, Michal von mir riß. Ich war nicht rein. An dieser Geschichte ist nichts, dessen ich mich rühmen oder mit dem ich schön tun könnte, und dazu kommt, daß das Mädchen aus Sche'arim freitags noch eiliger nach Hause lief als ihre Freundin, also war sie nicht einmal unserer Schule gegenüber brüderlich und treu gesonnen. Kurz: in meinen Augen ist all das widerlich, ich bereue es bis heute, aber nun wurde mir Michal genommen. So kämpfte ich tagelang mit mir, und einmal befiel mich ein verrückter Geist in Gestalt des Winters und des Windes, da reiste ich ohne Mantel und Socken in Sandalen nach Jerusalem, um vor der Tür des Hauses zu stehen, in dem Michals Eltern wohnten, draußen stand ich, ohne einzutreten, um sie vielleicht zu sehen, aber die Jalousien waren verschlossen, und ich sah nichts. Ach, was erzähle ich. Wie lächerlich kann sich ein Mensch machen, wenn er liebt. Hatte sie nicht gesagt, steig auf den Berg und steche den Rasen, hatte sie nicht gesagt, ein guter Kerl bist du, Jotam, und noch immer forsche ich in den Tiefen der Worte, die sie mir sagte. Und mehr Tiefe als in den Worten lag in der ganzen Szene. Wenn es heute – fast fünfunddreißig Jahre nach dieser Geschichte – einen Trost für mich gibt, dann diesen: Ich habe meine Schülerin nicht angerührt. Ich habe sie nicht angerührt. Und vielleicht ist das sogar etwas Rühmliches. Nicht nur unrein ist der Mensch. Auch willensstark ist er.

Mit Schlomek befaßte ich mich in jenen Wochen überhaupt nicht, denn es war nicht notwendig. Er war eingegliedert, wie es sich gehört, in Mathematik und Englisch hatte er die Klasse sogar überflügelt und half den anderen. Bis ein Mädchen zu mir kam und erzählte, sie könne mit Kaftorek, also Schlomek, nicht in einer Baracke schlafen, denn er schlafe nachts nicht und schreibe die ganze Zeit, er laufe hin und her, wälze sich im Bett, mache Licht und schreibe, statt zu schlafen. Ich fragte sie, wie lange dies nun schon dauere, und sie sagte, vielleicht eine Woche.

Es war eine sehr festliche Woche. Schon Sonntag oder Montag hatten wir erfahren, daß wir Freitag abend einen Gast bei uns empfangen würden, einen Mann der Jewish Agency und eine führende Gestalt des Jischuv, der uns mit seinem Besuch ehren und uns die Lage erklären würde. Es war ein großes Ereignis, denn in diesen Tagen rückte der Bedränger überall vor, und wir waren in großer Sorge. Die Deutschen waren nicht weit von der Grenze unseres Landes entfernt. Dem Besuch dieses Gastes kam besondere Bedeutung zu; es hieß, er wisse um große Geheimnisse, und wenn er günstig gestimmt sei, würde er uns vielleicht Vorgänge und Ereignisse aus dem Krieg erzählen, die uns Menschen aus dem einfachen Volk unbekannt sind – nicht daß ich unsere Schule herabsetzen will, um Himmels willen, sie ist ein sehr geachtetes Institut, an dem Söhne und Töchter der Großen des Jischuv lernen. Aber im Vergleich zur großen Welt leben wir hier doch befangen im grauen pädagogischen Alltag, und man kann wohl sagen, daß wir zum einfachen Volk gehören, ohne daß es eine Beleidigung ist.

Die ganze Woche über wurde das Fest vorbereitet, und ich muß sagen, daß dieses Mal selbst die Köchinnen kooperierten, dieses Kreuz, das wir auf dem Rücken tragen. Sie buken und kochten Tage im voraus, und aus der Küche drangen Wohlgerüche. Die ganze Woche über sind wir einfache Leute, die Eipulver, Spinatbällchen und Zucchini essen. Nun aber war es, als habe sich die sparsame Hand geöffnet. Ich sah, wie man Lebensmittel in die Küche brachte, die niemand mit der normalen Zuteilung erhält, doch ich schwieg. Ich will unserem Direktor keine Schuld geben, er ist ein konstruktiver Mensch, es gibt nur wenige wie ihn im Lande, und eine Schwäche in solchen Dingen ist menschlich. Kurz und gut: wir genossen die Düfte, während Erwartung und Spannung wuchsen. Nur Schlomek konnte nachts nicht schlafen.

Freitag mittag war die ganze Klasse noch auf dem Sportplatz. Da sprang ich über meinen Schatten und erzählte Ruta, daß Schlomek die ganze Nacht schreibt. Sie zögerte etwas. An diesem Tag wartete auch sie auf den Zwölf-Uhr-Bus, um nach Haifa zu fahren wegen Uzi, einem Jungen aus der Zehnten, dessen Vater Arzt und dessen Mutter Psychologin war, und die sich seit fünf Jahren scheiden ließen, dann doch nicht scheiden ließen, und dies alles auf Uzis Rücken. Aber sie besann sich und sagte: »Komm, Jotam, wir gehen in die Baracke und sehen wenigstens einmal nach, was er da Mysteriöses schreibt.«

Da die Zeit knapp war, dachte ich nicht lange darüber nach, ob unsere Mittel schön waren oder nicht. Wir gingen schnell zur Baracke und öffneten Schlomeks große Kiste. Dort lagen ungefähr sieben oder acht Seiten, die dicht und deutlich von Hand beschrieben waren.

»Ist das polnisch?« fragte mich Ruta.

»Polnisch«, sagte ich. Zu meinem Verdruß bin ich noch imstande, diese Sprache zu identifizieren und zu lesen, wenn mir keine Wahl bleibt. Meine Mutter besteht darauf, mit mir polnisch zu sprechen und mir sogar Briefe in dieser Sprache zu schreiben, und ich gebe nach. Aber wahr ist, daß ich diese Sprache nicht mag.

»Nun, dann lies«, drängte Ruta. Der Bus mußte jeden Augenblick kommen.

»Ich kann nicht«, sagte ich, und das war nicht ganz wahr, »meine Kenntnis dieser Sprache ist auf wenige Wörter beschränkt.«

Ruta sah mich ungeduldig an.

»Wenn das so ist, mein Lieber, kann ich dir im Augenblick nicht helfen. Ich komme Sonntag zurück, dann gehen wir der Sache nach, falls dein Schlomek nicht wieder angefangen hat, nachts zu schlafen wie jedermann.«

Sie ging zu den Kasuarinen. Vielleicht hätte ich bereut und doch gelesen, wenn Ruta gewartet hätte, aber Ruta hat nicht gewartet. Nie gab sie einem die Möglichkeit, ein Wort zu bereuen. In ihren Augen ist ein Wort ein Wort, Schluß. Nicht daß ich sie beschuldigen will. Sie ist eine beschäftigte Frau und Tag und Nacht für unsere Schüler tätig. Und ich dachte, es eilt ja nicht, sicher eine Sache der Hormone; und wenn dem so ist, spreche ich mit Schlomek, sobald der Gast abgereist ist, schließlich gehöre ich nicht zu den alten Leuten am Institut, und auch ich verstehe manches von diesen Dingen. Fast alle Jungen oder Mädchen in diesem Alter führen Tagebuch. Und wenn Schlomek polnisch schreiben will, so soll er polnisch schreiben. Vielleicht nur nicht bei Nacht, denn die anderen haben nach einem Tag des Lernens und der Arbeit ihren Schlaf verdient, und das würde ich versuchen, ihm zu erklären.

Aber ich kam nicht dazu, denn was geschah, geschah.

Es wurde Nacht, unser Gast kam wie ein Bote des Himmels, begleitet vom Direktor und seinem Stellvertreter, doch mehr noch begleitet von einem Zittern der Luft um ihn her. Ich habe darauf geachtet, bei wichtigen Menschen ist es wirklich so, als vibriere die Luft, die sie umgibt, vielleicht hängt das mit Magnetismus zusammen, ich weiß nicht, ich kenne mich in den exakten Wissenschaften nicht aus. Im Speisesaal leuchteten Kerzen und Petroleumlampen. Das ungewohnte Licht und die Speisen, die wir uns trotz des Duftes kaum hatten vorstellen können, verwirrten uns. Wir waren in sehr festlicher Stimmung. Der Direktor sprach den Segen und erklärte das Wort »nach Speise und Trank«, welches bedeute, nach Essen und Trinken solle man Worte der Lehre hören. Der Gast lächelte und sagte, dieses Mal werde er weniger von der Form und mehr vom Inhalt sprechen. Wir platzten fast vor Spannung.

Was unterscheidet den großen Mann vom einfachen Volk – doch dies, daß der große Mann in seiner Rede Welten erschafft und es keinen Tag gibt, an dem seine Stimme erloschen und ohne Echo zu ihm zurückkehrt. Der Gast stand und sprach vor uns über die Lage, und er ließ in seiner Rede Welten erstehen. Wir sahen, wie Hitlers Horden in Rußland wüteten, und schon waren sie vor Leningrads und Moskaus Toren angelangt. Wir sahen, wie die mutigen Russen in den Ruinen ihrer Häuser kämpften. Wir starteten im Spitfire mit den Piloten der Royal Air Force zu ihren Kampfhandlungen. Beinahe konnten wir das Meer riechen, den Ozean, wo eine ferne Insel nach der anderen den Japanern in die Hände fiel. Doch übertönt wurde alles von Rommels Panzern, die sich näherten, die sich uns näherten. Nicht nur von Zerstörung sprach unser Gast, auch von Trost. Er verhehlte uns nicht, daß die Lage ernst sei, sehr ernst. Aber er sprach über die amerikanischen Schatzkammern. Über das mutige russische Volk. Und über den Schnee. Denkt an Napoleon, sagte er, dasselbe wird Hitlers Truppen widerfahren. Ein Panzer vermag gegen Schlamm und Schnee nichts auszurichten, sagte er, und flüsternd wiederholten wir seine ermutigenden Worte: seht, ein Mann, der sich auskennt, hat uns gesagt, ein Panzer vermag gegen Schlamm und Schnee nichts auszurichten, also gibt es für die Russen Hoffnung. Und im Mittelmeer stehen die drei Bollwerke Gibraltar, Malta und Alexandria, die jetzt und in Zukunft uneinnehmbar sind. Was General Auchinleck in der arabischen Wüste betrifft, wer ist schon Auchinleck, sagte der Gast, wir haben bereits Informationen, daß die Briten ihren

Fehler erkannt haben, und wir dürfen annehmen, daß er binnen kurzem durch einen besseren Mann ersetzt wird. Und hier erhob der Gast seine Stimme und sprach mit wahrer Majestät: Ihr sollt wissen, Genossen, daß der Feind und Bedränger nie und nimmer eindringen wird in unser Land!

Er setzte sich. Der Saal spendete Beifall. Bewegten Herzens dankte der Direktor ihm wieder und wieder, reichte ihm Saft und fragte im Scherz, ob noch jemand Fragen habe. Er war sicher, daß nach einem solch gewaltigen Vortrag, in dem der Geist der großen Welt unser kleines Dorf berührte, niemand es wagen würde, Fragen zu stellen, die doch die festliche Stimmung nur mindern und zerstören würden.

Aber Schlomek stand auf. In der Hand hielt er seine polnisch beschriebenen Blätter.

Der Direktor sah ihn mißmutig an und sagte: »Falls du sicher bist, daß deine Frage klug ist, so frag, mein Sohn, frag.«

»Kaftorek, setz dich schon«, pfiff jemand.

Ich sah Schlomek an und mir fiel auf, wie schön er geworden war, seit er zu uns kam, wieviel Arbeit wir in Schlomek hineingesteckt hatten, und wie schön die Früchte waren. Außerdem sah ich, daß Schlomek anscheinend wirklich mehrere Nächte nicht geschlafen hatte, aber vielleicht war es auch nur das Spiel der Lichter auf seinem Gesicht, leuchteten doch im Speisesaal Lampen und Kerzen, und das war ungewöhnlich.

»Mein Herr«, sagte Schlomek, doch der Gast unterbrach ihn: »Genosse Benyo, ich bitte darum, wir alle hier sind Genossen.«

»Genosse Benyo«, sagte Schlomek, »ich habe eine Frage an dich. Es gibt Zeugen, die berichten, daß das Volk der Deutschen endgültig dazu entschlossen ist, alle Juden Europas unter seiner Herrschaft zu vernichten. Besitzen die Organisationen Informationen darüber, und wenn ja, was wollen sie in dieser Sache unternehmen?«

Der Gast sah ihn erstaunt und ungeduldig an. In anderthalb Jahren hatte Schlomek viel von seinem polnischen Akzent und seinem »Tarbut«-Hebräisch verloren. Es schien, als ob nicht nur ein Sabre, sondern der Sohn von Sabres spreche. Der Gast nahm einen Schluck Saft und sagte: »Im Krieg, weißt du …«

»Ich spreche nicht von Krieg«, sagte Schlomek, und wir staunten, weil er wagte, den Gast zu unterbrechen. »Ich spreche von einfachem Mord.«

Der Gast schüttelte den Kopf und sagte: »Nun, und woher hat ein so schöner Knabe wie du darüber zuverlässige Informationen?«

»Kaftorek, hör auf, setz dich und reg dich nicht auf«, ließ sich eine weitere Stimme vernehmen, und mir schien, es war Boas.

»Genosse Benyo«, sagte Schlomek und stand sehr aufrecht, »ich bin vor über einem Jahr hier angekommen, und bevor ich kam, haben die Deutschen die meisten Männer unseres Dorfes durch Erschießen oder Erhängen umgebracht; im nächsten Dorf verbrannten sie alle jüdischen Familien in der Synagoge. Hier ist ein Zeugenbericht über alles, was ich erinnere mit Datum, Namen, alles.«

»Kaftorek, bist du da, um zu hören oder um gehört zu werden?« rief ein Mädchen.

»Nun, nun«, sagte der Gast verwundert, »wie geschah das Wunder, daß du entkamst? Auf welchem Weg bist du hierher gelangt? Du siehst doch aus wie ein richtiger Sabre, Sabre in jeder Beziehung.«

Schlomek winkte ungeduldig mit der Hand. Er stand aufrecht, dünn und zitterte wie eine Pappel im Winter. Er sah aus, als könne kein Mensch ihn mehr zurückhalten. Der Direktor versuchte, etwas zu sagen, doch der Gast beruhigte ihn mit einer Handbewegung.

»Genosse – wie ist dein Name? Schlomo? Genosse Schlomo,

eine ehrenhafte Frage hast du gestellt, und ich will sie beantworten. Du sollst also wissen, Genosse Schlomo, daß auch wir einige Informationen erhalten haben, die deiner Erzählung ähneln; vielleicht nicht ganz so extrem, vielleicht nicht ganz so eindeutig, aber es sind doch einige Stimmen laut geworden. Ihr sollt wissen, Genossen, daß es uns auch an Informationen aus dieser Welt, über die sich vollkommene Finsternis herabgesenkt hat, nicht mangelt. Ihr sollt wissen, daß mutige Menschen ihr Leben aufs Spiel setzen, um uns Informationen aus dem Herzen der Finsternis zu übermitteln, aber ich werde euch nicht sagen, wer, wie und woher.« Erregtes Flüstern ging durch die Reihen der Zuhörer.

»Und ich möchte hier etwas Wichtiges sagen, Genossen. Wir haben die Informationen eingehend und ernsthaft geprüft. Schließlich ist euer Freund Schlomo nicht der erste, dessen Zweifel zu uns dringen. Und niemand soll sagen können, wir hätten auch nur die Andeutung einer Nachricht von dort mißachtet. Um Himmels willen. Aber ich sage euch, Genossen: Selbst wenn sich herausstellen sollte, daß diese schweren Nachrichten, oder ein Teil davon, wahr sind – und ich persönlich glaube, daß sie wirklich sehr übertrieben sind und daß es sich höchstens um vorübergehende Grausamkeiten handelt, die aufhören werden, sobald die Besatzung sich etwas stabilisiert hat –, ich sage euch, Genossen, daß wir auch dann nichts tun können.«

»Warum?« fragte jemand unter den Zuhörern, und es war nicht Schlomek.

»Ich hab euch gesagt, Kaftorek übertreibt«, flüsterte Eli. Und noch einmal fragte der erste: »Warum?«

»Warum? Eine gute Frage, eine große Frage, und ich werde sie beantworten. Warum, Genossen, werden wir nichts tun können? Weil unsere erste Pflicht, unsere heilige Pflicht den Überlebenden gilt, die sich hier versammeln; keine größere Pflicht gibt es für uns als die gegenüber dem großen Pionierwerk, denn nur hier in der Heimat besteht Hoffnung für die Überlebenden Israels.«

Der Direktor begann zu klatschen, und dann klatschten alle Zuhörer. Auch ich war begeistert. Ich wußte, daß dieser Mann große Worte gesprochen hatte, schwere Worte, die vielleicht nur ein einzigartiger Geist aussprechen und über die Lippen dringen lassen konnte. Das ist der Unterschied zwischen den führenden Menschen und dem einfachen Volk, zu dem wir gehören. Klare und eindringliche Worte, wie eine Prophezeiung.

Ich verließ den Saal mit vielen Zuhörern, die den Gast zu seiner Schlafstatt im Zimmer des Direktors geleiteten. Der Direktor hatte ihm für diese Nacht sein Zimmer überlassen. Wir standen noch über eine Stunde um die Tür geschart und hofften, daß wir vielleicht noch ein großes Geheimnis aus dem Mund des Gastes erfahren würden, der uns nicht jeden Tag vergönnt ist. Es war schon ein Uhr nachts, als ich auf mein Zimmer ging und Edna mir entgegenlief, das kleine gütige Mädchen, die Schlomeks erste Nachbarin gewesen war.

»Jotam, hör einen Augenblick, Kaftorek ist verschwunden.«

Verschwunden? Ich war erstaunt. Was heißt verschwunden? Wohin kann ein Junge aus unserer Schule verschwinden – allein, ohne Waffen, nah den Dörfern der Gewalttäter? Sicher ist er nicht verschwunden, sicher versteckt er sich, weil er so aufgewühlt ist, wir haben doch gesehen, wie aufgeregt er war, als der Gast sprach. Er hat sogar wieder angefangen, zu übertreiben, was wir schon lange nicht mehr von ihm gehört haben, Gott sei Dank schon seit über einem Jahr nicht mehr; er ist eben sehr aufgewühlt. Sicher finden wir ihn in irgendeinem Versteck.

Aber Schlomek war wirklich verschwunden. »Schlomek, Schlomek«, riefen die Schüler die ganze Nacht draußen auf dem Hof, in den Obstplantagen, im Stall und auf der Straße, »Schlomek, Kaftorek, es reicht, komm schon, wir warten.« Der Direktor telefonierte mit den Wachdienststellen der Umgebung, sie kamen mit Lastwagen, bildeten Gruppen und suchten. Es war eine Mondnacht, sehr kalt war es, und erste hohe Lilien standen auf dem Hügel wie Gespenster. Boas war wirklich schon Rekrut, er nahm eine Pistole aus der Waffenkammer, steckte sie unter seinen Mantel und ging mit Joram und Uzi bis zum Morgen die Pfade durch das Wadi und den Wald entlang, Spuren von Schakalen fanden sie, zurückgelassene Eier von Steinhühnern und ein Rohr, das aus den Obstplantagen gestohlen worden war, fanden sie, aber Schlomek fanden sie nicht.

Mittwoch erhielten wir mehrere Nachrichten auf einmal. Wie Schlomek in jener Nacht ohne Mantel, in Sandalen und kurzen Hosen allein nach Jerusalem gelangt ist, weiß ich nicht; wie er zwischen den arabischen Dörfern durchschlüpfte, weiß ich auch nicht. Aber Schlomek kam nach Jerusalem, fragte nach dem Palast des Hohen Kommissars, und trotz Wachen und Patrouillen gelang es ihm, über einen Zaun zu steigen, und erst im Innenhof wurde er gefaßt. Er sagte, er müsse dem Hohen Kommissar einen Zeugenbericht übergeben, und es sei dringend. Da sein Bericht auf polnisch verfaßt war, erschien er den Engländern verdächtig. Es stellte sich heraus, daß sie ihn einige Tage und Nächte lang verhörten, und dies nicht gerade zartfühlend. Ich weiß nicht wie – sicherlich telefonierte ein Engländer mit dem anderen, aber schließlich wurde Schlomek in das Haus einer einflußreichen Dame der Jugend-Alijah gebracht. Sie nahm ihn auf, hörte, was sie hörte, und sagte am Telefon, was sie sagte, das heißt, daß Schlomek nicht an unsere Schule zurückkehren werde.

Vielleicht wollte Schlomek sogar zurückkehren, ich weiß es nicht. Ich mag diese einflußreichen Damen nicht, die in Jerusalem einen hohen Posten innehaben und von der ganzen Arbeit, die im Feld geleistet wird, nichts verstehen. Als ich im Direktionszimmer erfuhr, daß Schlomek nicht zurückkehren werde, hatte ich, wie ich gestehen muß, das Gefühl, dies sei mir und uns allen gegenüber undankbar. Sicher hätten wir, wenn Schlomek zu uns zurückgekommen wäre, und sei es nur für einen Tag, in einem freundschaftlichen Gespräch alle Meinungsunterschiede klären können. Wenn ihn der Spitzname Kaftorek geärgert hat, so hätte die Klasse sicherlich auf ihn verzichtet. War nicht sogar Boas, sein Intimfeind, nachts um drei mit einer kleinen Gruppe hinausgegangen, um Schlomek zu suchen? War das nicht die Tat eines Freundes?

Inzwischen war Ruta zurückgekehrt. Noch am Sonntag kam sie wieder. Sie ruhte nicht und wich nicht vom Telefon, bis Schlomek in Jerusalem gefunden war. Diese ganzen Tage über schien sich eine Art Trauer über sie gesenkt zu haben. Ich dachte, daß sie stark übertreibt. Sie ließ nicht ab von mir: was Schlomek genau gesagt habe, wie er ausgesehen habe, was auf dem Fest mit dem Gast geschehen sei. Als ob ich jede einzelne seiner Bewegungen hätte erinnern können. Dies von einem Erzieher zu verlangen, ist doch übertrieben. Ruta schaute mit mir Schlomeks Sachen in seinem Zimmer an. Er hatte anscheinend alles zurückgelassen, nur seine polnisch beschriebenen Blätter hatte er nach Jerusalem mitgenommen.

Ruta saß auf Schlomeks Bett wie ein Klageweib. Ich konnte ihr Ach und Weh nicht mehr ertragen und suchte einen Weg, um die Seufzer zu beenden, die im Mund einer so spröden Frau noch trostloser klangen. Schließlich sagte ich: »Ruta, kennst du Schlomeks Geheimcode? Den er überall hinschrieb? Hier über seinem Bett an der Wand: verstehst du das?«

»Was ist da schon zu verstehen«, sagte Ruta in trockener Klage, »sein Vater Jizchak wurde mit 39 Jahren ermordet; seine Mutter Bilha wurde mit 37 Jahren ermordet. Sein Bruder Eliahu war zwölf, und sein Bruder Josef acht.«

Dann fügte sie hinzu: »Und ich allein bin übrig geblieben, da trachten sie, mein Leben zu nehmen.«

»Ruta«, sagte ich, »du übertreibst sehr. Wer hat Schlomek nach dem Leben getrachtet, wirklich. Hör auf, ich bitte dich.« Ich war so zornig, daß ich die Baracke verließ. Ran Sluzki lief mir über den Weg. Seit der Geschichte mit meiner Michal hatte ich kein Wort mehr mit ihm gewechselt, und ich verdrückte mich. Ein Mann, der nicht sieht, und nicht versteht, was sich unter seinen Augen abspielt. Und überhaupt wollte ich alleine bleiben. Die ganze Geschichte mit Schlomek war ein Unglück, und ich gestehe, daß ich nicht sagen konnte, worin es bestand.

Wie sehr Ruta und die einflußreiche Dame aus Jerusalem, die den Direktor und uns alle belehren wollte, übertrieben, zeigte sich erst ungefähr ein halbes Jahr später. Da erreichten uns zuverlässige Informationen über die Taten der Deutschen in Europa. Also war alles, was Schlomek gesagt hatte, wahr gewesen. Und wenn dem so war, warum hatte er nicht gewartet, bis sich die Wahrheit seiner Worte erwies? Warum hatte er nicht besonnen auf bestätigende Berichte gewartet? Jeder Mensch braucht andere, die ihn unterstützen, aber Schlomeks überhebliche Haltung bewirkte, daß er sich davon ausnahm. Und warum floh er von uns, als habe er ein schlechtes Gewissen? Machte sich auf die Beine, riß aus und ließ allerlei Vorwürfe zurück, für die wir nicht die Verantwortung übernehmen können. Konnte jemand von uns wissen, damals, als Schlomek zu uns kam, daß die Dinge so aussahen und nicht anders? War ein Prophet unter uns? Wieso sollten wir klüger sein als alle zuständigen nationalen Gremien?

Achten Sie nicht auf meinen Zorn! Immer wenn ich an die Geschichte mit Schlomek denke, zürne ich sehr, auch jetzt noch nach Jahren. Undankbar war dieser Junge, ich sage undankbar. Sehen Sie, noch im selben Jahr wurde sein Bericht in einer der großen Zeitungen veröffentlicht, zweieinhalb Spalten. Ich bewahre ihn in meiner Schublade auf, sicher bewahre ich ihn auf, alles bewahre ich auf, Alben, Fotos, Boas in Uniform. Offizier, natürlich Offizier. Ein Brief an die Schule von Eli, dem Soldaten, er ist später im Sechs-Tage-Krieg gefallen. Eine Karte von Rina aus Norwegen. Ja, das bin ich mit der obersten Klasse, hast du gesehen, was für ein Schopf? Also bewahre ich auch Schlomeks Bericht bei mir auf, schließlich war ich sein Erzieher, derjenige, der ihn ins Land integriert hat. Zwar hat er mir nicht persönlich geschrieben, aber warum soll ich nachtragend sein, ich habe diesen Bericht aufbewahrt. Zweieinhalb Spalten in einer sehr wichtigen Zeitung. Und ich bin zornig auf ihn. Man muß auch wissen, wie die Wahrheit zu sagen ist, und wann. Hätte er nur noch ein paar Monate gewartet, wäre sein Bericht ohnehin veröffentlicht worden, und er hätte unserer Schule noch Ehre gemacht. Statt dessen diese Verantwortungslosigkeit. Nachts alleine nach Jerusalem.

Es ist ganz einfach. Er hatte keine Geduld.

TUVIA RÜBNER

Der über den Tisch Gebeugte

Der über den Tisch Gebeugte
setzt Buchstabe an Buchstabe
die Hände brennen

Blühende Bäume violett und gelb

das Land, der Staub, die Bäume
der Staub

in der Luft die Asche

der über den Tisch gebeugt ist

Rette Gott meine Seele vor der Sprache des Betrugs
vor den Zungen der Lüge

Meine kleine Schwester

Meine kleine Schwester wacht und schläft
und plötzlich, Feuer ging durch mich.

Ich saß über den Tisch gebeugt. Weiße Buchseiten.
Buchstabe, Buchstabe, meine Augen tasten durch Asche.

Angelus Novus

Mein Gesicht ist in meinem Nacken. Vor meinen Augen
Trümmerhaufen, Trümmerhaufen.
Kleine Hoffnungen flogen fort, versengt,
fielen in die Finsternis.
Ich bin davongekommen.
Ich stieg auf.
Wurde wieder geboren
durchsichtig wie Rauch.

Die stumme Zeit
weht aus dem Baumgarten der Kindheit,
drängt mein hartnäckiges Herz,
breitet meine Flügel aus.
Nach hinten gestoßen, Kommendem entgegen.
Wann kommt, der mein Augenfeuer löschen soll.

Gedächtnis

In der Dunkelkammer das Herz
entwickelt
eine Welt voll Farben.
Wieder die ruhlose Erwartung.

Zwischen den Eisenbahnschienen steigt Grün auf, das zarte
lichte, unwissend, bewegt
kleine Flügel, wie um zu fliegen, schleicht sich
zu jedem Riß hin, plötzlich grau.

Tausendstel Sekunde: ein Mensch in der Luft
(Fenster des stürzenden Hauses – Schein von Flammen)
wie Vogel, betrunken, schwarz. Aber die Menge
auf der Straße unten, das Blut fließt in allen Farben.

Dann ein Mädchen, gehüllt in ihr Haar wie in Feuer
vorm Hintergrund des knochenfarbenen Himmels.
Sie ist da, wie in Glas gefangen.
Komm, Leichte, Wolke, steh auf, geh hinaus!

Dann alle, die man kaum unterscheidet
vom Wind. Farbflecke
verblassen, verfliegen im Dunst, ein geneigter Hals
eine Abschiedshand in der Luft.

Rauchhimmel violett, dann gelb
fallen auseinander. Die Liebenden
fliegen, Falter aus Asche.

Dann ist der Film rein.
Geschah, was geschah?
Geschieht es noch?

Weinen in der Dämmerung

Mirtl wohnte in einem kleinen Container hinter ein paar
Sträuchern am Rande der Siedlung. Seine Wohnung war im
gleichen Maße verwahrlost wie er sich selbst und seine Kleidung vernachlässigte. Es gab dort ein Bett, das nie bezogen
wurde, einen wackeligen Tisch mit schadhafter Tischplatte,
der aus dem gemeinschaftlichen Bestand aussortiert worden
war, einen Stuhl und mehrere Kisten, die er unterschiedlich
nutzte. Stets lagen in den Ecken auf dem staubigen Boden
alte Socken und Lederriemen herum, manchmal auch ein
schmutzstarrendes Arbeitshemd oder Handtuch. Und immer
hing der Geruch von Zigarettenrauch im Zimmer.

Mirtl war zwar nicht sehr groß, dafür aber recht kräftig gebaut. Mit muskulösen Beinen und Händen, die zwei Schau-
feln glichen. Sein Gesichtsausdruck war der eines Menschen,
der eine Nacht mit Alpträumen hinter sich hat – mürrisch
und etwas verwirrt. Dieser Eindruck wurde durch den ver-
schleierten Blick seiner wäßrigen Augen noch verstärkt, die
weder Freude noch Trauer auszudrücken vermochten, ja
nicht einmal Gleichgültigkeit. Er sprach sehr langsam und in
abgehackten Sätzen, in denen die Floskeln »in Ordnung«
oder »sei's drum« oder »das wär's dann also« meist das er-
gänzen sollten, was er nicht sagen konnte oder wollte. Da er
sich selbst aufgegeben hatte, was in seinem Äußeren, seiner
Art zu leben und mit seinen Mitmenschen umzugehen deutlich wurde, tat er eben diesen Mitmenschen auch nicht leid.
Nicht einmal lustig machten sie sich über ihn. Sie hatten sich
an seine Anwesenheit gewöhnt wie an das Vorhandensein
aller möglichen Gerätschaften im Hof des Kibbuz', auf die

keiner weiter achtgab. Niemanden kümmerte es, ob man sie wegnahm oder zu irgendeinem anderen Zweck verwendete.

Den größten Teil des Tages arbeitete er als Fuhrmann, und außerdem gab er schon seit einigen Jahren gegen Abend die täglichen knapp bemessenen Warenrationen an die Mitglieder aus. Beide Tätigkeiten verrichtete er vorbildlich. Hier gab es nicht die geringste Nachlässigkeit. Um den Esel kümmerte er sich mit einer Hingabe, die an Besessenheit grenzte. Er achtete auf peinliche Sauberkeit, ging äußerst pfleglich mit dem Zaumzeug um und sammelte für den Futtertrog des Esels alles Eßbare, das er in den Abfällen des Hühnerstalls und des Pferdestalls und in den Mülltonnen finden konnte. Er vergaß niemals, dem Esel Futter für die Nacht nachzufüllen, das Strohlager in seinem Verschlag zu erneuern und regelmäßig im Stall nach dem Rechten zu sehen. Es kam auch vor, daß er in einer regnerischen oder stürmischen Nacht aufstand und zum Stall hinüber lief, um sich zu vergewissern, daß dort alles in Ordnung war. Niemand wagte es, den Esel zu berühren, ohne Mirtl vorher um Erlaubnis zu fragen, aus Furcht, ihm würden sonst womöglich die Knochen gebrochen. Schon der Versuch, dem Tier ein Leid zuzufügen, konnte Mirtl in rasende Wut versetzen.

Das Warenmagazin, sein Königreich, in dem er unumschränkt herrschte, ähnelte eher einer Drogerie als einem Vorratslager. Alles lag fein säuberlich geordnet in Regalen und kleinen Fächern, und unterhalb jedes Faches klebte ein Zettel, auf dem der Name des Gegenstandes, die Anzahl der Einheiten sowie ein Datum standen. Der Boden und die Wände waren makellos sauber. Dort stand Mirtl hinter dem Schalter und verteilte die verschiedenen Waren an die Wartenden. Aber über die Schwelle, auf die andere Seite des Schalters durfte niemand auch nur einen einzigen Schritt tun. Dieser Raum war Mirtls Allerheiligstes, und alle anderen verhielten sich entsprechend. Das Kassenbuch führte er mit großer Gewissenhaftigkeit. Nicht einen einzigen Fall von Begünstigung hätte man darin finden können. Das hieß jedoch nicht, daß Mirtl nicht hilfsbereit war. Wenn jemand spät abends oder am Schabbat an die Tür seines Wohncontainers klopfte, weil er irgend etwas aus dem Warendepot benötigte, verweigerte ihm Mirtl niemals seine Hilfe. Er nahm dann seine Schlüssel, ging wortlos zum Magazin hinüber und bedeutete demjenigen, vor dem Schalter zu warten, während er selbst hineinging und ihm das Verlangte heraussuchte.

Als Hedi Mirtl und den Kibbuz verließ, war ihm keinerlei Veränderung anzumerken, und niemand wußte, ob er traurig war oder nicht. An jenem Sommermorgen half er ihr sogar noch, ihre Sachen aus ihrem gemeinsamen Zimmer in der Baracke zum Tor zu bringen und auf den Lastwagen zu laden. Danach sahen die Leute, wie er sich ganz normal von ihr verabschiedete, so als würden sie sich in wenigen Stunden wiedersehen, und als sich der Lastwagen in Bewegung setzte, steckte Hedi den Kopf aus dem Fenster der Fahrerkabine, schaute zurück und rief ihm zu: »Und paß gut auf den Jungen auf, Mirtl!« – »In Ordnung«, antwortete er. Dieses Schauspiel ließ jeden, der es zufällig mit ansah, lächeln. Als er zu seinem Eselskarren zurückging und einer seiner Kameraden mitleidig den Kopf schüttelte und zu ihm sagte: »Hat dich verlassen, was?«, da zuckte er nur mit den Schultern und meinte, als mache er einen Witz: »So ist das nun mal. Was soll man machen. Frauen, weißt du.« Diese Worte waren mitleiderregend, allerdings weniger wegen der Trennung an sich, als wegen der Teilnahmslosigkeit, mit der Mirtl sie hinzunehmen schien.

Vor sechs Jahren, als Mirtl und Hedi in ein Familienzimmer zogen, war man im Kibbuz sehr erstaunt gewesen über diese Verbindung. Mirtl war Mädchen und Frauen immer aus dem Weg gegangen, und wenn eine von ihnen sich mal mit irgendeiner belanglosen Frage an ihn wandte, geriet er in die größte Verlegenheit. Er wurde rot, fing an zu stottern und stammelte nur unverständliche Worte. Es fiel schwer, sich ihn anders vorzustellen, als man ihn bisher gekannt hatte, nämlich als eigenbrödlerischen Einzelgänger. Hedi dagegen war ein kleines wildes Tier, eine gierige Katze, die immer heiß war und keine Scham kannte, wenn sie jungen Männern nachstellte. Dieses kleine Geschöpf mit den blonden Haaren und den funkelnden Augen forderte das Ihre ein, und zwar mit Vehemenz, und machte auch keinen Hehl aus ihrem Verlangen. Wenn sie in der Kleiderkammer arbeitete, erzählte sie so offen und ohne jede Scham von ihren Liebschaften, als unterhalte sie sich über ausgedehnte Festgelage, auf denen überreichlich gegessen und getrunken wurde. Wenn sie liebte oder haßte oder beneidete, dann tat sie es lautstark. Doch alles, was sie erzählte, erzählte sie völlig arglos und unschuldsvoll, und diese Eigenschaft setzte alle üblichen Moralbegriffe außer Kraft. Man konnte ihr einfach nicht böse sein, so wie man einem Kind seine Naschhaftigkeit nicht übelnehmen konnte, selbst wenn man es beim Diebstahl in der Speisekammer ertappte und dabei womöglich noch irgendein Gefäß zu Bruch gegangen war. Unser Verhältnis zum Sünder wird offensichtlich bestimmt durch dessen Verhältnis zu seiner eigenen Tat. Hedi wußte nicht, was das war – Sünde, und diese Tatsache bestimmte das Maß der Vergebung, das bei ihr angelegt wurde, und zwar selbst von den eingefleischtesten Moralaposteln. Ihre Geschichten wie ihre Taten riefen niemals Wut oder Abscheu hervor. Sie waren unterhaltsam und so lustig, daß man unwillkürlich lachen mußte, und in diesem Lachen schwang immer Sympathie mit, wenn nicht gar Zuneigung. Manchmal schien sie die übrigen Mädchen mit sich zu reißen und sie dazu zu bringen, »ihre Geliebten« zu lieben, diejenigen zu hassen, die ihr selbst verhaßt waren, und gleich ihr danach zu dürsten, Rache zu nehmen an denen, die sie »verraten« hatten. In der Tat war es am lustigsten, wenn sie vor Wut kochend über diese »Verräter« herzog. Dann kam ihre ganze Wildheit zum Vorschein, die ganze Grausamkeit des Tieres in ihr, das kein Erbarmen kannte. Sie schien dazu bestimmt zu kratzen, zu beißen, zu morden. Und trotzdem war das alles lustig und amüsant.

Was hatte Hedi an Mirtl gefunden, als sie ihn unter allen ihren »Geliebten« erwählte? Es dauerte einige Zeit, bis allen klar wurde, daß ihr Wahnsinn Methode hatte. Neuartige Vergnügungen wie Nestwärme, das Leben in einer kleinen, festen Gemeinschaft und eine angesehenere soziale Stellung verdrängten jedoch nicht die alten, die zu ihrem früheren, unabhängigen Leben gehört hatten. Die ersten zwei, drei Monate war sie Mirtl treu ergeben wie eine Sklavin. Sie kümmerte sich mit soviel Begeisterung um das neue, gemeinsame Zimmer, daß man zu der Überzeugung gelangen konnte, daß dieses Heim alle anderen überdauern würde. In der Tat verhielt sie sich sehr zurückhaltend und vernünftig, und die anderen Mädchen meinten, daß sie wohl endlich zur Ruhe gekommen sei. Und viele zogen aus diesem wundersamen Wandel ihre eigenen Schlüsse und sagten: Da seht ihr, was eine geordnete Lebensweise alles bewirken kann, Gott sei's gedankt. Aber nach diesen ersten Ehemonaten wurde Hedi wieder rückfällig, und die Wiederaufnahme ihrer alten Gewohnheiten war ein Schlag ins Gesicht dieser Neunmalklugen mit ihrem voreiligen Urteil. Erneut warf sie sich jungen Burschen an den Hals und hatte Rendezvous mit den Männern, die im Kibbuz Nachtwache hielten. Doch auch jetzt schien sie in ihrem Tun nichts Unrechtes zu sehen. Sie ließ sich zwar mit anderen Männern ein, blieb gleichzeitig ihrem Partner jedoch treu und sah darin auch keinerlei Widerspruch. Mit ihren Pflichten als Ehe- und Hausfrau nahm sie es nach wie vor sehr genau, und nicht nur das: Mutig verteidigte sie Mirtl auch gegen all jene, die ihn in irgendeiner Weise ärgerten oder beleidigten, und sie focht überall dort seine Kämpfe aus, wo man ihn ihrem Empfinden nach benachteiligte. Und sie sprach von ihm immer als »mein Mirtl«.

Obwohl Mirtl mehr oder weniger über Hedis Eskapaden Bescheid wußte, tat er so, als sehe er nicht, was vor sich ging. Jedenfalls ließ er sie sich austoben, und nichts deutete darauf hin, daß der familiäre Frieden in ihrem Heim gestört oder Mirtl irgendwie beunruhigt war. Er ging wie immer seiner Arbeit nach und zog sich am frühen Abend in sein Zimmer zurück, um zu schlafen, und es ist anzunehmen, daß er nicht mitbekam, wann Hedi kam oder ging. Als ihnen ein Sohn, Jossi, geboren wurde, munkelte man, Mirtl sei gar nicht der Vater, aber diese verleumderischen Reden kamen ihm gewiß niemals zu Ohren.

Sechs Jahre dauerte diese Partnerschaft. Sie wurde weder enger noch lockerte sie sich. Es wunderte sich auch niemand mehr über sie oder machte anzügliche Bemerkungen. Bis Hedi Mirtl eines Tages mitteilte, daß sie in die Stadt ziehen werde, und man erzählte sich, daß sie ihrem Geliebten dorthin folge, einem gutaussehenden Sepharden, der als Taxifahrer arbeitete. Nachdem sie fort war, entschied Mirtl, daß es nicht recht sei, weiterhin in dem Zimmer wohnen zu bleiben, das für eine Familie vorgesehen war, und zog in den Container um, der früher einmal eine Schuhmacherwerkstatt beherbergt hatte.

Mirtl schien sich seit damals also nicht verändert zu haben, allerdings mit einer Ausnahme: Seinen vierjährigen Sohn liebte er seit Hedis Weggang mehr als jemals zuvor. Jossi sah seiner Mutter ähnlich, aber seine soziale Stellung hatte er von seinem Vater geerbt. Im Kinderhaus gehörte er immer zu denen, die geärgert wurden, aber selbst niemals andere ärgerten. Er war in sich gekehrt und eine willkommene Zielscheibe für die Raufbolde der Gruppe. Wenn seine Altersgenossen miteinander spielten, stand er abseits in einer Ecke. Den Daumen einer Hand im Mund und mit der anderen seinen Ellbogen stützend, beobachtete er die anderen Kinder mit düsterem Blick. Auch er war nachlässig gekleidet. Seine Hose saß schief auf den Hüften und war voller Flecken, ein Hemdzipfel hing ihm hinten aus dem Hosenbund, und egal, ob es Sommer oder Winter war, er hatte immer eine Schniefnase. Beim geringsten Anlaß fing er an zu weinen und versuchte sich unter der Schürze der Erzieherin zu verstecken, und draußen im Hof spielte er immer allein.

Sein Vater war Jossis einziger Trost. Wann immer er seinen mit Abfall oder Milchkannen beladenen Eselskarren durch das Lager fahren sah, rannte er zu dem verschlossenen Hoftor und rief ihn, damit er ihn mitnahm, und wenn Mirtl sich weigerte, blieb Jossi dort stehen und schaute ihm so lange hinterher, bis er ihn aus den Augen verlor. Wenn den Kindern freigegeben wurde, um zu ihren Eltern zu gehen, war das für Jossi wie eine Erlösung. Dann rannte er vom Hof wie ein Vogel, der endlich seinen Käfig verlassen durfte, um seinen Vater zu treffen. Und nichts war trauriger als mitanzusehen, wie er seinen Vater so manches Mal vergeblich zu Hause suchte. Abends, wenn die Kinder schon in ihren Betten lagen, hörte man ihn noch lange laut weinend nach seinem Vater rufen: »Papa! Papa!« Er stand dann in seinem Bett und rüttelte mit beiden Händen an den eisernen Gitterstäben wie ein Gefangener, der versucht, das Fenster seiner Zelle aufzubrechen, bis er schließlich verzweifelte und völlig erschöpft einschlief.

Mirtl behandelte seinen Sohn wie einen Ebenbürtigen. Er sprach mit ihm auf die gleiche ernste und sachliche Art und Weise wie mit den Leuten, die ins Magazin kamen, um ihre Zuteilungen abzuholen. Und er redete mit ihm in genau derselben abgehackten, stotternden Sprache. Manchmal hörte man sie miteinander über irgend etwas streiten, wenn sie durch den Kibbuz gingen. Dann kam es vor, daß Mirtl für einen Moment stehenblieb und die Arme mit nach oben gekehrten Handflächen vorstreckte, so wie er es tat, wenn er eine Auseinandersetzung mit seinem Arbeitsgruppenleiter hatte, und sagte: »Aber versteh doch, Jossi, ich kann nicht… da kann man nichts machen… das ist nun mal so… ich bin doch auch nur ein Mensch… ich kann nicht… glaub mir…« Manchmal besiegte Jossi ihn mit Worten, und dann konnte man Mirtl sagen hören: »In Ordnung… du hattest recht… schade um deine Worte… du hattest recht… Schluß jetzt.« Dieses Verhalten Mirtls minderte jedoch nicht im geringsten Jossis Bewunderung für seinen Vater. Das Spielen mit Mirtl entschädigte Jossi für alles Leid, das die anderen Kinder ihm zufügten. Sie suchten sich auf einer der kleinen Grünflächen am Rande des Kibbuz ein ruhiges Plätzchen, wo sie ungestört herumtollen konnten. Mirtl kroch auf allen vieren, und Jossi ritt auf ihm, wobei er ihm mit einem kleinen Stock Klapse auf den Hintern gab. Manchmal hockten sie sich auch auf den Boden und gruben mit bloßen Händen Rillen und Vertiefungen in die Erde, die sich dann in Flußbetten, Seen und Meere verwandelten. Aber das Größte für Jossi war es, wenn sein Vater den Esel aus dem Stall holte, denselben Esel, den niemand außer Mirtl auch nur berühren durfte, und ihn aufsitzen ließ, um mit seinem Sohn in der Abenddämmerung einen Rundgang durch den Kibbuz zu machen. Dann fühlte sich Jossi wie ein König, und er befahl seinem Vater, auch nicht einen Weg im Kibbuz auszulassen, damit alle Kinder sahen, welch große Ehre ihm zuteil wurde, und von seinem erhöhten Sitz sah er stolz auf seine Kameraden herab, denen genau anzusehen war, wie sehr sie ihn beneideten. Den ganzen langen Weg über schwiegen Vater und Sohn. Für Mirtl und Jossi war dies wie eine stumme Siegesparade inmitten des feindlichen Lagers: Hier schritten sie durch die besetzte Stadt, deren Einwohner vor ihnen strammstanden.

Nicht weit von Mirtls Wohncontainer entfernt, gleich neben der Autowerkstatt, lagen wie ein bis zum Nabel im Sand begrabenes Skelett die Überreste eines alten Jeeps. Eigentlich waren es nur noch verbogene, rostige Metallteile, ein Haufen Schrott, aber wie durch ein Wunder war das Lenkrad erhalten geblieben. Diesen Jeep hatten Mirtl und Jossi quasi in ihren Besitz genommen. An jedem Schabbat gingen sie zu ihm. Dort war es ruhig, und andere Kinder kamen da nicht hin. Sie setzten sich auf den verrosteten Fahrersitz – und los ging die Reise.

»Wohin fahren wir heute?« fragte Jossi dann.

»Nach Haifa«, schlug Mirtl vor.

»Nein, zu Mama«, sagte Jossi.

»In Ordnung. Fahr schon.«

Jossi umklammerte das Lenkrad, drehte es hin und her, schürzte die Lippen, um ein Hupen nachzuahmen, und – auf ging's in die Ferne. Wenn er bei seinem Ziel angelangt war, hielt er an und sagte: »Hallo, Mama, da sind wir.«

»In Ordnung«, erwiderte Mirtl dann, »und jetzt nach Haifa.«

»Gut, jetzt nach Haifa«, gab Jossi nach.

Wenn sie in Haifa angekommen waren, zeigte Mirtl ihm all die schönen Plätze, die es lohnte, sich anzusehen: den Hafen, das »Schemen«-Werk, die Öltanks, den Carmel-Berg, die Wälder und so weiter. Und obwohl Jossi alle Geschichten seines Vaters darüber schon auswendig kannte, lauschte er ihnen, als hörte er sie zum ersten Mal, und nicht nur das, er stellte ihm sogar noch Fragen.

»Das war's«, schloß Mirtl, »jetzt geht's zurück nach Hause.«

Aber auf der Rückfahrt war die Stimmung immer etwas gedrückt, denn der Abschied von weit entfernten Orten fällt immer schwer.

Es passierte an einem Schabbatnachmittag, als der Kibbuz in tiefer Stille lag. Mirtl und Jossi waren gerade von ihrer Reise zurückgekommen. Mirtl war sehr müde und hatte Kopfschmerzen. Deshalb ließ er seinen Sohn in dem alten Jeep sitzen und ging in sein Zimmer, um ein bißchen zu schlafen. Angekleidet und die Schuhe noch an den Füßen legte er sich aufs Bett und nickte gleich darauf ein. Plötzlich schreckte er auf, als er Schreie hörte: »Papa! Papa!«

Mirtl sprang auf, stürmte aus der Tür, und dann sah er, wie Eitan, der achtjährige Sohn von Perez, dem Melker, Jossi aus dem Jeep zerrte.

»Hör sofort auf!« schrie er so laut, wie er nur konnte.

Aber Eitan zog weiter an Jossis Beinen. Mirtl rannte zum Jeep, packte den Jungen und schrie ihn bleich vor Wut an: »Was machst du da? Sag schon, was machst du da?«

Eitans Gesicht lief vor Schmerz rot an, so fest hielt Mirtls riesige Hand seinen Arm umklammert.

»Loslassen . . .«, keuchte er.

»Ich laß nicht los!« sagte Mirtl. »Los, sag! Was hast du von ihm gewollt?«

»Loslassen . . . Ich sag's ja!« schrie Eitan.

»Still!« flüsterte Mirtl wütend und hielt dem Jungen einen drohend ausgestreckten Finger vor die Nase. »Still, hab ich gesagt . . .« Plötzlich fühlte er, wie ihm das Blut ins Gesicht schoß und ihm schwarz vor Augen wurde. »Dir werd' ich zeigen, was es heißt, ihn an den Beinen zu zerren!« stieß er hervor und schlug Eitan ins Gesicht. »Dir werd' ich zeigen, was es heißt, ihn aus dem Jeep zu zerren!« Ein zweiter Schlag traf die Wange des Jungen. »Das wirst du noch lernen . . .«

Durch die Wucht der Ohrfeige sackte Eitan in sich zusammen und versuchte, seinen Körper zu schützen, aber Mirtl hatte sich nicht mehr unter Kontrolle. Unbeherrscht stieß er den Jungen zu Boden, wo er sich mehrmals überschlug wie ein gerade geschlachtetes Huhn.

»Komm!« Mirtl faßte Jossis Hand, der auf der Erde saß und wimmerte, starr vor Schreck über das, was er gerade mit angesehen hatte. »Komm.« Mirtl zog ihn hinter sich her zu ihrem Zimmer, als flüchtete er vom Ort eines Verbrechens, eines Mordes. Er fühlte keinerlei Reue, als er sich auf sein Bett fallen ließ. Statt dessen schmeckte er die Süße der Rache auf der Zunge, einen Geschmack, den er niemals zuvor gekostet hatte.

Etwa eine Viertelstunde später wurde energisch an die Tür geklopft, und auf der Schwelle erschien Perez mit seinem Sohn an der Hand.

»Was hast du mit ihm gemacht?« fragte Perez mit erstickter Stimme.

Mirtl schaute zu dem Jungen und sah Striemen in dessen Gesicht und eine Beule an seiner Stirn. Verständnislos starrte er ihn an und gab keine Antwort.

»Du tust mir leid«, sagte Perez nach einer ganzen Weile. »Sonst würde ich dich fertigmachen. Aber du wirst nicht länger hier bleiben.« Mit diesen Worten wandte er sich um und warf die Tür mit lautem Knall hinter sich zu.

Am Abend, nachdem die Kinder schon zu Bett gebracht worden waren, ging Mirtl in den Container zurück, schloß die Tür, packte seine wenigen Habseligkeiten zusammen und schnürte sie in ein Laken.

Danach ging er zum Stall, wo er Häcksel und Gerste in den Futtertrog des Esels füllte und frisches Stroh auf den Boden des Verschlages streute.

Von dort ging er zum Magazin und steckte den Schlüssel, an dem auch alle anderen Schlüssel hingen, in das Türschloß.

Er kehrte in sein Zimmer zurück, warf sich, bekleidet wie er war, auf sein Bett und schlief ein.

Der nächste Morgen war kalt und regnerisch, und es war so früh, daß noch niemand aufgestanden war, um zur Arbeit zu gehen. Mirtl ging zum Kinderhaus, weckte seinen Sohn, zog ihn an und sagte dann: »Komm, wir fahren.«

»Zu Mama?« fragte Jossi.

»Nein, nicht zu Mama«, erwiderte Mirtl und zog ihn mit sich.

»Wohin?« fragte er.

»Ist nicht wichtig. Du wirst schon sehen.«

Jossi spürte, daß etwas Außergewöhnliches vorging, etwas Beängstigendes, das nichts Gutes verhieß. Als sie den Container betraten und er das in einer Ecke liegende Bündel sah, setzte er sich mit gespreizten Beinen auf den Boden und brach in lautes Weinen aus.

Mit einer Hand ergriff Mirtl das Bündel, und die andere streckte er zu Jossi aus und sagte: »Genug geweint. Genug. Komm. Wir gehen.«

Jossi schluchzte laut und rührte sich nicht von der Stelle.

»Komm.« Mirtl zog an seiner Hand, aber Jossi blieb unbeweglich sitzen.

»Komm endlich. Wir fahren. Alles wird gut.« Mirtl versuchte, seinen Sohn hochzuheben. Aber der Junge schien am Boden festgeklebt zu sein. Mirtl verstand nicht, wie er plötzlich so schwer sein konnte, daß er es nicht mehr schaffte, ihn hochzuheben. Jedesmal, wenn er den Griff etwas lockerte, sank der Junge wieder zu Boden.

»Sei nicht kindisch«, versuchte Mirtl ihn aufzumuntern. »Wir müssen fahren und Schluß.«

Jossi hörte nicht auf zu schluchzen, und Mirtl wußte nicht, was er tun sollte. Ratlos setzte er sich aufs Bett. Die Morgenkühle ließ ihn erschauern. Draußen war es düster und trostlos. Kein Laut war zu hören, und Tautropfen hingen in der Luft. Das Weinen des Jungen war markerschütternd und schien niemals mehr aufhören zu wollen.

Ein Leben

Im Monat ihres Todes steht sie am Fenster,
eine junge Frau mit Dauerwellen, elegant.
Auf dem braunen Foto
blickt sie nachdenklich hinaus.

Von draußen blickt eine Nachmittagswolke sie an
aus dem Jahre vierunddreißig, verschwommen, unscharf,
doch immer treu. Von drinnen
blick ich sie an, fast vier,

halte meinen Ball fest und trete
langsam aus dem Bild, werde alt,
werde behutsam alt, leise, leise,
um sie nicht zu erschrecken.

Akrobatik

Ein erster Trommelwirbel – und er ist ein Knoten aus Luft, die Glieder wirbeln nach allen Seiten, schlingen sich ineinander, und er landet in großem Bogen auf seiner Fußspitze. Allerhand, aber schon gesehen.

Ein zweiter Trommelwirbel – und er ist ein Ball, schwebt zwischen sieben Bällen, stößt und wird gestoßen, kommt in großem Bogen herunter, fängt alle auf seiner Nase. Allerhand, aber schon gesehen.

Plötzlich, völlig unvorbereitet, ganz plötzlich, stehen die Füße auf den Brettern der Bühne, und oberhalb der Beine ist das Becken, der Bauch, die Brust, die Schultern, der Hals und oben das Gesicht, still dem Dunkel zugewandt. Größer ist keine Kunst.

Die Geschichte

Einmal las ich eine Geschichte
von einem Eintagsheuschreck,
einem sehr grünen Abenteurer, der gegen Abend
von einer Fledermaus gefressen wurde.

Kurz darauf hielt die weise Eule
eine kurze Trostrede und sagte:
auch die Fledermaus will leben
und Heuschrecken gibt es noch genug auf der Wiese.

Gleich nachher
kam die leere Seite des Endes.

Vierzig Jahre
sitze ich über die leere Seite gebeugt.
Mir fehlt die Kraft,
das Buch zu schließen.

Jemand

Jemand entschlüpft meinem Mund
und widerlegt die Lüge.

Jemand läuft in meinen Schuhen,
trägt meine Ohren,
widerkäut meine Sprache.

Aber jemand flüstert
erbarmungsvoll mir zu:
Zieh weg aus deinem Land und aus deiner Geburt.

AMOS OZ

Es stellt sich also die einfache Frage

Wenn ich sehr beschäftigt bin, zum Kettenraucher werde, von
Ort zu Ort haste und nach einem Zettel verschiedene Dinge
erledige, gelöste Probleme streiche, auf demselben Zettel neu
hinzugekommene vermerke, gleichzeitig Briefe, Bittgesuche
und telefonische Nachrichten pünktlich beantworte, einen
tropfenden Wasserhahn auseinandernehme, den Dichtungs-
ring wechsle, der in ihm verrottet ist, den Hahn wieder fest-
schraube, nicht vergesse, rechtzeitig in der Wäscherei vorbei-
zugehen, meinen Änderungsvorschlag zu formulieren und
ihn schnellstmöglich an den Minister für Erziehung und Kultur weiterzuleiten, mich bei Tante Zischka für die verzierte
Torte zu bedanken, in der Sache mit dem Scheck Erkundigun-
gen einzuziehen, nicht versäumen darf, zwischen der Sitzung
des Friedenskomitees und dem Treffen mit der Professorin
aus Montevideo das Hemd zu wechseln – der Kragen ist schon
sauer vor Schweiß – und obendrein die Nachmittagsnachrich-
ten nicht verpassen darf, an der Bushaltestelle haben sie etwas
über eine Truppenkonzentration gesagt, außerdem eine Zahn-
füllung ausbessern lassen, die Milch vom Anfang der Woche
in den Ausguß gießen, einen Sandalriemen ersetzen, den In-
stallateur für die Kühlschrankreparatur ausfindig machen, das
Rauchen etwas reduzieren und mich ein wenig beeilen muß,
die Zeit rennt, nicht umhin kann, in der Frage des Buchein-
bandes endlich eine Entscheidung zu treffen, meine Meinung
über die willkürlichen Verhaftungen zu äußern, bei Zelig und
Slava vorbeizuschauen und ein paar tröstende Worte zu sagen,
ohne die Redaktion der Gedenkschrift zu übernehmen, die
Abendzeitung überfliegen und dem gehässigen Dr. Schuster

eine Beleidigung heimzahlen muß, oder auch nicht, einen Termin für die Röntgenaufnahme vereinbaren muß, dem alten Herrn vom Verband der Kibbuzim, der mich bis zur Straßenecke, bis zur nächsten und noch ein Stückchen weiter begleitet, taktvoll begegnen, den sich verschlimmernden Zahnschmerz ignorieren, und – endlich allein – an einem überfahrenen Hund, dessen Hirn sich über die Straße ergossen hat, vorbeigehen muß, und plötzlich feststelle, daß ich den Wechsel der Farben nicht bemerkt habe, der Morgen war weißblau und sengend, der Abend ist grau, dunkel und feucht, und vom Meer weht ein Wind, frage ich mich, wann das alles passiert ist. Im Rechteck eines Fensters in der Gasse hat eine Frau ihr Kleid über den Kopf gezogen, ich ging an ihrem Fenster vorüber, rauchend, geschäftig, bedeutsam, hielt nicht an, ihre Schenkel verschwanden, ohne daß ich etwas empfand. Sicherlich sangen auf meinem Weg hier und da ein paar Vögel, ich habe sie nicht gehört, sicher läuteten irgendwo die Glocken, ohne mich, ich werde gewiß erwartet. Irgendwo hat eine Ehefrau, Mutter von vier Kindern, beschlossen, daß es genug ist und ohne Sinn, und sich mit einer gewöhnlichen Haushaltsschere das Leben genommen, so stand es in der Abendzeitung, die ich im Stehen lese, im Bus, meine Augen tränen vom Rauch der fremden und der eigenen Zigaretten, es steht auch in der Zeitung, daß die Lage sich möglicherweise verschärft. Gleich werden wir die Sechs-Uhr-Nachrichten hören. Vielleicht hat die syrische Artillerie ein massives Feuer eröffnet, und die Flugzeuge unserer Luftwaffe sind gestartet und haben alles dem Erdboden gleichgemacht. Oder unsere Streitkräfte haben diesmal nach rechtzeitiger Warnung des Nachrichtendienstes in einem Blitzschlag die gesamten feindlichen Stellungen vernichtet und stehen in diesem Augenblick vor den Toren von Damaskus. Ruhe. Laßt mich zuhören. Ich möchte nichts mehr verpassen. Die Lage spitzt sich zu, es muß etwas geschehen.

Nachwort

Wenn ich nicht für mich bin, wer dann –
und wenn nicht jetzt, wann?

Hillel

Wer die Erzählungen liest, die sich unter der Signatur *Die Zukunft hat begonnen* in dieser Anthologie finden, mag angesichts dieser pulsierenden, individualistischen, zuweilen experimentellen Prosa nicht vermuten, wie langwierig und vielfach von konträren Strömungen begleitet der Prozeß der Sprachfindung in der modernen israelischen Literatur verlief.

Diese Anthologie versammelt Erzählungen, Gedichte, Fragmente, die nach der Gründung des Staates Israel entstanden. Sie sind Teil einer genuin israelischen Literatur, und diese Literatur ist heute vornehmlich hebräisch. Anderssprachige Literaturen, zum Beispiel die arabische, polnische, russische oder deutsche blieben seit Beginn des Jahrhunderts immer eine Randerscheinung. Das zeigt, wie stark der Impetus war, für den jüdischen Staat eine eigene Literatur mit einer eigenen Sprache zu schaffen, in der sich das unterschiedliche Erbe der Diaspora, die ethnische Vielfalt und die extreme kulturelle Verschiedenartigkeit der jüdischen Bewohner und Einwanderer versöhnen ließen.

An einer Tatsache kommt man an dieser Stelle nicht vorbei. Arabische Literatur in Israel – wobei ich die autonomen und die besetzten Gebiete explizit ausnehme – existiert in Israel und im Bewußtsein des westlichen Auslands nur durch zwei Namen. Emil Habibi und Anton Schammas.

Emil Habibi, der 1922 in Haifa geboren wurde, ist in Deutschland durch seinen Roman ›Der Peptimist‹ bekannt geworden. Als Schriftsteller und Verleger kämpfte er für eine Aussöhnung und friedliche Koexistenz zwischen Palästinensern und Juden. Kurz vor seinem Tod im Mai 1996 rief er die Angehörigen seines Volkes in einem leidenschaftlichen Artikel auf, das blutige Attentat auf einen Bus in Tel Aviv zu verurteilen. Sie taten es nicht. Seinem langjährigen Freund Yoram Kaniuk gestand Habibi, daß er daran zerbrochen sei. Er war und blieb ein einsamer Rufer in der Wüste.

Anton Schammas, der hebräisch schreibende christlich-arabische Schriftsteller aus Galiläa, der bei Erscheinen seines autobiographischen Romans ›Arabesken‹ mit sämtlichen hochrangigen israelischen Literaturpreisen ausgezeichnet wurde, blieb in Israel nicht beheimatet. Er lebt seit acht Jahren als Professor für Eastern Studies in den USA.

Es ist nicht so wie vielfach behauptet wurde, daß sich die hebräische Literatur am Beginn des 20. Jahrhunderts aus einem sprachlichen und historischen Vakuum entwickelt habe: Seit der Zerschlagung des jüdischen Staates durch die Römer im Jahre 70 u. Z. gab es immer eine hebräische Literatur. Der politischen und religiösen Katastrophe der Tempelzerstörung folgte eine Zeit intensiven Bibelstudiums. Gemäß der mündlichen Überlieferung wurden die Religionsgesetze, die *Halacha*, neu festgelegt, und schließlich um das Jahr 200 vorwiegend in hebräischer Sprache als *Mischna* (Lehre) niedergeschrieben. Aus der Verbindung von Mischna und der aramäisch abgefaßten *Gemara* (wörtl.: Vollendung – ein ausführlicher Kommentar der Mischna durch Rabbinen) entstand der Babylonische Talmud. Neben der Thora ist er das religiöse Hauptwerk des Judentums, und zugleich frühe liturgische Dichtung. Nach der Eroberung Jerusalems durch die Araber im Jahre 638 lebte fast die gesamte Judenheit jahrhundertelang unter arabischer Herrschaft. So wurden die Juden im Mittelalter zu Vermittlern arabischen Wissens für die christliche Welt. In Spanien – wohin sich das Zentrum jüdischen Geisteslebens im 11. Jahrhundert verlagert hatte – bündelte sich religiöses, philosophisches, wissenschaftliches und jüdisches Schrifttum in hebräischer, aramäischer und arabischer Sprache. Auch weltliche hebräische Dichtung wurde damals bekannt. Der Großvesir Shmuel Ha-Nagid (ca. 990–1055) verfaßte Lieder für alle Gelegenheiten, Shlomo Ibn-Gvirol (1021–1058) melancholische Gedichte, Moshe Ibn-Esra (1055–1135) weltliche, religiös inspirierte Lyrik und Yehuda Ha-Levi (1075–1141) schließlich Liebeslyrik in bemerkenswertem Umfang.

Zur gleichen Zeit entfaltete sich auch in den alten jüdischen Gemeinden Italiens hebräische Literatur verschiedener Gattungen. Neben Dichtung gab es epische Erzählformen, Dramen und literarische Gelegenheitsarbeiten aller Art.

Die freigeistige Haltung dieser Epoche ermöglichte die Öffnung zur europäischen Welt des Humanismus. Sie schaffte die Grundlagen für die Kritik an der jüdischen Tradition, die im 18. und 19. Jahrhundert in den Aufklärungs- und Emanzipationsbestrebungen gipfelte.

Die *Haskala*, die jüdische Aufklärung, war eine Gegenbewegung zur mystischen Religiosität der osteuropäischen Chassidim. Die *Maskilim* wollten einerseits die jiddische Umgangssprache durch Deutsch ersetzen, andererseits aber das biblische Hebräisch wiederbeleben und zeigen, daß Hebräisch auch als moderne, weltliche Sprache tauge. Immerhin war Hebräisch nicht nur die Sprache der Liturgie, sondern auch die des Gerichts, der Gelehrten, der Gebildeten und der Kaufleute gewesen.

Der geistigen Aufbruchsstimmung des 18. und 19. Jahrhunderts, die ein Aufblühen jiddischer und hebräischer zeitgenössischer Literatur vor allem in Osteuropa hervorgebracht hatte, folgte die brutale Desillusionierung durch die Pogrome von 1881/82 in Süd-Rußland: Sie zeigten, daß die jüdische Frage nicht durch Assimilation zu lösen war. Der zunehmende Antisemitismus des späten 19. Jahrhunderts, das in Europa von nationalistischen Ideen durchdrungen war, machte die Hoffnung der aufgeklärten jüdischen Bevölkerung auf Integration zunichte. Die erste Alijah, die erste große Einwanderungswelle vornehmlich russischer Juden nach Palästina (ab 1882), war eine Antwort darauf.

So kam der politischen Existenzform des Judeseins, wie der aufkeimende Zionismus sie propagierte, wachsende Bedeutung zu.

Die Idee von Palästina als kultureller und nationaler Heimstätte für die Juden der Welt stand am Anfang einer mächtigen Spracherneuerungsbewegung. Dem Widerstand orthodoxer Kräfte zum Trotz, wurde Hebräisch schließlich sogar zur dritten Landessprache erhoben, nachdem Palästina 1917 von der türkischen Herrschaft befreit und britisches Mandatsgebiet geworden war.

Eine Selbstverständlichkeit war das nicht. Den sozialistisch gesinnten Juden Osteuropas lag das Jiddische weit näher, die Orthodoxie wollte das Hebräische als Sakralsprache hochhalten. Den Zionisten Leon Pinsker (1821–1891), der 1882 die entscheidende Streitschrift ›Autoemanzipation‹ verfaßt hatte, und Theodor Herzl (1860–1904), dessen ›Judenstaat‹ (1896) zum ersten Zionistischen Weltkongreß 1897 geführt hatte, schien zunächst Deutsch für die politische Arbeit weitaus geeigneter als ausgerechnet Hebräisch. Die Sprache umfaßte damals etwa achttausend Wörter.

Ein Spaziergang durch das nördliche Tel Aviv, aber auch durch andere Städte Israels zeigt, wie lebendig die Erinnerung an die großen Namen der hebräischen Literatur durch die Jahrhunderte hindurch geblieben ist. Nach Ibn-Gvirol, Jehuda Ha-Levi, Shmuel Ha-Nagid sind Straßen benannt, ebenso wie nach den großen jiddischen Dichtern Osteuropas, Mendele Moicher Sfurim (1835–1917), Jizchak Leib Perez (1852–

1915) und Sholem Alejchem (1859–1916), dem Dreigestirn der jiddischen Literatur. Sfurim und Perez übersetzten ihre Werke später überdies selbst ins Hebräische.

Die größte Straße jedoch, die sich auch noch im kleinsten Provinzkaff findet, heißt Ben Jehuda-Straße.

Eliezer Ben Jehuda (1858–1922) verdanken wir heute eine der facettenreichsten und interessantesten National-Literaturen der Gegenwart. Der aus Litauen stammende Ben Jehuda erfuhr um 1880 in Paris, daß die verstreuten jüdischen Gemeinden Palästinas sich auf hebräisch miteinander verständigten. Das waren damals etwa 24000 Menschen von der rund siebeneinhalb Millionen zählenden jüdischen Weltbevölkerung.

Als er im Jahre 1881 nach Palästina einwanderte, beschloß er, nur noch Hebräisch zu sprechen, und sein kleiner Sohn Itamar, 1884 geboren, galt den osteuropäischen Einwanderern als »das erste hebräische Kind, das die Sprache gleichsam mit der Muttermilch aufsog«. Ben Jehuda gründete 1890 das Hebräische Sprachkomitee, aus dem die heutige Akademie für Hebräische Sprache hervorging, 1910 begann er sein ›Vollständiges siebzehnbändiges hebräisches Wörterbuch‹ zusammenzustellen, das schließlich von seinem Sohn und seiner Witwe 1957 vollendet wurde. Und 1913/14 setzte er Hebräisch als Unterrichtssprache an den Schulen durch, nachdem er den zeitgemäßen Bedürfnissen entsprechend neue Begriffe für alle Lebensbereiche geschaffen hatte. Er war es auch, der Herbert Samuel, den britischen Hochkommissar, dazu brachte, Hebräisch zur dritten offiziellen Landessprache zu erklären.

Es heißt, daß er, wann immer unten auf der Straße Jiddisch gesprochen wurde (und das geschah oft), auf den Balkon vor seinem Jerusalemer Arbeitszimmer stürzte und mit fuchtelnden Armen schrie: *Dabru iwrith, dabru iwrith!* Sprecht Hebräisch! Kein Zweifel, Ben Jehuda war ein *Maniak*, aber er hatte begriffen, daß die Sprache als wichtigste Komponente der Identitätsbildung eine Voraussetzung für die spätere Errichtung des Nationalstaates war.

Bedeutende Werke der hebräischen Literatur entstanden damals dennoch häufig außerhalb Palästinas. Chaijm Nachman Bialik, der maßgebliche Vertreter klassischer hebräischer Literatur, kam erst 1924 nach Erez Israel. Bis 1921 lebte er als Lehrer in Odessa, das damals aus gutem Grund das »Jerusalem des Ostens« genannt wurde. In Osteuropa hatte die hebräische Literatur zunächst weder Leserschaft noch Raum. Literarische Zeitschriften in Odessa, Warschau und Wilna wurden das Medium, durch das sich hebräische Schriftsteller verschiedener Nationen miteinander verständigten. Mit der Oktoberrevolution jedoch begann in Europa der Niedergang hebräischer Literatur, die noch verbliebene russisch-jüdische Gesellschaft löste sich bald auf.

Die volkstümlichen Themen der jiddischen Literatur, die um das Leben im Schtetl kreisen, interessierten Bialik nicht mehr; er schrieb von Landschaften, Natur und Zionsliebe. Und neben die Klage über das jüdische Schicksal tritt in seinem Werk auch Zorn über die Schicksalsergebenheit der Juden und ein prophetischer Aufruf zum Widerstand.

Stark, sonnengebräunt, kämpferisch und entschlossen – der *Sabre* unterschied sich radikal vom osteuropäischen Ghettojuden. Das Bild dieses »neuen Juden«, das die Literatur der 48er-Generation in Palästina/Israel beherrschen sollte, ist eine konsequente Antwort auf mehr als zweitausend Jahre Verfolgungsgeschichte, die ihren Kulminationspunkt im Holocaust erfuhr. Das Urbild dieses Typus aber taucht bei Bialik bereits auf.

Auch Josef Chaijm Brenner, 1881 in Rußland geboren, hatte sich als Schriftsteller zur Zeit seiner Einwanderung bereits in der Diaspora einen Namen gemacht. Brenner hatte vier Jahre in London gelebt und dort in hebräischer Sprache über das Elend des jüdischen Arbeitermilieus geschrieben. Er gilt als Begründer des psychologischen Romans in der hebräischen Literatur. In seinem Werk ›Verlust und Scheitern‹ (1920) verzweifelt der Held an Erez Israel. Der Diaspora entfremdet, zeigt er sich dem harten Pionierleben in diesem unwirtlichen, von Hitze, Malaria und Unfruchtbarkeit geschlagenen Land nicht gewachsen. Sein Roman, in dem der schonungslose Realismus Dostojewskijs anklingt, machte Brenner zum Vorläufer späterer zionismuskritischer Autoren.

Die sogenannte Genreliteratur – ein Pendant zum sowjetischen Soz-Realismus – ist eine Begriffsbildung Brenners und brachte »realistische«, zionistisch eingefärbte erez-israelische Geschichten hervor, in denen das Land idealisiert und das Leben jüdischer Einwanderer von einer Gloriole umgeben war, die ihre propagandistische Wirkung auf das Exil nicht verfehlte. Es ging nicht mehr um jüdisches Brauchtum, um die Leiden der Diaspora, sondern um die Sinnhaftigkeit des Lebens als *Chaluz*, als Pionier, der das Land aufbaut. So dominiert in der Literatur dieser Jahre, die hauptsächlich von Autoren der Zweiten Einwanderungswelle um 1907 getragen wurde – darunter Moshe Smilanski, Dvora Baron, Jizchak Dov Berkowitz, Dov Kimchi und Shmuel Josef Agnon –, eine naive, sentimentale, die rauhe Wirklichkeit ausblendende Prosa: Brenner, der sich tatsächlich an Dostojewskij, vor allem aber an Hauptmann orientierte, war sie ein Dorn im Auge. Seine in der Zeitschrift ›Ha adama‹ (1920–23) vehement vertretene Forderung nach einer wahrhaftig realistischen, sozial-relevanten Literatur stand in krassem Widerspruch zum beschönigenden Duktus des 1907 gegründeten ›Hapo'el hatza'ir‹, einer Zeitschrift, deren Mitherausgeber er damals zeitweise war.

Ausgerechnet Brenner, der sich nie für irgendeine politische Ideologie hat vereinnahmen lassen, wurde 1921 in seinem Haus bei Jaffa von Arabern ermordet.

Die Schriftsteller dieser zweiten Einwanderer-Generation schufen gleichwohl die meisten literarischen Foren in Erez Israel und trugen maßgeblich zur Etablierung einer hebräischen Literatur mit eindeutigem Zentrum in Palästina bei.

Agnon nimmt unter ihnen einen besonderen Rang ein: In seinem Werk wird zunächst die chassidische Welt des Ostjudentums beschworen, weswegen er von manchen Zeitgenossen als pietistischer Schriftsteller verunglimpft wurde. Tatsächlich war er eine Art sympathetischer Satiriker, der einen außerordentlich scharfen Blick für die komplexen Seelenzustände seiner Figuren hatte.

Mit der dritten Alijah (1919–1923) kamen erstmals organisierte Gruppen ins Land, besonders aus Rußland und Polen. Unter ihnen Abraham Schlonsky (1900–1973) und Natan Alterman (1910–1970), die sich – beide noch sehr junge Männer – bewußt von Europa und seinen Traditionen lösten, ihr kulturelles, weltliches und literarisches Erbe aber keineswegs leugneten. Entschlossen zum nationalstaatlichen Aufbau eines jüdischen Staates, der damals noch nicht viel mehr war als ein Versprechen der Engländer auf dem Papier, setzten sie nun endgültig die Arbeit an die Stelle der Religion.

Wie schwierig es war, selbst für die 48er-Generation, die erforderliche »neue jüdische Identität« herauszubilden – und vor allem zu leben –, sich von den Diasporagewohnheiten zu verabschieden, wird in Yishars bedeutendem Roman ›Die Tage von Ziklag‹ (1958) deutlich: »*Wir distanzieren uns ausdrücklich von jeder Zugehörigkeit, nicht nur von dem, was nach Tradition riecht, sondern auch von allem, was man ›jüdisches Gefühl‹ nennt, darunter die Kantorgesänge, die Fischgerichte und die Beerdigungszeremonien*«, schleudert der Protagonist den literarischen Vätern entgegen.

Die Kanaanäer, eine radikal-reformatorische Bewegung im

Sinne eines »authentischen Hebräertums«, die sich Anfang der vierziger Jahre um Yonathan Ratosh (1908–1981) gruppierte, leitete die Phase ein, die ich mit *Eroberung der Moderne* apostrophiere. Sie forderte eine Literatur, die einer Nation mit eigener Sprache, eigenem Territorium und einem selbstbestimmten historisch-politischen Schicksal Rechnung trägt. Auch wenn das Land und das Kollektiv noch im Mittelpunkt stehen, kommt das Individuelle mehr zur Geltung als zu Zeiten der idealisierenden Genre-Autoren.

Sprachlich blieb die Literatur dieser Jahre allerdings den Traditionen der zwanziger und dreißiger Jahre noch verhaftet. In den dreißiger Jahren hatte sich das sogenannte »israelische Hebräisch« entwickelt. Der inneren Dynamik gesprochener Sprache folgend, vermischte sich das vor allem sephardisch geprägte Hebräisch mit Elementen aus den Sprachen der Einwanderer: Russisch, Deutsch, Jiddisch, Arabisch und Englisch. So entstand ein überaus lebendiger Slang, der aber in die Schriftsprache keinen Eingang fand. Gemessen an der Möglichkeit, die Sprache jetzt wirklich vom Leben durchdringen zu lassen, war der innovative Input der Schriftsteller enttäuschend. Der einzige, der bereits damals zu einem wirklich neuen Stil fand, war S. Yishar: Er spielte mit Neologismen, Slang und archaischen Sprachmustern.

Was die Schriftsteller der 48er-Generation jedoch leisteten, war eine kritische Selbstbefragung. Der mit der Staatsgründung einhergehende Unabhängigkeitskrieg erschütterte den Glauben in den Zionismus, der für die arabische Frage doch keine andere Lösung als kriegerische Auseinandersetzung gefunden hatte. Es war wiederum Yishar, der in der berühmten Erzählung ›Der Gefangene‹ das exemplarische moralische Dilemma der Israelis auffächert. – Nach der Staatsgründung wurde der Araber vom Verfolger zum Verfolgten, er wurde zum »verfolgten Juden«, wie der Literaturkritiker Gershon Shaked provozierend formuliert. Für viele war die Staatsgründung das böse Erwachen aus dem zionistischen Traum.

Selbst der Kibbuz, der als ideale Lebenswelt des Sabre galt, erscheint jetzt – zum Beispiel bei Megged – in einem kritischen Licht, das die Diskrepanz zwischen Theorie und Wirklichkeit offenbart. Auch im Werk von Amos Oz ist der Kibbuz eher ein Ort, an dem sich zeittypische Probleme verdichten, denn ein Sinnbild staatstragender Ideologie.

Vor allem der Eichmann-Prozeß, 1961, der eine Flut von Greuel-Details zutage brachte, bewirkte einen dramatischen Wandel in der israelischen Gesellschaft. Hatte man die sogenannten Hitler-Juden jahrelang für ihre Passivität und Leidensbereitschaft verachtet, so wuchs jetzt doch ein Bewußtsein für das Verdrängte. Die Erzählung von Shulamith Hareven, ›Der Zeuge‹, zeigt eindrucksvoll, wie die israelische Kibbuzgesellschaft – deren Selbstverständnis immer das einer geistigen Elite war – sich gegenüber dem Elend der Holocaust-Juden taub stellte. Die Traumata der Holocaust-Überlebenden, die in den fünfziger Jahren ins Land kamen, legten sich wie ein Schatten auf das verordnete lichte Selbstbild des »neuen Juden« und führten zu einer Rückbesinnung auf Einzelschicksale und auf individuelle Sinnsuche.

Zu den ersten, die ihre eigene Shoah-Erfahrung literarisch aufbereiteten, gehörte auch Aharon Appelfeld.

Eine sogenannte »neue Welle« schwappte gegen Ende der fünfziger Jahre über die engagierte Literatur der 48er-Generation, die das politisch-kollektive Ziel nie aus den Augen verloren hatte. Die »zionistische Phase« der Literatur gelangte an ihr Ende. Enttäuschung über die zunehmende Bürokratisierung und die augenscheinliche Unlösbarkeit des israelisch-arabischen Konflikts einerseits, und die relative Konsolidierung der wirtschaftlichen und gesellschaftlichen Verhältnisse nach dem Sinai-Krieg 1956 andererseits, mündeten schließlich in die Forderung nach einer autonomen von nationalen Interessen abgekoppelten Literatur. Sprachlich tritt der schwer verdauliche pathetische Realismus der früheren Jahre jetzt deutlich zurück hinter einen differenzierteren Umgang mit sprachlichen Gestaltungsmitteln.

Wie stark die gesellschaftliche Wirkung der Literatur dennoch blieb, zeigt sich an einer Persönlichkeit wie Jehuda Amichai. Der *Beit Din*, das oberste Gericht in Israel, hat sich zweimal in seinen Entscheidungen auf Verszeilen von ihm berufen. Amichai, 1924 in Würzburg geboren, 1935 nach Palästina eingewandert und ursprünglich – ebenso wie Rübner – noch deutsch schreibend, rebellierte sowohl gegen das politische wie gegen das lyrische Establishment: Durch die Integration biblischer Formen in eine alltägliche, mit technischen Ausdrücken durchsetzte Sprache erzielt er einen dichterischen Synergieeffekt, der ihn zum radikalsten modernen Dichter Israels werden ließ: Bei ihm leugnet das bedrängte Ich nicht seine Bedrängung, opfert der Liebe zur neuen Heimat nicht die Trauer um die verlorene. Seine Dichtung schafft Raum für das Wahrhaftige, in dem sich menschliches Scheitern versöhnlich behaupten kann.

Symbol und Allegorie, ineinandergreifende, wechselnde Erzählperspektiven spiegeln die ambivalente Identität einer Generation, die sich durch die – nach dem Eichmann-Prozeß unausweichlich gewordene – Konfrontation mit der Shoah erneut auf ihr europäisches Erbe bezieht und nach ihren eigentlichen Wurzeln sucht. Die Ehe- und Familienromane von Oz und Jehoschua kristallisieren und variieren dieses Thema und lassen den kollektiven Konflikt in den verschiedensten Verkleidungen zu Tage treten. Aber nicht nur bei Oz, Jehoschua und Kaniuk, die den jüdischen Archetypus des Entwurzelten immer wieder neu und eindrucksvoll gestalten, zeigt sich, daß die *Moderne* nach der Staatsgründung eine Art *Zwischenwelt* hervorbrachte: Vergangenheit und Gegenwart stürzen kaleidoskopartig ineinander. Die dem Schweigen ent-

rissenen Erzählungen Savyon Liebrechts, die Gedichte Ravi-
kovitchs, Rübners, Reichs und des drusischen Dichters
Arajdi zeigen die oszillierende Vergegenwärtigung des Verdrängten ebenso wie die splitterhaften, lakonisch herunter-
geschliffenen Erzählungen der bis heute polnisch schreibenden Ida Fink, wie die filigrane Prosa Yoel Hoffmanns, die ins
Surrealistische entweichende Erzählung Ruth Almogs oder
das Fragment des hebräisch schreibenden Palästinensers Anton Schammas, dessen Ich-Suche an keinem israelischen Ufer,
sondern im Exil endete.

Rückblickend markieren der Sechs-Tage-Krieg (1967)
und der Jom-Kippur-Krieg (1973) *den* schmerzhaften Riß
in der israelisch-jüdischen Identität, die immer noch mehr
eine heuristische Größe denn ein Faktum gewesen ist. Die
meisten Schriftsteller reagierten seismographisch – auf die
wachsende Gewaltbereitschaft in der Gesellschaft – auf die
Zunahme reaktionärer orthodoxer Kräfte, auf Rechtsruck,
politische Zersplitterung und die Abwanderung liberaler
Juden – und dann mit unmißverständlichen politischen
Antworten: Die *Shalom achschaw*-Bewegung, in der sich die
Mehrzahl der israelischen Schriftsteller mit anderen Intel-
lektuellen und vielen Menschen vom »einfachen Volk«
zusammenschlossen, forderte eine Aussöhnung mit den
Arabern und sah darin eine Bedingung für den Erhalt mora-
lischer Integrität in der israelischen Gesellschaft. Amos Oz
(›Im Lande Israel‹, 1983) und A.B. Jehoschua (›Exil der Ju-
den – Eine neurotische Lösung‹, 1981) begannen politische
Essays zu schreiben. Schließlich brachte im Jahre 1982 der
Libanon-Krieg weitere Autoren wie Yoram Kaniuk (›Bekenntnisse eines guten Arabers‹, 1984), David Grossman
(›Das Lächeln des Lammes‹, 1983) und Jehuda Amichai auf
die Barrikaden. In Kaniuks 1996 erschienenem und in dieser Anthologie abgedruckten ›Epilog über den Tod eines
Freundes‹ allerdings wird ergreifend deutlich, wie fern das

Verstehen zwischen Israelis und Palästinensern noch immer ist.

Und doch. Pragmatismus im Sinne von Common sense, von praktischer Vernunft, wird irgendwann die Oberhand über Ideologeme, Fremdheit und Haß gewinnen müssen. Die Völker sind müde, und sie haben keine Wahl.

Eine andere, beglückende – bereits Realität gewordene – Konsequenz aus solcher Art Pragmatismus ist die immer stärkere Gegenwart von Frauen in der literarischen Szene Israels. Frühere Schriftstellergenerationen billigten den Frauen etwa die gleiche Rolle wie in der Synagoge zu: Die Frauen saßen in einer eigenen Abteilung und hatten nichts zu sagen. Die israelische Gesellschaft ist bis heute eine Männergesellschaft: Entgegen der zionistischen Forderung nach Gleichberechtigung tat sie sich schwer, Frauen Kreativität und eigenes Künstlertum zuzugestehen. Sofern Frauen schrieben, hatte ihre Literatur sogenannte typisch weibliche Attribute wie Empfindsamkeit, Mitmenschlichkeit und einen gefälligen Stil aufzuweisen. Ende der achtziger Jahre formulierte die israelische Schriftstellerin Amalia Cahana-Carmon (geb. 1930) eine wütende Attacke gegen die stumpfsinnigen Maximen, die der Bewertung von »Frauenliteratur« zugrunde lagen. Wie lähmend diese Kriterien für ganze Generationen von Frauen waren, zeigt sich paradoxerweise an ihrer eigenen Prosa. Zwischen ihrem innovativen, assoziationsreichen, durch plötzliche Interruptionen immer wieder überraschenden Stil und der »weiblich«-konventionellen Gefühlswelt ihrer Frauenfiguren tut sich eine irritierende Kluft auf. Sie ist, obwohl die Galionsfigur israelischer Schriftstellerinnen, nie in größerem Umfang ins Deutsche übersetzt worden.

Ein Wandel vollzog sich mit Beginn der neunziger Jahre.

Thematische Vielfalt, all die Familiensagas, die ethnische

Vielstimmigkeit – immer mehr jüdische Israelis arabischer Herkunft begannen zu schreiben –, die stark vom Orient geprägte Sinnlichkeit und Exotik, aber auch die sprachliche Originalität der Literatur heute verdanken wir ganz wesentlich einer jüngeren Generation von Schriftstellern und Schriftstellerinnen. Unkonventionell und expressiv, fern von aller Ideologie, wird über Außen- und Innenansichten einer vielfarbigen sich ständig wandelnden, oft verlorenen Welt und über das eigene subjektive Sein in ihr geschrieben.

Ich denke, später, wenn man auf diese Phase einmal zurückblickt, wird man vielleicht sagen: Dieser Generation ging es in ihrer Literatur in erster Linie um sich selbst und dann um die Auslotung von Sinn und Wahnsinn in einer zunehmend gespaltenen Gesellschaft. Einer Gesellschaft, die zwischen archaischen Triebkräften einer sich radikalisierenden Orthodoxie, grassierender Amerikanisierung und den aufrechten Geistern einer knappen politischen Minderheit ihre Lebensform und Identität noch immer sucht.

München,
November 1997   *Patricia Reimann*

Glossar

Bar-Mizwa   hebr., wörtl. »Sohn der Pflicht«, Zeremonie, mit der ein Dreizehnjähriger als vollwertiges Mitglied in die jüdische Gemeinschaft aufgenommen wird.

Chalah   Hefezopf, über den beim Schabbat-Mahl der Segen gesprochen wird.

Chamsin   heißer Wüstenwind in Israel/Palästina.

Chanukka   achttägiges Lichterfest im Winter (beginnend am 25. Kislev) zur Feier des Sieges der Makkabäer über die hellenistischen Herrscher.

Charim   hebr., abtrünniger Priester.

Debka   arabischer Folkloretanz.

Debka-A-Schamalije   arabischer Folkloretanz aus dem Norden.

Djinni   arab., weiblicher Geist.

Duwara   arabischer Eigenname für ein Grundstück.

Elul   der 12. Sommermonat im jüdischen Kalender.

Hagana   offizielle Untergrundarmee der jüdischen Bevölkerung in Palästina während der Mandatszeit (1920–1948), nach der Staatsgründung ging sie in den israelischen Streitkräften auf.

Jad wa' Schem   die Gedenk- und Forschungsstätte für die in der Shoah ermordeten Juden bei Jerusalem.

Jischuv   hebr., wörtl. »Siedlung«, Begriff für die jüdische Gemeinschaft im vorstaatlichen Israel.

Jugend-Alijah   hebr., wörtl. »Aufstieg«, jüdische Hilfsorganisation, die jüdische Kinder ins Land bringt und für sie sorgt. War insbesondere während der nationalsozialistischen Verfolgung sehr bedeutsam und rettete zahlreichen Kindern das Leben.

Kafiya   schwarz-, rot- oder grünweiß gemusterte arabische Kopfbedeckung.

Kaschruth   die jüdischen Speisegesetze, die bestimmen, was koscher ist und was nicht.

Keren Kajemet   1901 gegründeter jüdischer Nationalfonds, um mit Hilfe von Spenden jüdischen Landbesitz in Palästina zu fördern.

Kibbuz, Kibbuzim ursprünglich sozialistisch strukturierte Gemein-
schaftssiedlung, wo das Prinzip: jeder gibt, was er kann und bekommt, was er braucht, verwirklicht werden sollte.

Kiddusch Segen, den man über den Wein am Schabbat und an Festtagen spricht.

Kinnereth See Genezareth in Galiläa.

koscher »rein«, den jüdischen Speisegesetzen entsprechend.

Laubhüttenfest hebr.: Sukkoth. Fest anläßlich der Obst- und Wein-
ernte; zur Erinnerung an das Leben in Hütten nach dem Auszug aus
Ägypten. Man errichtet für eine Woche Laubhütten im Garten, auf
Balkonen etc.

Maskil, Maskilim Anhänger der jüdischen Aufklärungsbewegung im
18./19. Jahrhundert.

Moschaw landwirtschaftliche Genossenschaftssiedlung, der *Moschawa*
verwandt, einer stärker privatwirtschaftlich organisierten Form.

Nissan Monat im Frühjahr, in den *Pessach* fällt.

parwe die Speisegesetze betreffend, weder *milchig* noch *fleischig*, z.B.
Gemüse, Fisch etc.

Pessach achttägiges jüdisches Fest im Frühling, zur Erinnerung an den
Auszug aus Ägypten und an die Verschonung der jüdischen Erstge-
borenen, zu dem ungesäuertes Brot (Mazze) gegessen wird.

Rosch ha-Schana hebr., wörtl. »Kopf des Jahres«, das jüdische Neu-
jahrsfest, im Herbst.

Sabre Einheimische Kakteenart, außen stachelig, innen weicher Kern.
Gängige Bezeichnung für im Land Israel geborene Juden.

Sat'ar arab. Bezeichnung für eine Art Wildthymian.

Schabbat der siebente Tag der Woche und der Schöpfung. Er ist der
Ruhetag der jüdischen Woche und fällt auf den christlichen Samstag.

Schiwa die jüdische Trauerwoche, während derer man auf niedrigen
Schemeln sitzt und die Trauergäste zu Besuch kommen. Zum Zeichen
ihrer Trauer machen sich die nahen Verwandten eines Verstorbenen
einen Riß in die Kleidung.

Sederabend hebr., »Ordnung«, die ersten beiden mit eigener (Tisch-)Ze-
remonie feierlich begangenen Abende des *Pessach*-Festes, an denen
die *Haggada*, die Geschichte des Auszugs aus Ägypten, gelesen wird.

Sidur Gebetbuch mit den täglichen Morgen-, Mittags- und Abend-
gebeten.

Siwan der neunte Monat im jüdischen Kalender, Mai/Juni.

Talmud neben der *Thora*, den Fünf Büchern Mose, das religiöse

Hauptwerk des Judentums, das Sammelwerk der mündlichen Überlieferung.

Tamus   der zehnte Monat im jüdischen Kalender, Juni/Juli.

»*Tarbut*«-*Schule*   hebr., wörtl. »Kultur«, jüdische, zionistisch orientierte höhere Schulen in Polen in der Zwischenkriegszeit.

Thora   hebr., Lehre, Unterweisung. Die Fünf Bücher Mose, die jüdische Gesetzeslehre.

treefen   auch *treife*, »unrein«, nicht koscher, verbotene Speisen.

Wadi   arab., ausgetrocknetes Flußbett, das sich bei Regen plötzlich in einen reißenden Strom verwandeln kann.

Ze'ena und Re'ena   Gebetbuch und Ratgeber für Frauen.

Die Autoren

LEA AINI wurde 1962 im Süden Tel Avivs geboren, wo auch ihre Erzählungen angesiedelt sind. Sie begann bereits früh zu schreiben und arbeitete als Redakteurin bei einer israelischen Tageszeitung. Veröffentlichte zwei mit Preisen ausgezeichnete Lyrik-Bände, drei Kinder- und Jugendbücher sowie Erzählungen und zwei Romane. Auf deutsch erschien ›Eine muß da sein‹ (1997).

Die Erzählung ›Micha‹ erscheint erstmals auf deutsch. Sie wurde von Katharina Hacker übersetzt und mit freundlicher Genehmigung der Autorin aufgenommen.

RUTH ALMOG wurde 1936 als Tochter einer orthodoxen deutsch-jüdischen Einwandererfamilie in Petah Tikva/Israel geboren. Sie studierte Literatur und Philosophie und lebt heute als stellvertretende Chefredakteurin der Literaturbeilage der maßgeblichen israelischen Tageszeitung ›Ha'aretz‹ mit ihrer Familie in Tel Aviv. Schrieb vier Romane, Erzählungen und mehrere Kinderbücher. Unter anderen erhielt sie den renommierten Brenner-Preis.

Die Erzählung ›Die blaue Frau‹ (Übersetzung: Mirjam Pressler) wurde dem gleichnamigen Erzählungsband (dt. 1992) entnommen und mit freundlicher Genehmigung des Rauhreif Verlags, Möhlin und Villingen, abgedruckt.

JEHUDA AMICHAI, 1924 in Würzburg geboren und 1935 nach Palästina emigriert, lebt seit 1937 in Jerusalem. Er war Hochschullehrer für hebräische Literatur an der dortigen Universität. Sein immenses lyrisches Werk wurde in rund fünfundzwanzig Sprachen übersetzt. 1982 erhielt Amichai den Israel-Preis, die wichtigste Auszeichnung des Landes. Er gilt als *der* moderne Dichter Israels. Auf deutsch erschienen zwei Gedichtbände ›Wie schön sind deine Zelte, Jakob‹ (1988) und ›Auch die Faust war einmal eine offene Hand‹ (1994) sowie der Erzählungsband ›Die Nacht der schrecklichen Tänze‹ (1990) und sein autobiographischer Roman ›Nicht von jetzt, nicht von hier‹ (1992).

Das Gedicht ›Kleine Ruth‹ aus dem Band ›Auch eine Faust war einmal eine offene Hand‹ (Übersetzung: Alisa Stadler) wurde mit freundlicher Genehmigung des Piper Verlags GmbH, München, aufgenommen. Die Gedichte ›Ein arabischer Schäfer sucht ein Lamm am Berg
Zion‹ und ›Touristen‹ aus dem Band ›Wie schön sind deine Zelte, Jakob‹
(Übersetzung: Alisa Stadler) wurden mit freundlicher Genehmigung
des Autors/ACUM und des Piper Verlags GmbH, München, aufgenommen. Die Gedichte ›Geschenke der Liebe‹ und ›Raub-Erinnerungen‹
(Übersetzung: Lydia und Paulus Böhmer) erschienen in ›Der Literatur-Bote‹, Heft 35, September 1994, und wurden mit freundlicher
Genehmigung von Paulus Böhmer, Hessisches Literaturbüro im Mousonturm, Frankfurt am Main, abgedruckt.

AHARON APPELFELD, 1932 in Czernowitz in der Bukowina geboren,
wurde mit acht Jahren von Deutschen in ein Lager in der Ukraine ver-
schleppt, aus dem er später fliehen konnte. Drei Jahre hielt er sich versteckt, bevor er sich der russischen Armee anschloß. Nach dem Krieg
kam er nach Palästina. Er war Professor für Literatur an der Universität
Be'er Scheva. Seine Romane wurden mehrfach mit Preisen ausgezeichnet. Auf deutsch erschienen ›Badenheim‹ (1982), ›Zeit der Wunder‹
(1984) und ›Tzili‹ (1989).
   ›Als sie erwachte, war es bereits Tag‹ wurde dem Roman ›Tzili‹ (Übersetzung: Stefan Siebers) entnommen und mit freundlicher Genehmigung des Hoffmann und Campe Verlags, Hamburg, abgedruckt.

NAIM ARAJDI wurde 1950 in Maghar in Galiläa, Israel geboren, wo er
noch heute lebt. Er entstammt einer drusischen Familie. Studierte Hebräische Literatur, wurde promoviert und lehrt heute Hebräische und
Arabische Literatur an der Universität Haifa. Arajdi schreibt Gedichte,
Essays und Kurzgeschichten in hebräischer und arabischer Sprache.
   Die Gedichte ›Ich kehrte zurück ins Dorf‹ und ›Über das Schlachten
von Kindern‹ (Übersetzung: Efrat Gal-Ed und Christoph Meckel) wurden dem Band ›Vier Tage im Mai‹ (1989) entnommen und mit freundlicher Genehmigung des Autors/ACUM und der Übersetzer abgedruckt.

ORLY CASTEL-BLOOM wurde 1960 in Tel Aviv geboren, wo sie auch
heute lebt. Sie studierte Film an der Tel Aviver Universität. Seit 1987 veröffentlichte sie drei Erzählungsbände und drei Romane, außerdem
schrieb sie zwei Theaterstücke. Castel-Bloom gilt als Avantgarde-

Schriftstellerin der jüngeren Generation, die endgültig mit den überkommenen Traditionen in der modernen hebräischen Literatur brach. Sie erhielt den Tel Aviv-Preis und den Preis des Premierministers. Ihre Romane wurden in mehrere Sprachen übersetzt. Auf deutsch erschien der Roman ›Dolly City‹ (1995), ›Mina Lisa‹ ist in Vorbereitung.

Die Erzählung ›Die Frau, die loszog, um ein Walkie-Talkie zu suchen‹ erscheint erstmals auf deutsch. Sie wurde von Mirjam Pressler übersetzt und mit freundlicher Genehmigung der Autorin aufgenommen.

IDA FINK wurde 1921 in Zbaraz/Polen geboren und studierte dort Musik. Während der deutschen Besatzung lebte sie im Ghetto ihrer Geburtsstadt, nachdem ihr die Flucht gelang, in der Illegalität, zum Teil in Deutschland. 1957 wanderte sie aus Polen aus und ging mit ihrer Familie nach Israel. Sie begann erst spät zu schreiben, bis heute auf polnisch. International bekannt wurde sie durch den Erzählungsband ›Eine Spanne Zeit‹ (dt. 1983), für den sie 1985 mit dem Anne Frank-Preis ausgezeichnet wurde, und den autobiographischen Roman ›Die Reise‹ (dt. 1991).

Die Erzählung ›Die Spur‹ (Übersetzung: Klaus Staemmler) wurde dem Band ›Eine Spanne Zeit‹ entnommen und mit freundlicher Genehmigung des Unionsverlags, Zürich, abgedruckt.

DAVID GROSSMAN wurde 1954 in Jerusalem geboren und arbeitete zunächst als Rundfunkredakteur. Grossman gehört der sogenannten »Zweiten Generation« an und begann 1979 erste Kurzgeschichten zu veröffentlichen. 1984 erhielt er den Preis für Hebräische Literatur. Er zählt heute zu den wichtigsten und international bekanntesten Autoren des Landes. Auf deutsch erschienen u. a. ›Der gelbe Wind‹ (1988), ›Das Lächeln des Lammes‹ (1988), ›Stichwort: Liebe‹ (1991) und ›Der Kindheitserfinder‹ (1994).

›Verliebt‹ (Übersetzung: Judith Brüll) wurde dem Roman ›Der Kindheitserfinder‹ entnommen und mit freundlicher Genehmigung des Carl Hanser Verlags, München, abgedruckt.

SHULAMITH HAREVEN wurde 1931 in Polen geboren. Sie ist Mitglied der Akademie für Hebräische Sprache und lebt und arbeitet in Jerusalem. Nähere biographische Angaben macht sie nicht. Veröffentlichte mehrere Romane, Erzählungen und Kinderbücher.

Die Erzählung ›Der Zeuge‹ (Übersetzung: Andrea Schatz) wurde der

Anthologie ›Rose unter Dornen. Frauenliteratur aus Israel‹ (1993), hrsg. v. Anat Feinberg, entnommen und mit freundlicher Genehmigung des Bleicher Verlags, Gerlingen, abgedruckt.

YOEL HOFFMANN wurde 1937 geboren und kam als Kind nach Palästina. Er ist Dozent für Östliche Philosophie an der Universität Haifa und lebt in Safed. Auf deutsch erschienen sein Roman ›Bernhard‹ (1991), die Novellensammlung ›Das Buch von Josef‹ (1993) und ›Christus der Fische‹ (1997). Hoffmann, der über sein Werk nicht öffentlich spricht, muß zu den bedeutendsten Schriftstellern des Landes gerechnet werden. Der Kritik gilt er als »der erste hebräische Surrealist«.

›Kätzchens Vater‹ (Übersetzung: Stefan Siebers) wurde dem Band ›Das Buch von Josef‹ entnommen und mit freundlicher Genehmigung des Rowohlt Verlags GmbH, Reinbek, abgedruckt.

A.B. JEHOSCHUA wurde 1936 als Sohn schon seit Generationen in Palästina ansässiger sephardischer Juden in Jerusalem geboren. Er lehrt Vergleichende Literaturwissenschaften an der Universität Haifa und gehört zu den modernen Klassikern hebräischer Literatur. Er schrieb Romane, Erzählungen, Hörspiele und Stücke. Sein Werk wurde in zahlreiche Sprachen übersetzt und vielfach mit Preisen ausgezeichnet. Auf deutsch erschienen die Romane ›Der Liebhaber‹ (1980), ›Späte Scheidung‹ (1986), ›Die fünf Jahreszeiten des Molcho‹ (1989), ›Die Manis‹ (1992) und ›Die Rückkehr aus Indien‹ (1995). Sein Erzählungsband ›Angesichts der Wälder‹ (1982) wurde zum Teil verfilmt.

›Ein Tag im Sommer‹ wurde dem Roman ›Die fünf Jahreszeiten des Molcho‹ (Übersetzung: Ruth Achlama) entnommen und mit freundlicher Genehmigung des Piper Verlags GmbH, München, abgedruckt.

YORAM KANIUK wurde 1930 in Tel Aviv geboren, wo er auch heute – zwischen 1951 und 1961 war er in New York – wieder lebt. Kaniuk zählt zu den bekanntesten hebräischen Schriftstellern, er ist außerdem Maler, Kinderbuchautor und Journalist, der engagiert zu tagespolitischen Fragen und vor allem zum israelisch-palästinensischen Konflikt Stellung nimmt. Auf deutsch erschienen u.a. ›Wilde Heimkehr‹ (1984), ›Bekenntnisse eines guten Arabers‹ (1988), ›Adam Hundesohn‹ (1989), ›Das Glück im Exil‹ (1996) und zusammen mit Emil Habibi ›Das zweifach verheißene Land‹ (1997).

›Epilog über den Tod eines Freundes‹ (Übersetzung: Michael von Killisch-Horn) wurde dem Band ›Das zweifach verheißene Land‹ entnommen und mit freundlicher Genehmigung des Paul List Verlags GmbH & Co. KG, München, abgedruckt.

JUDITH KATZIR wurde 1963 in Haifa geboren. Sie studierte Literaturwissenschaften und Film an der Tel Aviver Universität und begann in den achtziger Jahren Kurzgeschichten in israelischen Zeitungen zu publizieren; ihr erster Erzählungsband gewann auf Anhieb literarische Preise. Gilt als eine der wichtigsten jungen Autorinnen des Landes. Als Schriftstellerin und Drehbuchautorin lebt sie mit ihrer Familie in Tel Aviv. Auf deutsch erschien ihr Roman ›Matisse hat die Sonne im Bauch‹ (1997).

Die Erzählung ›Schlafstunde‹ erscheint erstmals auf deutsch. Sie wurde von Barbara Linner übersetzt und entstammt dem Band ›Fellinis Schuhe‹ (1998). Der Abdruck erfolgt mit freundlicher Genehmigung des Ammann Verlags & Co., Zürich.

JEHOSCHUA KENAZ wurde 1937 in Petah Tikva/Israel geboren. Er studierte an der Hebräischen Universität in Jerusalem und später an der Sorbonne in Paris. Übersetzte französische Klassiker ins Hebräische und gehört zu den bedeutendsten israelischen Schriftstellern der Gegenwart. Er lebt als Schriftsteller und Theaterkritiker in Tel Aviv. Auf deutsch erschien sein Roman ›Auf dem Weg zu den Katzen‹ (1994).

Die Erzählung ›Das Huhn mit den drei Beinen‹ erscheint erstmals auf deutsch. Sie wurde von Inken Kraft übersetzt und mit freundlicher Genehmigung des Jüdischen Verlags im Suhrkamp Verlag, Frankfurt am Main, aufgenommen.

ETGAR KERET wurde 1967 in Tel Aviv geboren. Er arbeitet fürs Fernsehen und lebt als Schriftsteller und Filmemacher in Tel Aviv. Unterrichtet dort an der Film- und Fernsehakademie. Sein zweiter Erzählungsband ›Gaza Blues‹ (dt. 1996) stand in Israel wochenlang auf der Bestsellerliste.

Die Erzählung ›Als das Schwein geschlachtet werden sollte‹ (Übersetzung: Barbara Linner) wurde dem Band ›Gaza Blues‹ entnommen und mit freundlicher Genehmigung des Luchterhand Literaturverlags GmbH, München, abgedruckt.

HANOCH LEVIN wurde 1943 in Tel Aviv geboren, wo er auch heute als Stückeschreiber, Satiriker, Dichter und Erzähler lebt. Er studierte Philosophie und Literatur an der Universität Tel Aviv. Seinem ersten Theaterstück ›Du und ich und der nächste Krieg‹ (1968) folgten nahezu dreißig weitere Stücke und Drehbücher. Levin gilt als der bedeutendste Dramatiker Israels und wurde mit zahlreichen Preisen geehrt, u. a. dem Bialik-Preis.

Die Erzählung ›Der Pisser‹ (Übersetzung: Vera Loos und Naomi Nir-Bleimling) wurde dem Band ›Der Zufriedene, der Lüsterne und die Gelöste‹ (1998) entnommen und mit freundlicher Genehmigung des Carl Hanser Verlags, München, abgedruckt.

Savyon Liebrecht wurde 1948 in München geboren und kam 1950 nach Israel. Sie studierte Philosophie und Literatur. Während ihres Militärdienstes begann sie zu schreiben, und bereits ihr erster Erzählungsband wurde 1986 mit dem renommierten Alterman-Preis ausgezeichnet. Weitere Preise folgten. Sie veröffentlichte bisher vier Bände mit Erzählungen und hat soeben ihren ersten Roman abgeschlossen. Liebrecht, wie Grossman eine Angehörige der »Zweiten Generation«, bezog ihren Impuls zu schreiben ganz wesentlich aus dem Schweigen, das die Shoah lange umgab.

Die Erzählung ›Chajutas Verlobungsfest‹ (Übersetzung: Stefan Siebers) wurde dem Band ›Äpfel aus der Wüste‹ (1992) entnommen und mit freundlicher Genehmigung des persona verlags, Mannheim, abgedruckt.

Mira Magen wurde Anfang der fünfziger Jahre in Kfar Saba/Israel geboren. Sie studierte Psychologie und Soziologie, bevor sie Krankenschwester am Hadassah-Hospital in Jerusalem wurde. Sie lebt mit ihrer Familie in einem von Orthodoxen bewohnten Vorort von Jerusalem. Ihr erster Erzählungsband ›Gut zugeknöpft‹ (hebr. 1994) wurde preisgekrönt. 1996 stellte sie ihren ersten Roman ›Klopf nicht an die Wand‹ fertig.

Die Erzählung ›Ein Stück Kuchen für Scha'ul‹ erscheint erstmals auf deutsch. Sie wurde von Ruth Melcer übersetzt und entstammt dem Band ›Gut zugeknöpft‹ (1998). Der Abdruck erfolgt mit freundlicher Genehmigung des Fischer Taschenbuch Verlags GmbH, Frankfurt am Main.

Ronit Matalon wurde 1959 in Ganei Tikva/Israel als Tochter einer Familie ägyptisch-italienischen Ursprungs geboren. Sie studierte Literatur und Philosophie an der Tel Aviver Universität und begann Anfang der achtziger Jahre erste Kurzgeschichten zu publizieren, während sie als

Journalistin für die Tageszeitung ›Ha'aretz‹ arbeitete. Lebt mit ihrer Familie in Tel Aviv und unterrichtet Literatur und Creative Writing an der *Camera Obscura*, einer Schule für Film und Fotografie. Sie schrieb Erzählungen, ein Jugendbuch, das verfilmt wurde, und einen Roman ›Was die Bilder nicht erzählen‹ (dt. 1998).

Die Erzählung ›Foto‹ erscheint erstmals auf deutsch. Sie wurde von Ruth Achlama übersetzt und mit freundlicher Genehmigung der Autorin aufgenommen.

AHARON MEGGED wurde 1920 in Polen geboren und kam im Alter von sechs Jahren nach Palästina. Megged war zehn Jahre Mitglied eines Kibbuz, wurde Lektor und später Kulturattaché an der Israelischen Botschaft in London. Für sein Werk wurde er mit dem Bialik-Preis ausgezeichnet. Auf deutsch erschienen ›Das fliegende Kamel mit dem goldenen Höcker‹ (1991), ›Foiglman‹ (1992) und ›Heinz, sein Sohn und der böse Geist‹ (1995).

Die Erzählung ›Weinen in der Dämmerung‹ erscheint erstmals auf deutsch. Sie wurde von Inken Kraft übersetzt und mit freundlicher Genehmigung des Autors/ACUM aufgenommen.

AMOS OZ wurde 1939 in Jerusalem geboren. Als die zentrale Figur moderner hebräischer Literatur gefeiert, erhielt er 1992 den Friedenspreis des Deutschen Buchhandels. Oz ist seit Jahrzehnten aktives Mitglied der Kibbuzbewegung. Er unterrichtet an der Universität Be'er Scheva und lebt in einem Kibbuz bei Arad/Negev. Fast sein gesamtes Werk, das Romane, Erzählungen, Essays und Kinderbücher umfaßt, erschien auch in deutscher Sprache.

Die Erzählung ›Es stellt sich also die einfache Frage‹ (Übersetzung: Naomi Nir-Bleimling und Vera Loos) entstammt dem Band ›BuchBilderBuch‹ (1997) und wurde mit freundlicher Genehmigung des Autors und des Sanssouci Verlags, München, abgedruckt.

DAN PAGIS wurde 1930 in der Nähe von Czernowitz, dem Geburtsort Paul Celans in der Bukowina geboren. Seine Kindheit verbrachte er in den Konzentrations- und Arbeitslagern im Osten Rumäniens. Mit siebzehn Jahren kam Pagis nach Palästina, wo er seinen Vater wiedertraf, der ihn in eine Jugendgruppe des Kibbuz Merchavia brachte. Pagis, dessen Sprache Deutsch war, lernte sehr schnell Hebräisch und wurde zu einem der bedeutendsten Dichter dieser Sprache. Er war Professor für Mittelalterliche hebräische Dichtung an der Universität Jerusalem. 1986 starb er in Jerusalem.

Die Gedichte ›Ein Leben‹, ›Akrobatik‹, ›Die Geschichte‹ und ›Jemand‹ (Übersetzung: Tuvia Rübner) wurden dem Band ›Erdichteter Mensch‹ (1993) entnommen und werden mit freundlicher Genehmigung des Jüdischen Verlags im Suhrkamp Verlag, Frankfurt am Main, abgedruckt.

DAHLIA RAVIKOVITCH wurde 1936 in Tel Aviv geboren. Sie studierte an der Hebräischen Universität in Jerusalem und arbeitete später als Journalistin und Gymnasiallehrerin. Sie zählt zu den bedeutendsten Dichterinnen des Landes, übersetzte William Butler Yeats und T. S. Eliot ins Hebräische und veröffentlichte auch Erzählungen und Kinderbücher. Ihr Werk wurde mit zahlreichen Preisen ausgezeichnet, u. a. mit dem Bialik-Preis.

Das Gedicht ›Ein Baby tötet man nicht zweimal‹ (Übersetzung: Efrat Gal-Ed und Christoph Meckel) entstammt dem Band ›Vier Tage im Mai‹ (1989) und wurde mit freundlicher Genehmigung der Autorin und der Übersetzer abgedruckt. Das Gedicht ›Sie hatte einen Sohn‹ (Übersetzung: Efrat Gal-Ed und Christoph Meckel) wurde dem Band ›Alles andere steht geschrieben‹ (1993) entnommen und wird mit freundlicher Genehmigung der Autorin und des Piper Verlags GmbH, München, abgedruckt.

ASHER REICH wurde 1937 in Jerusalem geboren. Er studierte Hebräische Literatur und Philosophie und war lange Mitherausgeber der literarischen Zeitschrift ›Mosnajim‹. Heute lebt er als freier Schriftsteller in Tel Aviv. Er veröffentlichte zahlreiche Gedichtbände, Hörspiele und Stücke. Auf deutsch erschien ›Arbeiten auf Papier‹ (1992).

Das Gedicht ›Erinnerungsfoto‹ (Übersetzung: Efrat Gal-Ed und Christoph Meckel) wurde dem Band ›Vier Tage im Mai‹ (1989) entnommen und wird mit freundlicher Genehmigung des Autors/ACUM und der Übersetzer abgedruckt. Das Gedicht ›Symphonie in weiß‹ (Übersetzung: Lydia Böhmer und Werner Söllner) erschien in ›Der Literatur-Bote‹, Heft 47, September 1997, und wird mit freundlicher Genehmigung von Paulus Böhmer, Hessisches Literaturbüro im Mousonturm, Frankfurt am Main, abgedruckt.

TUVIA RÜBNER wurde 1924 in Bratislava geboren. Seine Muttersprache war Deutsch, Slowakisch lernte er privat. 1938 wurde er wegen seiner jüdischen Herkunft vom Schulunterricht ausgeschlossen. Als einziger seiner Familie überlebte er die Shoah und gelangte 1941 mit dem letzten Flüchtlingstransport aus der Tschechoslowakei nach Palästina. Rübner lehrte an der Universität in Haifa und lebt mit seiner Frau, der Pianistin Galila Rübner, im Kibbuz Merchavia. Er schrieb zunächst deutsch, seit 1950 hebräisch. Auf deutsch erschienen die Gedichtbände ›Wüstenginster‹ (1990) und ›Granatapfel‹ (1995).

Die Gedichte ›Der über den Tisch Gebeugte‹, ›Meine kleine Schwester‹, ›Angelus Novus‹ und ›Gedächtnis‹ (Übersetzung: Efrat Gal-Ed und Christoph Meckel) wurden dem Band ›Wüstenginster‹ entnommen und mit freundlicher Genehmigung des Piper Verlags GmbH, München, abgedruckt.

ANTON SCHAMMAS wurde 1950 als Sohn einer christlich-arabischen Familie in Fassuta/Galiläa geboren. Er ist palästinensischer und israelischer Staatsbürger. Nach dem Studium Englischer und Arabischer Literatur und Kunstgeschichte arbeitete er als Rundfunkredakteur und veröffentlichte drei Gedichtbände sowie den autobiographischen Roman ›Arabesken‹ (dt. 1989), der bei seinem Erscheinen wegen seines so außerordentlich schönen Hebräisch hymnisch gefeiert und mit zahlreichen Preisen ausgezeichnet wurde. Schammas lehrt seit 1989 am Institut für Eastern Studies an der Universität Ann Arbor/USA.

›Exil‹ (Übersetzung: Magali Zibaso) wurde dem Roman ›Arabesken‹ entnommen und mit freundlicher Genehmigung des Autors und des Piper Verlags GmbH, München, abgedruckt.

JAAKOW SHABTAI wurde 1934 in Tel Aviv geboren, wo er auch aufwuchs. Nach dem Militärdienst schloß er sich einem Kibbuz an, wo er zu schreiben begann. Zehn Jahre später kehrte er nach Tel Aviv zurück, um sich ganz dem Schreiben zu widmen. Er starb 1981 im Alter von nur siebenundvierzig Jahren an einem Herzschlag. Shabtai war einer der ungewöhnlichsten und bedeutendsten Schriftsteller Israels. Für sein Werk, das Romane, Erzählungen, Stücke und ein Kinderbuch umfaßt, erhielt er postum den Agnon-Preis. Auf deutsch erschienen der Roman ›Goldmanns Erinnerungen‹ (1990) und der nachgelassene Roman ›Vollendete Vergangenheit‹ (1997) sowie der Erzählungsband ›Onkel Peretz fliegt‹ (1997).

Die Erzählung ›Dahinscheiden‹ (Übersetzung: Rachel Stillmann) wurde dem Band ›Onkel Peretz fliegt‹ entnommen und mit freundlicher Genehmigung des Suhrkamp Verlags, Frankfurt am Main, abgedruckt.

GADI TAUB wurde 1965 in Jerusalem geboren. Nach dem Militärdienst zog er nach Tel Aviv und begann im Kinderfunk als Sketch-Autor zu arbeiten. Er entwickelte zahlreiche Kinderprogramme und schreibt für die Tageszeitung ›Jediot Aharonot‹. Heute betreut er auch Musiksendungen im Radio und Fernsehsendungen für Kinder. Sein Erzählungsband ›What Would Have Happened, Had We Forgotten Dove‹ (1992) wurde viel beachtet, 1997 erschien ein Essayband.

Die Erzählung ›Verstopft‹ erscheint erstmals auf deutsch. Sie wurde von Naomi Nir-Bleimling und Vera Loos übersetzt und mit freundlicher Genehmigung des Autors abgedruckt.

S. YISHAR, eigentlich Yishar Smilanski, wurde 1916 in Rehovot/Israel geboren. Er war jahrelang Knesset-Abgeordneter und lehrt seit rund sechzig Jahren an der Universität, heute in Tel Aviv. Yishar war einer der ersten, dem es bereits in den vierziger Jahren gelang, einen eigenen, meisterhaften literarischen Stil zu entwickeln, der bis heute beispielhaft ist. Er schrieb Romane und Erzählungen, die mit den bedeutendsten Preisen bedacht wurden, dem Brenner-, dem Bialik- und dem Israel-Preis. Auf deutsch erschienen sein autobiographischer Roman ›Auftakte‹ (1996) und die ›Geschichten von Krieg und Frieden‹ (1997).

Die Erzählung ›Der Gefangene‹ (Übersetzung: Eva Koralnik-Rottenberg) wurde dem Band ›Geschichten von Krieg und Frieden‹ entnommen und mit freundlicher Genehmigung des Suhrkamp Verlags, Frankfurt am Main, abgedruckt.

UZI WEILL wurde 1964 in einem Kibbuz geboren und wuchs in Tel Aviv auf, wo er auch heute lebt. Weill ist Schriftsteller, Journalist, Übersetzer und Drehbuchautor fürs Fernsehen. Er veröffentlichte Erzählungen und einen Roman ›Where Memory Flows To After We're Dead‹ (1996), der gerade verfilmt wird.

Die Erzählung ›Der Tag, an dem auf den Ministerpräsidenten geschossen wurde‹ erscheint erstmals auf deutsch. Sie wurde von Katharina Hacker übersetzt und mit freundlicher Genehmigung des Autors/ACUM abgedruckt.